Les Juifs et la science

La quête du savoir au XXe siècle

Isaac Benguigui

Les Juifs et la science

La quête du savoir au XXe siècle

Éditions Slatkine
GENÈVE
2003

www.slatkine.com

ISBN 2-8321-0116-X

Le principe des principes et le pilier des sciences, c'est de connaître qu'il y a un Être et que c'est Lui qui impartit l'existence à tout ce qui existe. En effet, toutes les créatures de l'Univers ne tirent leur être que de la vérité de son être à Lui.

Maïmonide (1135-1204)

Je voudrais dédier ce livre à la mémoire d'Orly,
enlevée prématurément à la vie.

A mes enfants Arié, Ayala et Yoni.

Remerciements

Mes remerciements vont au Dr. Rolf Bloch pour ses encouragements constants, à mon ami le Docteur Eric Hauf qui a consacré de nombreuses heures au travail ingrat de relire et corriger le manuscrit, au Dr. *honoris causa* Branco Weiss pour ses remarques pertinentes, ainsi qu'au Dr. Lutz Zwillenberg.

Toute ma gratitude va à Monsieur Philippe Nordmann pour son soutien généreux.

Je ne voudrais pas oublier le Prof. Jean-Jacques Dreifuss pour sa fidèle amitié et ses critiques constructives concernant le premier chapitre.

Je voudrais également remercier *The Rich Foundation* et mentionner le concours précieux des bibliothécaires attentionnées de la Section de Physique de l'Université de Genève et celui de l'équipe aussi accueillante qu'efficace de la Bibliothèque du CERN.

PRÉFACE

Le prix Nobel fête le 10 Décembre de cette année son centième anniversaire par une brillante cérémonie à Stockholm. Au cours du siècle dernier, il a récompensé 162 physiciens.

Quelle impressionnante fresque de la physique contemporaine ne trouve-t-on pas dans la seconde partie de ce livre où, passant d'une biographie de prix Nobel à une autre, on suit le développement d'une belle épopée qui nous conduit à travers l'ensemble du XXe siècle. Par une succession de textes, limités chacun à quelques pages, très vivants et faciles à lire, le lecteur est ainsi invité à découvrir des lauréats mais aussi à un magnifique parcours scientifique depuis le début de la physique quantique et relativiste, jusqu'aux développements les plus récents. Cela ne représente-t-il pas un des éléments culturels les plus significatifs du siècle passé ? Il restera marqué dans la mémoire humaine comme celui d'un prodigieux essor scientifique comme hélas aussi celui attristé par la succession de massacres et d'horreurs qu'il a apportés.

La seconde partie de cet ouvrage couvre l'essentiel de la physique moderne, même si sa première partie nous précise un cadre qui pourrait sembler assez restreint, les différentes biographies étant limitées aux lauréats du prix Nobel de physique d'origine juive.

Il est vrai que rares sont les grandes activités humaines qui ont été à ce point marquées par l'apport d'une minorité culturelle et ethnique, et cela simultanément dans plusieurs pays, en Europe occidentale, aux Etats-Unis et en Union Soviétique. Les biographies rassemblées dans ce livre recouvrent environ 20% de la totalité des prix Nobel de physique.

Dans la première partie de cet ouvrage, l'auteur nous montre certes avec grande érudition que la quête et le grand respect du savoir, qui ont de tout temps marqué les communautés juives souvent renfermées dans des ghettos assez séparés du reste du monde, sont restés des éléments particulièrement vivants chez tous ceux qui en sont sortis au cours des brassages humains du siècle passé. Simultanément, la physique, qui fut longtemps une discipline académique limitée à une petite partie du monde universitaire, explosait de part les grandes nouveautés riches en applications nouvelles qu'elle apportait. Elle devenait ainsi une source de promotion sociale pour de jeunes immigrants ou enfants d'immigrants prêts à faire l'effort nécessaire pour maîtriser puis enrichir, créer et développer des idées et des approches nouvelles, en apportant un éclairage nouveau sur la nature profonde du Monde. La physique moderne a fait naître de nouvelles façons de penser dont le caractère spéculatif et profond se trouvait en harmonie avec la culture juive traditionnelle. Il était donc naturel de trouver tant de physiciens d'origine juive dans l'essor qu'a connu la physique au début du XXe siècle, à la suite de la première Guerre Mondiale et surtout depuis la fin de la seconde. Ce fut surtout le cas aux Etats-Unis, qui après avoir accueilli les fugitifs des pogroms sont devenus l'asile de tant de savants chassés par le nazisme. Ce fut aussi le cas dans d'autres pays alors que l'Allemagne perdait ainsi sa grande prépondérance scientifique de la première partie du siècle.

N'a-t'on pas dit par boutade « S'il existe un monde d'antimatière quelque part dans l'Univers, quels y sont les (anti) physiciens ? », la réponse à donner étant « les antisémites ! ». Nombreux sont les grands physiciens qui ne furent pas d'origine juive mais la proportion de ces derniers reste tout à fait remarquable et même énorme quand on la compare à la taille des communautés juives dans les pays industrialisés.

Comme l'analyse cependant très bien cet ouvrage, cette immense contribution au savoir humain apportée par les physiciens d'origine juive semble s'émousser dans son élan à mesure que cette filiation se distingue heureusement de moins en moins parmi les nouvelles générations. Les communautés juives n'ont plus à trouver dans la science une des quelques voies librement acceptées de promotion sociale et celle-ci est empruntée maintenant par de nombreux jeunes asiatiques grandissant dans les pays occidentaux. Il s'agit peut être d'une très belle page d'histoire qui tourne et qu'il était juste d'écrire maintenant, comme le fait si bien ce livre.

Il ne faut cependant jamais oublier le réveil possible des anciens démons. Cette éclatante série de biographies représente aussi un témoignage précieux pour les communautés juives et pour tous ceux qui ont parfois bravé de grands périls pour leur venir en aide à un des moments les plus noirs de leurs histoire. Plus généralement, c'est un beau témoignage pour tous ceux qui ne veulent pas admettre le racisme.

Maurice JACOB
CERN (Genève)

INTRODUCTION

Dans cette introduction nous examinerons l'interaction entre la science et la culture juive, en mettant particulièrement l'accent sur celle-ci au sens le plus large du terme, c'est-à-dire sur tout ce qui donne à la vie d'un peuple traditionnel sa figure particulière.

L'un des traits marquants et remarquable des Juifs est leur soif de connaissance et en particulier dans le domaine scientifique. A preuve le nombre et le pourcentage des scientifiques juifs lauréats du Prix Nobel dans le domaine de la physique au cours du XXe siècle qui est l'objet de notre étude.

A l'aube du XXe siècle, la physique voit ses fondations remaniées de fond en comble. Les concepts fondamentaux d'espace, de temps, de continuité, de matière etc. sont remis en cause et confèrent au développement de la science du XXe siècle une ampleur vertigineuse. C'est ainsi que le progrès scientifique de ce siècle équivaut voire dépasse tout ce qui a été entrepris pendant les millénaires qui l'ont précédé.

En physique, le XIXe siècle apparaissait comme un ensemble cohérent, solidement établi. Il avait été le prolongement naturel du XVIIIe et avait constitué la période triomphante de ce que nous appelons communément la « physique classique ». Il nous a donné l'unification de l'électricité, du magnétisme et de la lumière à travers les fameuses équations de Maxwell (1831-1879). Maxwell accomplit un travail qui semble définitif. La physique semble alors ne consister qu'en deux branches, la mécanique et l'électromagnétisme.

Si le XIXe siècle a été en physique celui de la continuité, le XXe siècle marque une rupture. Cette rupture avec les représentations anciennes provient du fait que plusieurs expériences et phénomènes ne trouvaient pas leur place dans les théories existant à la fin du siècle dernier. C'est ainsi par exemple qu'une des premières causes de rupture touche au caractère continu de l'énergie et à partir d'elle de toutes les grandeurs physiques. La deuxième rupture concerne les notions d'espace et de temps. Le temps absolu (newtonien) disparaît de la physique. Pour l'espace on ne fait plus appel à la géométrie d'Euclide mais à celle de Riemann (1826-1866) dans laquelle l'espace se courbe.

La troisième rupture affecte la théorie de la mesure : on ne peut plus mesurer un système physique sans le perturber, et cela entraînera des conséquences philosophiques importantes.

Dans la première moitié du XXe siècle on assiste à la floraison d'un ensemble de conceptions physiques sur l'univers qui atteignirent un grand degré de perfectionnement et d'achèvement. Des connexions furent découvertes entre des phénomènes qui semblaient n'avoir aucun rapport entre eux ; des conceptions originales et révolutionnaires furent établies expérimentalement. Une exploration en profondeur fut menée sur ce que l'univers a de plus petit et de plus grand. Des théories d'une grande richesse furent établies.

Cette aventure de la pensée humaine a eu pour résultat deux principales conquêtes : la mécanique quantique et la théorie de la relativité qui constituent les piliers essentiels de ce que nous appelons la « physique moderne ». C'est à partir de ces deux théories que l'on a compris l'atome et que fut rendue possible la compréhension de la matière dans son intimité ; les bases furent ainsi jetées pour l'étude de toutes les forces de la nature.

L'incidence de cette révolution en physique sur d'autres branches de la science a été impressionnante et n'est pas encore terminée. Au cours du XXe siècle la cadence des découvertes scientifiques s'accrut, grâce à un nombre plus élevé que jamais d'hommes de science, dotés d'un équipement toujours plus efficace et plus perfectionné. Parmi ces hommes examinons la place des savants juifs et le rôle qu'ils ont joué dans cette passionnante aventure humaine.

On peut d'emblée souligner que la contribution des Juifs à la science a été sans commune mesure avec le pourcentage de la population qu'ils représentent. En physique ce rapport est particulièrement disproportionné compte tenu des résultats impressionnants obtenus quels que soient les pays ou les régimes dans lesquels les Juifs ont vécu. Cela est valable aussi bien en Allemagne et en Hongrie à la fin du XIXe ou au début du XXe siècle, qu'en France ou en Russie communiste, que plus tard vers les années 1940-1950 aux Etats-Unis d'Amérique.

L'entrée des Juifs dans la science coïncide avec les périodes « fructueuses » de celle-ci, lorsque par son développement spectaculaire elle attirait de nouveaux arrivants. Pour les Juifs la science constituait un élément privilégié de leur intégration et un instrument efficace d'assimilation à une nouvelle culture. Pour de nombreux déracinés et exilés elle offrait un lieu de refuge et de continuité dans la pensée. Elle facilite un certain type de sociabilité. Leur contribution à la physique du XXe siècle s'inscrit dans le cadre de leur apport à la civilisation dans son ensemble. En effet, aucun autre peuple n'a été aussi grandement mêlé à l'histoire en général que le peuple juif considéré comme un peuple « qui empêche le monde de dormir ». Il a servi de lien entre les peuples, dans l'espace et dans le temps, à tous les moments décisifs qui marquent les progrès de la civilisation. Il n'est pas exagéré de dire que l'histoire du peuple juif constitue le « thermomètre » de l'histoire universelle. La réalité juive est polyvalente : elle unit la vigueur d'un particularisme maintenu vivant depuis des millénaires à une extraordinaire capacité d'ouverture et d'universalisme. Le savoir sacré défie le temps et, traversant les siècles, il devint l'universalité des Juifs. La physique porte en elle-même cette exigence d'universalité.

Ce n'est pas seulement au XXe siècle que le peuple juif a donné au monde des savants des noms aussi illustres que ceux d'Einstein en physique ou de Freud en psychanalyse. Au cours des siècles les Juifs, d'Israël à Babylone, en Afrique du Nord, en Espagne, en Italie, en France, en Allemagne, en Pologne, en Amérique ont ouvert la voie et fait avancer la science. Ils ont participé de façon impressionnante à la remise en cause des valeurs, au démantèlement des dogmes, à l'irruption des forces cachées et à l'apparition de formes de sensibilités nouvelles dans le sens d'une anticipation de l'histoire.

Le génie juif qui s'est exprimé tout au long de l'histoire de l'humanité apparaît comme contestataire, novateur et créateur, orienté vers des mutations audacieuses.

Cependant, la science contemporaine n'est pas entièrement nouvelle aux Juifs et à la culture juive. Des facteurs d'ordre intrinsèque propres à la tradition juive ou d'ordre extrinsèque de nature socio-historique font converger la culture juive et la physique du XXe siècle. Le mot qui occupe le milieu exact de la *Torah* est le verbe « chercher ».

Ordonner et transmettre le savoir tel a toujours été l'objectif le plus précieux du judaïsme depuis ses origines. Le *Talmud* est riche de questions et d'observations scientifiques établies par les rabbins dans le but de justifier des décisions *halakhiques* (conformes à la pratique du judaïsme). C'est ainsi que l'étude des mathématiques, de la physique, de l'astronomie, des sciences naturelles, et surtout de la médecine y est fortement encouragée. Le *Talmud* va jusqu'à élever l'étude de la science au niveau de *Mitzva* (Commandement). « Le Juif est invité à faire un effort intellectuel, tout en se référant à la tradition juive qui se réclame de la foi en un Dieu unique (Je suis l'Etre Invariable – EX. 3.14 -). Le mot fondamental " *Shemah* " (Ecoute) est une incitation à se " surpasser ", à aller plus loin, à rechercher les racines. Dans le judaïsme *vérité* et *foi* ne se subordonnent pas l'une à l'autre mais elles s'identifient. Cette identification de *Emouna* (foi) et *Emeth* (vérité) est exprimée étymologiquement dans leur racine. » (Safran, 1998).

« *Maïmonide (1135-1204), l'un des plus grands penseurs juifs de tous les temps, ne contredit pas le principe aristotélicien d'un Dieu qui est cause première et qui détermine nécessairement toute existence, mais il va plus loin : il abandonne rapidement ce principe de causalité pour aborder celui de la liberté. Si l'on pensait que tout ce qui existe n'existe pas, Lui seul subsisterait. La suppression de la création n'implique pas la disparition du Créateur.* » (Safran, 1998 pp. 124-127).

L'idée maîtresse du judaïsme est celle de *l'unité*, une unité qui ne prétend pas s'enfermer dans un dogme. Les Juifs sont par nature et par expérience historique réfractaires aux dogmes et aux systèmes totalitaires. Les Sages du Talmud nous mettent en garde contre toutes sortes de dogme.

La tradition intellectuelle juive est celle d'ouverture et de nature universaliste et altruiste. Elle ne connaît pas de dogmes, elle n'en a d'ailleurs pas besoin. Dieu s'est révélé dans la *Thora.* On ne trouve pas dans le judaïsme de dichotomie entre science et religion. Une « affaire Galilée » est impensable dans le judaïsme. Ce genre de conflit est étranger à la pensée juive qui favorise le respect pour de nouvelles connaissances. Selon certains Sages le peuple juif ne saurait limiter son horizon intellectuel à la seule connaissance de la *Thora.* Cette connaissance doit être impérativement complétée par une activité scientifique.

La « *Halakha* » (code qui régit la vie juive) nous invite à réciter une bénédiction à la vue d'un savant, qu'il soit juif ou non.

Le commandement de la *Thora* qui nous dit « assumez le monde et maîtrisez-le » est interprété comme « poursuivez des recherches scientifiques, recherchez les lois de la nature » tout en rappelant aux savants leur responsabilité, « maîtrisez-le » est compris comme un avertissement solennel afin de ne pas succomber sous le poids de nos propres découvertes, de nos propres inventions. C'est un appel à la vigilance du savant dans les applications de la science.

« Cette tendance vers l'universel qui est spécifique à la tradition juive trouve son corollaire dans la conception d'un cosmos *ouvert* dans le judaïsme, donc un cosmos moralement perfectible, jamais fini, créé par Dieu, où l'homme est invité à le parachever » (Safran, 1998).

A ces facteurs « internes » intimement liés à la tradition juive, il faut naturellement ajouter les facteurs « externes » d'ordre socio-historiques.

Au moment de la professionnalisation de la science, les Juifs possédaient quelques avantages. D'abord il y avait une maîtrise parfaite des langues. En second lieu l'expérience de deux mille ans d'exil, une Diaspora qui a « conditionné » les Juifs dans une éternelle remise en cause de tout ce qui était considéré comme définitivement acquis. L'attrait de la nouveauté, la tentation de la table rase exacerbée par des ressources inventives et d'adaptation propres à remettre en question l'ordre établi.

Ls Juifs ont été historiquement moins conservateurs, et plus mobiles géographiquement et intellectuellement. Ils ont servi ainsi d'intermédiaires efficaces entre différentes cultures et entre différents cadres conceptuels dans lesquels la science s'est développée. L'importance de l'éducation dans la tradition juive est un facteur « stimulant ». Même quand ils n'ont plus rien les Juifs accordent une grande priorité à la formation de leurs enfants. Dans les ghettos les rabbins et les professeurs jouissaient d'un respect et d'un prestige social fort considérables. Leur mise en contact précoce avec l'étude de la loi orale les prédisposait à une recherche intellectuelle qui se répercute sur leurs capacités d'abstraction et de raisonnement. Certes la plupart des savants juifs n'ont jamais lu une seule ligne du *Talmud* et ont considéré la tradition juive comme quelque chose de rétrograde et de socialement pesant, mais néanmoins, ils préservèrent inconsciemment peut-être, des éléments de la tradition intellectuelle juive et les intégrèrent dans leur travail scientifique.

Un autre facteur qui a favorisé l'épanouissement des Juifs dans les sciences en général est leur précarité dans un milieu souvent hostile. Les forces qui leur sont hostiles ont constitué un « stimulus » supplémentaire pour les Juifs qui essaient de trouver d'autres horizons, explorer de nouvelles frontières.

Pour beaucoup de ces savants juifs du début du XXe siècle la physique offre un refuge dans lequel ils peuvent développer une vocation, exercer un métier socialement respecté. (Le génie selon Sartre n'est pas un cadeau mais un chemin que l'on choisit dans des circonstances de désespoir).

Pour ces savants la science a offert un solide substitut à la culture juive traditionnelle. La neutralité politique de la science, une forme d'homologie entre les valeurs éthiques juives et les valeurs de la science ont constitué également un attrait des Juifs pour ce champ où ils espéraient récolter les fruits de leur travail, face à une angoisse de l'émancipation et d'une forme d'assimilation.

Cette composante morale, éthique de la science fut essentielle à ces savants juifs à la recherche d'une nouvelle vision du monde mais souvent aussi à la recherche d'une nouvelle identité, ayant perdu pratiquement toute attache avec le judaïsme traditionnel. Pour eux, le langage scientifique de la nouvelle physique s'avère être le moyen d'expression le plus adéquat. En embrassant la science, ces savants, sous l'influence de l'éthique juive, qui privilégie la « recherche de la vérité » et le « sens de l'universel » ont plutôt amélioré qu'abandonné l'univers traditionnel des valeurs juives. Leur action s'est exercée dans un contexte multidimensionnel, plutôt que dans une dichotomie entre science et judaïsme. Un autre facteur qui a constitué pour les savants juifs un avantage est leur esprit critique qui échappe aux normes établies. Déjà en 1919 le sociologue américain Thorstein Veblen, se demandant d'où venait la « prééminence intellectuelle » des Juifs, répondait dans le *Political Science Quarterly* « Parce-qu'ils sont des hommes partagés en deux, suspendus dans les limbes entre leur propre culture et celle de la majorité. De ce fait, ils échappent relativement aux préjugés solides et hâtifs, possèdent un esprit sceptique et n'ont pas à assumer le lourd héritage des conventions ».

Le savoir est un élément précieux pour les Juifs, c'est historiquement la seule chose dont ils n'ont pas été démunis, même lorsqu'ils ont tout perdu les Juifs ont conservé leur unique bagage. Pour le physicien Abraham Pais, lui-même réfugié, « Les Juifs ont une tradition du livre, parce que le contenu des livres est inaliénable même si les livres eux-mêmes ne le sont pas ». Cette intimité des Juifs avec le livre, la connaissance, le savoir a été souvent soulignée, mais la recherche de leur apport à la science a été freinée, parfois tout simplement ignorée par la crainte de devoir faire intervenir des facteurs controversés, de nature polémique ou idéologique, et qui peuvent apparaître peu pertinents, parfois subversifs et quelques fois potentiellement dangereux (par exemple, le cas de l'Allemagne nazie face à la « physique juive » sous l'impulsion de deux Prix Nobel de physique et nazis notoires qui étaient Philip Lenard et Johannes Stark).

Cette situation a été encouragée par l'attitude des Juifs « émancipés » ou « assimilés » qui ne souhaitent rien d'autre que se « dissoudre » dans les sociétés où ils ont vécu, rejetant ainsi toute identité spécifiquement juive. Parmi eux, certains savants juifs, complètement assimilés, refusent catégoriquement toute question de nature à remettre en cause le statut de la science qui se veut internationale et cosmopolite, et par là même contestent toute réflexion sur ce sujet. Certains se sentent même « persécutés » lorsqu'on évoque leur identité qui paradoxalement ne les quitte jamais. Quand un juif oublie ses origines il y a toujours quelqu'un pour les lui rappeler, souvent dans des circonstances qu'il n'a jamais imaginées.

Ces cas sont assez rares pour ne pas dire exceptionnels. La grande majorité des savants juifs n'ont jamais caché leur origine, certains vont même jusqu'à affirmer que c'est le mode de raisonnement acquis dans les *Yéchivot* (Ecoles Talmudiques) qui leur a permis d'exceller dans leur science. Parmi eux on trouve Arno Penzias (Prix Nobel de physique 1978) qui dans son discours devant l'Académie royale de Suède affirme ses origines juives. Plusieurs autres physiciens juifs de premier plan n'ont pas hésité une seconde à lier leur destin à celui du peuple juif ou d'Israël et à lutter pour défendre les intérêts juifs menacés, c'est le cas de Bohr, Einstein et d'autres encore.

Tous ces facteurs socio-culturels et historiques qui ont favorisé le nombre disproportionné des Juifs dans la physique ont bien sûr un dénominateur commun mais ils varient de nature et de degré en fonction des pays où la contribution des savants juifs fut importante.

Examinons certains de ces pays en fonction de leur attitude en général vis-à-vis des Juifs et de la science.
Pour les Juifs français la France était un pays unique, celui qui a inventé l'émancipation (1791) et l'avait imposé au reste de l'Europe.

La France offrait pendant une partie du XIXe siècle une atmosphère libérale. Ils sont environ 70.000 Juifs au tournant du siècle dont 40.000 à Paris. Les premiers juifs fuyant certains pays d'Europe orientale comme la Russie, la Pologne ou la Roumanie arrivent en France en 1897, échappant ainsi aux politiques antisémites. Les Juifs ont un profond amour pour la France. Dans la conscience juive, le sentiment patriotique prend appui sur la Thora. Les rabbins et les enseignants participent à ce mouvement qui nourrit un nationalisme profond pour ce pays « qui prend en mains la cause du faible et de l'opprimé ». Ce n'est pas un hasard si l'*Alliance Israélite Universelle* est fondée à Paris en 1860 et se propose de venir en aide à tous les persécutés. Son premier manifeste est considéré comme une préfiguration de la Charte Universelle des Droits de l'Homme qui verra le jour après la Seconde Guerre mondiale. Elle servira d'exemple à *l'Anglo Jewish Association* fondée en Angleterre en 1873, la *Israelitische Allianz*, créée à Vienne en 1873, et la *Hilfsverein der deutschen Juden*, établie à Berlin en 1901.

Les Juifs ont participé d'une manière exemplaire au culte de la nation issue de la Révolution en réconciliant les valeurs essentielles de la tradition juive avec un patriotisme sans reproche.

Comme dans beaucoup de sociétés européennes la physique a offert une évasion légitime et respectable à l'adversité sociale. L'adhésion des Juifs aux valeurs collectives et leur rapide promotion sociale les a intégrés dans une culture laïque française qui n'allait pas sans une forme de déjudaïsation. Les Juifs étaient attirés par la culture française, dans laquelle ils étaient bien enracinés. Leur niveau élevé d'éducation leur ouvrit des fonctions honorables. Ils furent étroitement liés au combat politique du début de la IIe République. Un grand nombre d'entre eux occupèrent des fonctions publiques les plus élevées (Préfets, généraux, magistrats et ministres. L'exemple le plus récent étant celui de Robert Badinter). Entre 1900 et la veille de la Seconde Guerre, le *Collège de France*, prestigieux établissement d'élites françaises, comptait plus de 10% des Juifs dans son corps enseignant. L'Académie des sciences comptait un taux semblable de Juifs parmi ses membres. Ces deux exemples illustrent la large participation des Juifs dans la science française. Les universitaires juifs pouvaient, mieux que les autres, se reconnaître dans des valeurs républicaines, de laïcité et d'universalisme grâce auxquelles ils avaient pu connaître une forte mobilité sociale.

Bien entendu il faut séparer les périodes pour avoir un tableau précis de la situation des scientifiques juifs en France.

Tandis qu'avant 1830, on note une discrimination anti-juive dans l'accès à la science et à une haute éducation, celle-ci va s'atténuer entre la Restauration et l'affaire Dreyfus. L'antisémitisme va peu à peu remplacer l'antijudaïsme chrétien, fondé sur « l'enseignement du mépris ». On assiste à quelques attaques verbales au début, mais avec l'affaire Dreyfus certains trouvent une sorte de légitimité de leur antisémitisme. Ce qui était secret, inavouable et honteux devient plus dévoilé, plus ouvert, et franchement hostile.

La science a, dans l'ensemble, procuré aux Juifs français un vecteur d'intégration et d'assimilation, une mobilité sociale, une occupation honorable, exempte des vieux préjugés du commerce ou de la finance.

Dans beaucoup de sociétés européennes la science a permis aux savants Juifs de répondre à plusieurs motivations : gagner honnêtement leur vie, répondre à un défi d'excellence qui ne connaît pas de frontières et satisfaire un besoin intellectuel où les discussions scientifiques se substituaient aux discussions talmudiques.

Le cas des Juifs hongrois est un exemple intéressant en Europe.

Le rôle des Juifs en Hongrie est plus significatif et sur certains plans on peut dire qu'il est exceptionnel. D'une manière générale, de la fin du XIXe siècle jusqu'à la barbarie nazie, le judaïsme d'Europe centrale a connu une floraison culturelle exceptionnelle. L'université constituait la voie royale vers la reconnaissance d'un statut social. Les citoyens ayant acquis un diplôme universitaire constituaient une aristocratie intellectuelle et spirituelle. Ni la richesse ni l'appartenance à une famille privilégiée ne pouvaient combler cette « lacune » dans l'absence de titres académiques.

A la veille de la Première Guerre mondiale les Juifs étaient près d'un million et représentaient environ 5% de la population de ce qui était alors l'Empire austro-hongrois. A Budapest ce pourcentage était largement supérieur.

Par rapport à leur population, les Juifs hongrois ont produit un nombre élevé à la fois par la quantité et par la qualité de physiciens-mathématiciens de premier plan, reconnus sur le plan international comme le fameux physicien-mathématicien John Von Neumann (1903-1957), Théodor Von Karman (1881-1963) spécialiste de l'aérodynamique, l'hydrodynamique et la thermodynamique, à qui les Etats-Unis doivent beaucoup dans l'aéronautique, le brillant physicien-mathématicien et Prix Nobel (1963) Eugène Paul Wigner (1902-1995), le spécialiste de la fission Léo Szilard (1898-1964) et d'autres encore. Les Juifs hongrois se distinguèrent également par le nombre disproportionné de doctorats décernés à des femmes soit 27%, surtout si l'on considère la position de la femme à cette époque dans cette société où elle est censée s'occuper de sa famille et veiller à l'éducation de ses enfants dans les familles juives. Si les mathématiques furent le domaine de prédilection des Juifs hongrois et contribuèrent largement au développement de la physique théorique, les autres disciplines n'étaient pas délaissées. C'est ainsi qu'on les trouve en nombre disproportionné dans les domaines de la recherche, de la presse et de l'édition scientifique, à l'Académie et dans le professorat. C'était la conséquence « logique » des efforts consentis par la classe moyenne juive pour envoyer ses enfants à l'université.

Cette excellence des Juifs hongrois dans la science s'est faite au détriment de leur identité. La plupart ont abandonné leur tradition juive, se sont complètement assimilés et certains d'entre eux comme Von Neuman se sont même convertis au christianisme, croyant trouver ainsi une certaine cohérence dans leur logique. Cependant, inconsciemment, dans leurs travaux on retrouve les traces de leur enfance juive, de leur famille et de leur éducation.

Dans l'ensemble les Juifs hongrois ont trouvé dans la science une voie pour se valoriser et s'épanouir, en accédant à des postes hautement qualifiés dans le domaine scientifique.

Cette ouverture des Hongrois aux Juifs entraîna une assimilation qui encouragea les Juifs hongrois à ne parler que le hongrois, à envoyer leurs enfants dans les écoles publiques et devenir les grands défenseurs d'un nationalisme hongrois dans les régions habitées par des minorités. Plusieurs Juifs abandonnèrent leur identité et crurent devoir changer leur nom.

Au tournant du siècle la part des Juifs dans l'administration augmenta sensiblement et vers 1910 on trouve plus d'une centaine de Juifs dans la Chambre des représentants et huit juifs parmi les ministres. Après la guerre (1914-1918) et la décomposition de l'empire austro-hongrois, les Hongrois perdent plus des deux-tiers de leur population et de leur territoire. Comme cela se répète souvent dans l'histoire, les Juifs devinrent des boucs-émissaires, accusés de tous les maux et un antisémitisme virulent renaît de ses cendres. L'une de ces réactions fut le *numerus-clausus* imposé aux Juifs en 1920 dans les universités dont le quota ne devait pas dépasser celui de leur représentation.

Cette vague d'antisémitisme provoqua une émigration des Juifs vers des cieux moins hostiles, alors que d'autres se regroupèrent sous forme d'organisations ou de mouvements sionistes et continuèrent à briller dans plusieurs domaines scientifiques. Malheureusement plusieurs talents périrent pendant la Shoah comme le physicien Imre Brody assassiné dans un camp de concentration en 1944. Ainsi lorsque la situation a changé, les Hongrois se retournèrent contre les Juifs, oubliant tout ce qui a constitué pendant des décennies une parfaite harmonie et mettant ainsi fin à un chapitre heureux de l'histoire des Juifs hongrois et avec eux les physiciens Juifs.

De loin plus importante et plus significative est la situation des physiciens juifs allemands. L'Allemagne qui remplace la France comme centre scientifique, voit les Juifs y jouer un rôle très important dans sa science, et, par conséquent dans le monde. La culture juive a bien assimilé les principales tendances de la culture germanique. Il suffit de penser à Max Liebermann chez les artistes modernistes, au romancier Alfred Döblin, au cinéaste Fritz Lang ou à Walter Benjamin qui ont marqué la culture allemande et ont été les « architectes » d'une proximité particulière entre esprit allemand et esprit juif. Dans la seconde moitié du XIXe siècle la science allemande était un géant naissant. Elle devient un centre prestigieux et la plupart des scientifiques renommés ont travaillé ou étudié à un moment ou à un autre ou ont fait des recherches dans les universités allemandes ou dans les instituts spécialisés qui viennent compléter l'infrastructure scientifique des universités. Le mouvement scientifique, faible à ses débuts, devint rapidement un leader de la recherche grâce à un système indépendant, socialement isolé et soutenu par une éducation d'un niveau élevé.

Cette structure facilita l'accès des talents juifs à la science allemande qui leur offrit ainsi une voie pour leur ascension sociale, un refuge légitimement cosmopolite à l'abri du nationalisme romantique qui imprégna la vie intellectuelle allemande de cette époque.

Après la guerre franco-prusse, une nouvelle constitution de 1872 pour une Allemagne réunifiée fit tomber les derniers obstacles officiels à l'emploi des Juifs dans les universités. Malgré cela, le nombre et la représentation des Juifs dans les différents établissements et disciplines étaient loin de la norme. Leur avancement dans la hiérarchie scientifique demeurait freiné. Beaucoup de juifs ont passé de nombreuses années comme Privat-docent, sans aucun revenu garanti, cela malgré leurs compétences à la fois comme chercheur et comme enseignant.

Le sentiment « d'une invasion juive de la science » était considérablement populaire bien que le nombre de professeurs juifs fût inférieur à 10% et qu'il commençât à décroître dès 1933 et malgré aussi le fait que les physiciens juifs allemands se soient comportés comme des patriotes exemplaires.

L'interaction entre le nazisme et la science a fait l'objet de plusieurs études des historiens des sciences. La plupart d'entre eux rejettent la dichotomie entre « nazis » et « antinazis » faite par les savants allemands. Mais cette histoire n'est pas encore élucidée. La physique de cette période vit sur trois mythes. Celui de la « physique nazie » qui fait de la « physique allemande » la complice silencieuse du régime. Celui de la résistance de certains savants allemands comme Max Planck qui ont sous-estimé l'ampleur de la catastrophe qui attendait la science allemande en général et enfin l'attitude ambiguë, troublante, mystérieuse parfois de Werner Heisenberg et surtout de sa visite rendue en 1941 à son maître Niels Bohr à Copenhague occupée par les nazis.

La lutte entre la « physique allemande » dirigée par Philip Lenard, Prix Nobel de Physique en 1905, et Johannes Stark, Prix Nobel de physique en 1919, et la « physique juive » (*Judenphysik*) symbolisée par Einstein, juif, pacifiste et démocrate, a ses origines avant le nazisme ; elle est alimentée par les conséquences de la défaite de la Première Guerre mondiale et ressentie comme une humiliation par la majorité conservatrice des scientifiques universitaires. La ruine de l'économie allemande et l'hyper-inflation avaient mis fin au financement de la recherche scientifique.

Les rigueurs économiques ont poussé à un système d'évaluation où des experts reconnus comme Max Planck fixaient les priorités. Parmi les bénéficiaires de ce système on compte les fondateurs de la mécanique quantique, Max Born, Werner Heisenberg, Pascual Jordan et Erwin Schrödinger. Quant aux partisans de la « physique allemande » farouchement hostiles à la République de Weimar ils se sont sentis trahis par leurs confrères et le gouvernement. Lenard et Stark canalisèrent ce mouvement de mécontentement et cette frustration personnelle et professionnelle vers un virulent antisémitisme qui, selon leur attente, pouvait leur garantir une amitié dans les cercles dirigeants nazis qui se livrèrent à une impitoyable purge qui leur permit de se « débarrasser » des Juifs dans les universités et les instituts de recherches comme la Société Kaiser Wilhem.

Ce mouvement de la « physique allemande » a essayé d'intégrer la communauté des physiciens allemands au moyen d'une campagne de diffamation et de haine sans précédent. Lenard et Stark en furent les leaders avec leurs articles publiés dans « *Schwarze Korps* » (corps noir) le journal des nazis. Lenard dénonça la « physique juive » dont le représentant le plus exemplaire est Einstein. Cette physique juive qui selon Lenard ne peut produire « que des images illusoires, des hallucinations, et, dans le meilleur des cas, un effet dégénéré de la physique aryenne ». On voit déjà d'après ce vocabulaire qu'il y a une forme de pathologie mentale, une « obsession », une « fixation », chez Lenard qui n'hésite pas à opposer cette « physique juive » à la « physique aryenne et son infatigable et anxieuse recherche de la réalité ».

Lenard et Stark ne se sont pas limités à attaquer les Juifs et la « physique juive », ils ont élargi le rayon d'action de leur haine à ce qu'ils appelèrent « les Juifs blancs » tous ceux qui, parmi les savants allemands défendaient la relativité d'Einstein ou la physique des quanta et qui n'étaient pas juifs. Dans cette catégorie de « Juifs Blancs » Lenard et Stark placent des savants allemands comme Planck, Sommerfeld et Heisenberg.

Stark s'est acharné sur Heisenberg afin de l'empêcher de succéder à Arnold Sommerfeld comme professeur de physique théorique à l'Université de Munich. La chasse aux sorcières commença, mais les nazis se rendirent compte que leurs attaques compromettaient la qualité de la recherche et de l'enseignement en Allemagne. Ils décidèrent d'appuyer Heisenberg après l'avoir malmené. Pour eux, Heisenberg était capable de former une nouvelle génération de physiciens. Cependant il y avait un prix à payer : Heisenberg devait se démarquer de ceux considérés par les nazis comme les ennemis du régime alors qu'on pouvait tolérer son enseignement fondé sur la physique des savants juifs. La concession la plus controversée et la plus lourde de conséquences fut sa participation à la propagande nazie. En fait, Heisenberg a été un instrument entre les mains des nazis. Consciemment ou non il les a servis en devenant le nouvel ambassadeur de la nouvelle science allemande. Sa rencontre avec Bohr en 1941 au Danemark était la suite logique de son projet. Le « mystère Heisenberg » n'est toujours pas élucidé 60 ans après et on ne saura peut-être jamais ce que cet homme fut, en essayant de « s'adapter » à la nouvelle carte de l'Europe.

(Cf. Thomas Powers, *Le mystère Heisenberg*, Albin Michel, Paris 1993).

En moins d'une année, les universités allemandes ont été « purifiées » de la présence juive. Cette mesure provoqua le départ de plus de 40% du corps enseignant, pas seulement des juifs mais aussi des non-juifs qui prévoyaient le déclin de la science allemande.

La contribution particulière des Juifs à la science allemande est pour une grande partie le résultat d'une réalisation imparfaite de l'universalisme et également due au fait que les juifs considéraient la science comme un îlot de la méritocratie. Les Juifs étaient partagés entre les idées de Progrès et de Raison héritières des Lumières et un certain romantisme qui a séduit bon nombre d'entre eux. Le cas de Fritz Haber fournit un exemple typique de tous ces savants juifs qui ont mis tout leur espoir dans les valeurs de la science et dont la plupart se considéraient plus Allemands que Juifs.

Haber n'était pas encore frappé par les lois d'exclusion comme ce fut le cas pour de nombreux juifs résignés. Il avait consacré sa vie à l'Allemagne. Il a contribué d'une manière particulière à la puissance militaire allemande pendant la Première Guerre mondiale grâce à sa synthèse industrielle de l'ammoniac (pour laquelle il reçut le Prix Nobel de chimie en 1918) et resserra d'une manière particulière les liens entre la Suède et l'Allemagne.

Avec l'arrivée des nazis au pouvoir il demanda sa retraite comme directeur de l'Institut Kaiser Wilhelm dès avril 1933. Il est intéressant de citer les raisons qu'il invoque : « Ma tradition à moi, écrivit-il à Rust [ministre nazi chargé de l'éducation et de la culture] exige qu'un homme placé dans la situation de choisir ses collègues, ne considère que les acquis professionnels et la réputation des candidats sans s'enquérir de la combinaison raciale dont-ils sont issus... »

Haber qui avait fait de l'Institut Kaiser Wilhelm un fleuron de la science allemande et qui avait été décoré pour son dévouement à la patrie refusa la nouvelle situation de l'Allemagne, s'enfuit en Angleterre et mourut en Suisse, à Bâle le 29 janvier 1934.

Il faudra relever que la physique théorique et les mathématiques ont particulièrement bénéficié des contributions des savants juifs qui fondèrent une niche institutionnelle à l'Université de Göttingen qui est devenu par conséquent un centre mondial de la physique théorique. Cela a provoqué une rancœur dans les milieux scientifiques allemands. Certes il y a eu quelques hommes comme Planck, courageux et lucides, dont la conscience fut déchirée et qui a essayé d'intervenir auprès du Führer pour les physiciens juifs. Ce dernier lui répondit « Nous n'avons rien contre les Juifs, nous sommes seulement contre les communistes ».

Le silence de la majorité, le manque de protestations de ceux qui auraient dû s'élever contre cette politique encouragea le régime nazi dans la poursuite de ses buts d'exclusion et d'extermination. La seule chose sur laquelle les quelques physiciens qui tentèrent de venir en aide à leurs collègues juifs étaient d'accord, c'était, paradoxalement, de conseiller à Einstein de cesser de dénoncer la folie nazie. Même Planck jugeait les interventions d'Einstein néfastes. Il lui écrivit « vos initiatives n'apporteront aucune amélioration de la situation... Au contraire, vos frères ne s'en trouveront que plus opprimés ». Une fois de plus dans l'histoire la victime est désignée comme responsable, comme coupable...

Il ne restait plus qu'un espoir aux physiciens juifs en Allemagne, celui de trouver une terre d'asile, ils vont la trouver pour la plupart d'entre eux en Amérique, où deux mille universitaires viennent enrichir la science américaine.

A mesure que la science déclinait en Allemagne, elle prenait de l'ampleur aux U.S.A., ce qui facilita l'entrée des Juifs plus particulièrement dans la physique qui était encore à l'âge de l'adolescence. A la fin du XIXe siècle, les Juifs nouveaux immigrants avaient quitté les ghettos d'Europe de l'Est pauvres et sans instruction. Ils voyaient l'Amérique comme la nouvelle « *Terre promise* » répondant à leurs doubles motivations matérielles et idéalistes. Il s'établirent dans les grandes villes du Nord. En butte à des attitudes de plus en plus antisémites dans le monde des affaires et dans l'industrie, leur seul espoir demeurait dans les professions intellectuelles. Ainsi plusieurs parents se privèrent de tout pour envoyer leurs enfants dans les meilleurs collèges dans l'espoir de les voir devenir médecins, avocats ou enseignants dans le secteur public.

Les laboratoires industriels étaient imprégnés de l'antisémitisme des grandes entreprises (le cas des laboratoires Bell). Le monde universitaire n'était guère mieux. Le Président de Harvard recommandait en 1922 d'imposer des quotas aux étudiants juifs. Au niveau des professeurs, à qualité égale ou même supérieure un Juif n'avait aucune chance d'y accéder. A l'Académie des sciences le président était juif (le premier Prix Nobel américain A. Michelson). Lorsqu'il a été question de nommer un vice-président juif (Simon Flexner) beaucoup de gens trouvaient que c'était trop. Mais tous ne réagirent pas de la même façon. Robert Millikan (Prix Nobel) engagea un Juif contre l'avis de plusieurs de ses collègues, qui a fait honneur à son Institut. Plusieurs brillants et jeunes physiciens juifs devaient se contenter de travailler comme professeurs dans l'enseignement secondaire ou comme assistant pendant plusieurs années avant d'obtenir un poste titulaire à l'Université.

Un exemple qui illustre cet antisémitisme universitaire est celui dirigé contre Eugène Feenberg, physicien théoricien talentueux qui travailla à Rome avec Enrico Fermi après un brillant doctorat à Harvard. Il adressa une demande d'emploi à plusieurs universités. Dans la Caroline du Nord on lui répondit : « Il nous est pratiquement impossible d'engager un homme d'origine juive dans un établissement du Sud ».

L'ampleur de l'antisémitisme dans les autres secteurs professionnels contribua à rendre séduisantes les carrières académiques, particulièrement en physique, pour les Juifs. Dans les années 30, la proportion des Juifs ayant obtenu un doctorat était au moins aussi grande que le taux qu'ils représentaient au sein de la population.

Dans l'ensemble le taux d'universitaires juifs était beaucoup plus élevé que celui des Catholiques où la science restait perçue un peu suspecte. Ces derniers étaient plutôt juristes, hommes d'affaires ou médecins.

Bien que la science fût une voie pour la mobilité sociale c'est le facteur économique qui attira de nombreux juifs dans la physique qui avait un bel avenir aux U.S.A.

L'entrée des juifs dans la science américaine en modifia la carte de la science aux U.S.A. Elle éleva d'une manière spectaculaire la région atlantique du 7e au 2e rang au point de vue scientifique. Tandis qu'une seule université de New-York fut classée performante sur le plan scientifique entre 1920 et 1939, il s'en trouva 11 classées sur la même liste entre 1950 et 1960 grâce au déplacement vers la côte Est de savants juifs.

En 1950/60 les Juifs s'inscrivirent en plus grand nombre en physique qu'avant la Seconde Guerre. On attribua cela à la « tradition d'érudition » des Juifs dont les plus jeunes trouvaient un attrait exercé par leurs illustres maîtres (Oppenheimer, Rabi, Teller, Franck ou Szilard, sans parler d'Einstein). Par ailleurs, les révélations des barbaries nazies s'étaient jointes au mouvement social et politique pour renverser les barrières antisémites dans les universités. Plus que jamais la physique américaine offrait aux juifs un accueil ouvert, une carrière pour une position sociale parmi les mieux payées et un certain pouvoir lié au prestige de la profession. Les physiciens, vers les années 1960, étaient mieux payés et plus considérés que dans d'autres branches de l'activité scientifique, un titulaire d'un doctorat sur deux travaillait à l'université contre un sur quatre pour l'industrie.

Dans les universités 1/7ème des postes de professeurs en physique étaient occupés par des Juifs et ce taux était de 1/4 dans les prestigieuses universités.

Sur le plan administratif les Juifs étaient bien représentés. A Columbia par exemple il fut une période où le président, le doyen et le directeur étaient tous Juifs et occupaient les plus hautes fonctions administratives de cette prestigieuse université.

A l'ère Kennedy, la physique était bien considérée et les physiciens avaient une influence non négligeable à la Maison Blanche. Kennedy, dans ses discours devant l'Académie des sciences et d'autres instituts de recherche, rendait souvent hommage aux physiciens et à la « science pure » flattant ainsi les physiciens théoriciens. Aux années 60 on pouvait parler aux Etats-Unis d'un « establishment » de physiciens.

A la Commission de l'Energie atomique le président était un Juif (Glenn T. Seaborg, Prix Nobel). Le prestigieux Prix Fermi fut remis par Kennedy à J.R. Oppenheimer. On connaît le drame qui a tâché la vie d'Oppenheimer et les attaques dont il fut victime venant d'un autre Juif (Teller).

En utilisant le Prix Nobel comme critère de succès, les juifs américains sont relativement importants. Il reçoivent 30% des Prix Nobel scientifiques décernés à des Américains, soit dix fois plus proportionnellement que leur taux dans la population américaine. Ce résultat est dû au dynamisme des Juifs américains. Ils ont dû se battre, jour après jour, pour être reconnus. Ils ont créé des groupes et des mouvements sociaux, ont constitué des « lobbies » se basant sur les lois juridiques en vigueur. A certaines périodes il y avait une forme d'identification de leur combat et celui des Noirs américains.

Les enfants de ces premières générations d'immigrés juifs ont pu fréquenter les meilleures écoles et les universités prestigieuses. Ils ont formé des élites qui à leur tour sont devenues les moteurs de la vie active américaine.

Des petites entreprises fondées par des Juifs (confection, textiles) on est passé aux grandes industries de la communication. Cela est plus marquant dans le domaine du cinéma et de la musique. L'Amérique qui les a accueillis leur a donné toutes les chances de s'épanouir. Par leur talent, leur intelligence et leur travail les Juifs ont contribué d'une manière spectaculaire à la puissance créatrice de l'Amérique et cela dans tous les domaines de l'activité humaine.

A la fin du XIXe siècle et jusqu'à la moitié du XXe, les scientifiques juifs restaient éloignés du Judaïsme. La plupart de ces physiciens étaient indifférents, voire opposés à la religion.

Ce mouvement commença à s'essouffler à partir de 1960. Certains campus comme celui de Berkeley deviennent plus « dynamiques » sur leur identité juive et dès 1970 le nombre de restaurants « Kosher » et de lieux de prières augmenta sensiblement partout en Amérique. Ce phénomène d'un « retour aux sources » n'est pas propre aux étudiants juifs ou aux scientifiques, il est observé dans les trois religions monothéistes.

En ce début du troisième millénaire, on constate une baisse des scientifiques parmi les Juifs. On peut même affirmer que les Asiatiques supplantent les Juifs dans la science américaine. Il sera intéressant de voir l'évolution de cette minorité au cours de ce siècle.

En attendant, la présence juive dans la science américaine est en nette régression bien que les Etats-Unis demeurent une puissance mondiale sur le plan scientifique.

Cela dit, on peut retrouver l'excellence juive dans d'autres domaines que celui de la physique et constater qu'il y a des « modes » où certains domaines comme l'économie, la finance, la psychanalyse, la musique ou la littérature sont privilégiés à certaines époques.

Un autre pôle de l'excellence en physique est l'ex-Union Soviétique où les Juifs n'ont accédé à la science russe qu'au tournant de ce siècle.

Ils étaient plus de cinq millions de Juifs à vivre dans les frontières de l'empire russe.

Sous le règne d'Alexandre II (1855-1881) la Russie inaugura un processus de modernisation qui toucha également les Juifs. Ces derniers eurent accès à l'enseignement secondaire et supérieur de même qu'à l'exercice de la médecine, le service militaire fut porté à cinq ans (réduction énorme comparée à la période imposée aux Juifs sous le règne de Nicolas 1er).

L'assassinat du tsar Alexandre II mit fin à cette période de « normalisation » et souleva de nombreux pogroms. Les Juifs sont soumis aux caprices des autorités locales, exclus de l'enseignement supérieur et des professions libérales. L'entrée à l'Université leur était refusée sous prétexte qu'ils n'avaient pas de permis de résidence dans la ville où ils voulaient étudier.

L'existence d'une clause d'ethnicité instituée pour la première fois en 1932, facilita et légitima les pratiques discriminatoires à l'égard des Juifs.

La Révolution russe eut des conséquences tragiques pour les Juifs, elle causa leur ruine culturelle et religieuse. Durant la décennie de 1920, se mit en oeuvre tout un processus rapide d'assimilation culturelle et linguistique. Mais sur le plan scientifique, la Révolution de 1917 abolit toutes les discriminations officielles qui empêchaient les Juifs de faire une carrière scientifique comme par exemple le physicien Khvolson (1852-1934) qui a dû se convertir au christianisme pour poursuivre ses recherches scientifiques.

Pour les Juifs russes, traditionnellement discriminés dans le choix de leur profession et de leur lieu d'habitation, la science a offert le prestige, un solide substitut à la culture juive traditionnelle, et plus tard une protection relative des interférences politiques. A la fin des années 30, de vastes territoires furent annexés à la Russie (l'Est de la Pologne) et près de deux millions de Juifs vinrent s'ajouter aux trois millions résidant en Union Soviétique.

Au lendemain de la Seconde Guerre mondiale l'antisémitisme renaît de ses cendres et les Juifs compensent leur handicap ethnique par leur traditionnelle excellence intellectuelle.

Ainsi, en 1959, le nombre d'étudiants était proportionnellement quatre fois plus important. Soit 4,2% d'étudiants sont Juifs alors que le taux de la population Juive était de 1%.

En fait, les restrictions imposées aux Juifs pour entrer dans des professions scientifiques ou académiques les ont plutôt stimulés à redoubler d'efforts pour exceller dans le champ de leurs activités scientifiques. Les autorités soviétiques responsables faisaient constamment appel aux Juifs malgré tous les préjugés. Cela eut pour résultat, que vers les années 1970, plus de 10% de l'élite scientifique du pays était fichée comme juive.

Pour terminer cette introduction et permettre aux lecteurs de situer l'œuvre de ces physiciens juifs du XXe siècle dans le cadre socio-culturel et historique, nous faisons quelques remarques qui, nous l'espérons, faciliteront la compréhension de ce qui suivra.

Les facteurs qui ont déterminé les Juifs à s'orienter vers des professions scientifiques, dans notre cas particulier, en physique, ne sont plus saillants. Les obstacles qui furent dressés à la fin du XIXe et au XXe siècles dans certains pays, n'existent plus, (en tout cas pas officiellement) ou bien sont réduits à leur simple expression. La science elle-même a évolué et n'a plus le même attrait qu'elle exerçait sur les jeunes talents juifs (et non-juifs également). Ceux-ci préfèrent choisir une activité d'ordre économique au chemin moins long et moins pénible et surtout plus rentable. Cet « idéalisme » qui attirait les jeunes juifs et non-juifs vers la science a perdu de son intensité. Les jeunes d'aujourd'hui veulent tout et tout de suite, ce qui est à l'opposé d'une activité scientifique.

Un autre élément est l'Etat d'Israël : il faudrait encore quelques décennies pour tirer une conclusion. Pour le moment nous pouvons seulement affirmer qu'il manque une « masse critique » de savants dans ce pays, que la recherche coûte cher et que le budget de l'Etat est limité, vu ses priorités fondamentales en particulier (sécurité, intégration de nouveaux immigrants, développement) qui ne sont pas les mêmes que celles d'autres pays scientifiquement avancés. Mais après un demi-siècle seulement on peut dire, sans risque de se tromper, que l'Etat d'Israël a accompli sur le plan scientifique et technologique une formidable performance qui n'a été nulle part au monde aussi remarquable, et cela dans des conditions extrêmement difficiles et avec peu de moyens. Les résultats de cet essor s'illustrent dans les accords touchant plusieurs domaines (informatique, biotechnologie, aérospatial) qu'Israël a signés pour exporter sa technologie vers des pays aussi différents que les Etats-Unis, le Brésil, l'Inde, la Chine ou la Suisse.

Sur le plan scientifique en Israël, nous risquons de tomber dans la « normalité » qui réduit ou supprime le « stimulus » nécessaire, Cela reste encore à démontrer. De toutes façons Israël est condamné à être parmi les meilleurs sur le plan scientifique et technologique afin d'assurer son indépendance et sa sécurité.

En conclusion, la tradition culturelle juive, l'exercice constant des Juifs avec le Talmud, un modèle de penser de façon abstraite, critique et spéculatif, un concept de « recherche pure » qui est très proche du concept juif de « l'étude pour l'étude », pour des raisons d'accomplir une « *Mitzva* » (un commandement), fournit une partie de l'explication à ce phénomène auquel s'ajoute l'exclusion des Juifs des domaines industriels dans certains pays.

Il n'est pas aisé de saisir tous les facteurs qui entrent en jeu et encore moins de quantifier chacun d'eux.

Pour terminer cette introduction nous pouvons dire que la culture juive a transmis des valeurs compatibles avec la culture intrinsèque de la science moderne. Les valeurs d'universalité, d'objectivité, de recherche de la vérité, de scepticisme organisé et de désintérêt semblent être des composantes intellectuelles communes aussi bien à la culture juive qu'à la science.

Œuvre scientifique

Dans cette partie il s'agit d'évoquer la vie et l'œuvre de ces grands savants, ces voyageurs de l'imaginaire, ces audacieux de la pensée. Restituer le cadre de leurs réussites mais aussi de leurs échecs obtenus par le génie et le travail, montrer le résultat de leurs efforts créateurs, rappeler les tensions dramatiques qui ont marqué leur travail scientifique et parfois leur propre vie.

On a dit souvent que le XXe siècle a été sur le plan scientifique ce que la Renaissance fut pour l'art. Une véritable révolution s'est emparée des concepts et des esprits.

Le choix de ces personnalités est forcément exclusif du moment qu'il se limite aux savants juifs qui se sont vus décerner le Prix Nobel de physique durant le XXe siècle. Il y a certainement des brillants physiciens qui n'ont pas eu le Prix Nobel. Les percées scientifiques ont été le résultat des efforts entrepris par toute une pléiade de chercheurs et de techniciens qui préparèrent le terrain et ouvrirent les voies qui dévoilèrent leur secret. Plusieurs d'entre eux sont des inconnus ou tout simplement ont été oubliés, alors qu'ils ont constitué collectivement et individuellement le maillon de cette longue chaîne sans laquelle il n'y aurait point de progrès humain.

Dans le but de rendre cet ouvrage accessible à un large public, les aspects scientifiques des biographies ont été volontairement simplifiés. Dans le même esprit la présentation de ces savants qui, humbles et modestes, restent avant-tout des êtres comme tout un chacun, a été vulgarisée. Les spécialistes intéressés y trouveront les références nécessaires à leurs recherches.

ABRAHAM ALBERT MICHELSON (1852-1931)
Lauréat du prix Nobel en 1907

A la fin du XIXe deux questions fondamentales continuaient d'entretenir la perplexité des physiciens : celle de la nature de l'éther, et celle des lois de l'interaction entre l'éther et la matière ordinaire. Le grand physicien anglais William Thomson[1] (Lord Kelvin) pouvait affirmer au seuil du XXe siècle « La physique est définitivement constituée dans ses concepts fondamentaux ; tout ce qu'elle peut désormais apporter, c'est la détermination précise de quelques décimales supplémentaires. Il y a bien deux petits problèmes : celui du résultat négatif de l'expérience de Michelson et celui du corps noir, mails ils seront rapidement résolus et n'altèrent en rien notre confiance ». Ces deux « petits problèmes » allaient devenir des casse-têtes pour une pléiade de brillants physiciens. Le premier concernait la vitesse de la lumière.

Prenons une source lumineuse (une étoile par exemple) : si la lumière est bien une onde se propageant dans l'éther, on doit mesurer une vitesse apparente plus grande si le mouvement de la Terre se rapproche de la source que lorsqu'il s'éloigne.

Des expériences multiples et variées menées avec des appareils et des instruments ultrasensibles par Michelson montraient que la vitesse de la lumière ne variait jamais.

L'une des propriétés de l'éther est de constituer un milieu matériel qui baigne les corps en mouvement. Aussi un corps

---

[1] Thomson, William (Lord Kelvin) (1824-1907) Physicien britannique et président de la Société royale de Londres. Il s'est brillamment illustré par ses travaux sur la chaleur et l'électricité (*effet Thomson*, 1854 et *effet Joule-Thomson* 1852). Il donna la théorie des circuits oscillants. Spécialiste de la géophysique (études des marées) il détermina l'âge de la Terre. Il est également le créateur des calculateurs analogiques.

en mouvement devrait ressentir un « *vent d'éther* », effet d'autant plus sensible que le corps se meut plus rapidement. Contre toute attente Michelson montra qu'il n'y a pas de *« vent d'éther » et la vitesse d'une source lumineuse n'influe pas sur la vitesse de la lumière qu'elle émet.*

Les lois de composition des mouvements étaient bafouées. Les résultats obtenus par Michelson bouleversèrent les physiciens du monde entier. Michelson lui-même, avec une rare sincérité et une franchise exemplaire, avoua qu'il n'aurait jamais commencé ces expériences s'il avait pu prévoir un tel résultat ! On était loin du constat de Kelvin. Fallait-il rejeter l'éther ou retourner quelques siècles en arrière pour affirmer que la Terre est immobile...

Michelson, loin de « soulager » de nombreux physiciens, les plongea dans une véritable crise. Certains d'entre eux comme Lorentz[1] et Fitzgerald[2] (1893) essayèrent d'élaborer des raisonnements pour « sauver le phénomène ».

L'expérience de Michelson avait eu lieu en 1881 déjà. Dans son principe elle est d'une grande simplicité. Elle consiste à comparer la vitesse de la lumière suivant deux directions, dont l'une est celle du mouvement de la terre autour du soleil, et l'autre selon une direction perpendiculaire. Pour la réaliser, Michelson, construisit son remarquable interféromètre.

---

[1] Lorentz, Hendrik Antoon, Physicien néerlandais (1853-1928). Professeur à Leyde de 1878 à 1923 il est le père de la théorie électronique de la matière. L'expérience de Michelson ayant montré l'impossibilité de détecter le mouvement de la Terre par rapport à l'éther le conduit à imaginer une contraction des longueurs dans le sens du mouvement. Mais Lorentz doit supposer un temps local qui n'est qu'un artifice mathématique car il reste attaché à la notion de temps absolu. On lui doit les fameuses formules de transformation qui portent son nom qui relient les longueurs, les masses et les temps de deux systèmes en mouvement rectiligne uniforme l'un par rapport à l'autre. Il est Prix Nobel de Physique, avec Zeeman, en 1902.

[2] Fitzgerald, Georges Francis (1851–1901) Physicien irlandais, Professeur à l'Université de Dublin il étudia la théorie des ondes électromagnétiques avant que Hertz ne les eût découvertes et tenta d'expliquer le résultat négatif de l'expérience de Michelson par son hypothèse du raccourcissement des objets en mouvement.

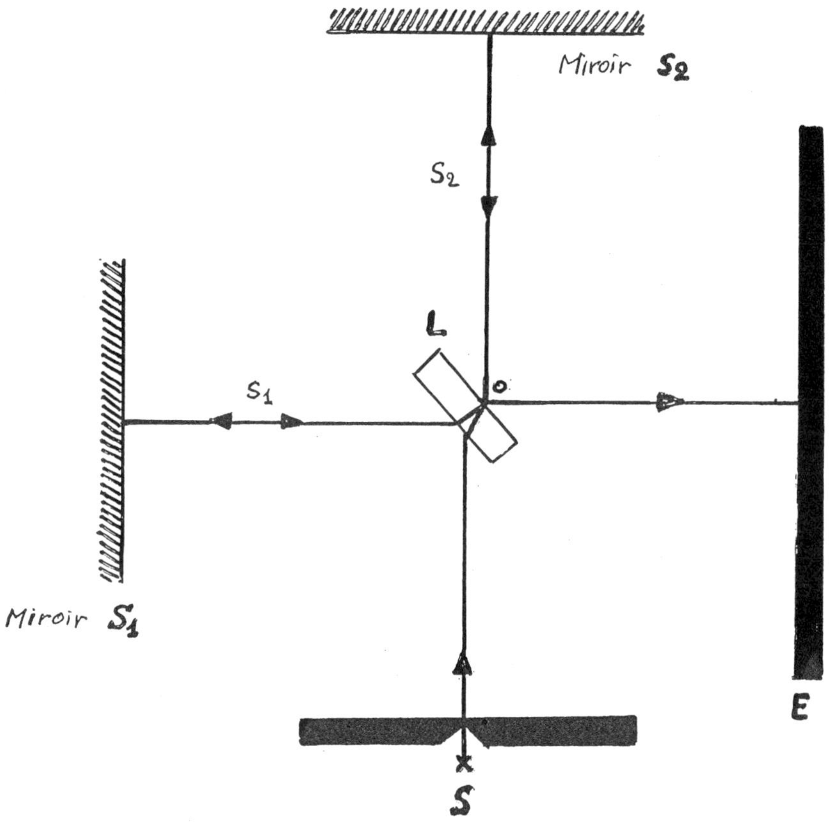

S : Source de lumière.

S_1 et S_2 : rayons émis et réfléchis.

L : Lame semi-réfléchissante.

E : Ecran où les deux rayons S_1 et S_2 forment les franges d'interférence.

Le faisceau de la lumière émis par la source S se partage en deux sur la lame semi-réfléchissante L.

Arrivés sur les deux miroirs, les deux faisceaux se réfléchissent respectivement sur les miroirs S_1 et S_2 et se rejoignent à nouveau au point 0, atteignant ensemble l'écran

E pour former des franges d'interférence qui permettent d'étudier la cohérence dans le temps.

Autrement dit, l'onde incidente est scindée en deux par la lame semi-transparente L. Les deux ondes sont réfléchies par les deux miroirs plans puis renvoyées sur la lame qui les recompose. Si l'on modifie l'orientation de l'un des miroirs (ou les deux) on fait varier l'angle que les deux ondes forment entre elles dans leur partie finale, et donc la largeur des franges. L'interféromètre de Michelson mesure la différence de marche des deux ondes produite par une lame à faces parallèles.

Une différence de marche quelconque entre les rayons serait évidemment produite par l'entraînement de l'éther dû au mouvement de la Terre sur son orbite.

Cette expérience fut répétée avec des appareils plus perfectionnés en 1887 avec Morley[1], puis en 1902 et 1903, Morley refait l'expérience avec Dayton C. Miller (1866-1941) en Angleterre. Elle a été depuis refaite plusieurs fois, et reproduite en montagne, dans des tunnels de différents milieux (bois, acier, matières plastiques) elle a toujours donné le même résultat quelle que soit la technique utilisée.

Abraham Albert Michelson naquit le 19 décembre 1852 à Strelno, dans la partie de la Pologne qui appartenait alors à l'Allemagne. A l'âge de deux ans il partit avec ses parents Samuel et Rosalie Michelson aux Etats-Unis où il grandit dans une ville de mines d'or comme on en voit dans les Westerns. Etablis d'abord en Virginie puis dans le Nevada, ils s'installèrent définitivement à San Francisco. C'est là que Michelson entreprit ses études supérieures, et sa vive intelligence attira bientôt l'attention de ses maîtres. On lui conseilla d'entrer à l'Académie Navale des Etats-Unis (U.S. naval Academy) mais aucune place n'était vacante. Deux hommes ont « forcé le sort ».

---

[1] Morley, Edward Williams, (1838-1923), chimiste et physicien américain. Ses recherches portèrent sur l'oxygène contenu dans l'atmosphère. Il est surtout connu pour sa collaboration avec Michelson.

A Washington il fit une excellente impression sur le Président Grant[1] (1869) et l'astronome Newcomb qui dirigeait à cette époque le Naval observatory, fut intéressé par la curiosité du jeune Michelson. Grâce à deux recommandations, Michelson entra en surnombre à l'Académie Navale d'Annapolis. A sa sortie, il fut pendant deux ans aspirant dans la marine. Le voyage d'études terminé, il resta, de 1875 à 1879, instructeur dans cette Académie pour la physique et la chimie.

Après avoir été employé pendant un an à l'Office du Nautical Almanach de Washington, Michelson vint en Europe pour suivre des cours pendant deux ans dans les universités de Berlin avec Helmholtz[2] et de Heidelberg avec Quincke[3] et plus tard à Paris au *Collège de France* avec Cornu[4], Mascart[5] et Lippmann[6]. De son séjour à Paris il gardera un

---

[1] Grant, Ulysses Simpson, (1822-1885). Chef des armées nordistes durant la guerre de Sécession (1864-1865) fut président (républicain) des Etats-Unis de 1869 à 1877.

[2] Helmoltz, Hermann von (1821-1894), physicien et physiologiste allemand. Médecin de formation il devint titulaire de la chaire de physique à l'Université de Berlin (1871). Savant hors pair il a brillé dans tous les domaines qu'il a étudiés : nature et forme de l'énergie, théorie des tourbillons, acoustique, optique, astronomie, géométrie (1868), mesure de la vitesse de l'influx nerveux (1850).

[3] Quincke, Georg Hermann (1834-1924), physicien allemand et professeur à l'université de Heidelberg. Ses travaux portent sur les phénomènes capillaires ainsi que sur la réflexion de la lumière par les surfaces métalliques.

[4] Cornu, Alfred (1841-1902), physicien français et professeur à l'Ecole Polytechnique de Paris (1867), élu membre de l'Académie des sciences (1878). Ses travaux ont eu pour étude la vitesse de la lumière et les radiations ultraviolettes, les intervalles musicaux et les vibrations transversales des cordes (1895), le phénomène de Zeemann (1898). Il s'est également intéressé à l'horlogerie et à l'astronomie.

[5] Mascart, Eleuthère, (1837-1908), physicien français, professeur au *Collège de France* (1872) et directeur du Bureau Central météorologique. Il étudia le spectre ultraviolet. Le mouvement relatif d'une source lumineuse et d'un observateur. Il inventa un électromètre à quadrants (1880) et s'intéressa à l'électricité atmosphérique et le magnétisme terrestre.

[6] Lippmann, Gabriel, (1845-1921), physicien français et Prix Nobel de physique en 1908.

excellent souvenir, c'est là qu'il connut plusieurs physiciens français et qu'il étudia les travaux de Fizeau[1].

Dans ses fonctions d'instructeur à l'Ecole Navale, Michelson s'est employé à fabriquer un appareil illustrant une méthode de mesure pour la vitesse de la lumière. C'était le domaine de la physique qui le passionna le plus.

Il reprit quelque temps après les expériences de Foucault[2] avec le miroir tournant, en lui faisant subir d'importantes modifications qui montrent l'extraordinaire ingéniosité dans la réalisation des dispositifs expérimentaux. Dans l'expérience de Foucault, la plus grande distance parcourue par la lumière était d'environ vingt mètres.

Avec une grande habilité Michelson arrive à des distances de sept cent mètres et augmenta ainsi le déplacement de l'image à observer dans le micromètre, en supprimant d'ailleurs le petit miroir oblique employé par Foucault et en examinant directement l'image.

Après plusieurs essais Michelson obtint un résultat qui étonne encore aujourd'hui par la précision : il obtint une vitesse de 299895 Km par seconde.

Avec le miroir tournant, Foucault voulait trouver les vitesses relatives de la lumière dans l'air et dans l'eau. Au

---

[1] Fizeau, Hippolyte (1819-1896), physicien français, ami et collaborateur de Foucault ils obtiennent la première image photographique du soleil (1845). Il s'occupa après de la vitesse de la lumière (1849) et donna une première approximation (315300 Km/s). En 1848 il découvre le principe selon lequel le mouvement d'une source de vibrations par rapport à un observateur se traduit par un déplacement des fréquences perçues par l'observateur (Effet Doppler-Fizeau). Il mit au point des méthodes de mesure des diamètres apparents des astres, introduisit le condensateur dans les bobines d'induction. On lui doit également des travaux sur la polarisation de la lumière. Il a été président de l'Académie des sciences (1878).

[2] Foucault, Léon (1819-1868), physicien français, il s'est fait connaître par sa détermination de la vitesse de la lumière par la méthode du miroir tournant (1850) ses expériences lui permirent de comparer les différentes vitesses dans le vide, dans l'air et dans différents milieux transparents.
Une de ses célèbres expériences est celle qu'il réalisa au Panthéon, à Paris, en 1851, pour démontrer le mouvement de la Terre, à l'aide de son pendule géant (60 m. de longueur) qui attira une foule de spectateurs. On lui doit également plusieurs instruments en optique (miroirs de verre argenté).

point de vue qualitatif, l'expérience de Foucault, réalisée en interposant sur les parcours des rayons lumineux un tube plein d'eau fermé par des verres parallèles, montra que la vitesse de la lumière dans l'eau est inférieure à celle obtenue dans l'air.

En 1884, Michelson, toujours expérimentateur hors pair, confirma le résultat qualitatif de Foucault mais franchit une nouvelle étape : il montra aussi que le rapport des vitesses est égal à l'indice de réfraction, conformément à la théorie des ondes. Ce résultat remplit de joie les physiciens qui hésitaient à se décider entre la théorie ondulatoire et la théorie corpusculaire de la lumière.

Dans une autre expérience Michelson remplaça l'eau par le sulfure de carbone et trouva un rapport de 1,75 au lieu de 1,64 pour l'indice de réfraction du sulfure de carbone. Il fut un peu « troublé » mais toujours confiant dans la précision de son expérience il n'hésita pas à la faire connaître. (En fait cette différence provenait du calcul pour une « onde séparée » et pour un « train d'ondes » qui sont différents dans le cas d'une substance très dispersive comme le sulfure de carbone). Poursuivant ses travaux il montra que la vitesse de la lumière rouge dans un liquide est supérieur (de 2%) à celle de la lumière bleue, résultat très important pour la théorie de la dispersion.

On connaît le rôle extrêmement important des interféromètres, appareils susceptibles de donner des franges d'interférence. L'interféromètre de Michelson a été d'une grande utilité aux physiciens. Il peut par exemple déterminer l'indice d'une substance, en interposant une lame de celle-ci sur le trajet des rayons. Il permet de déterminer la nature exacte d'une radiation. Michelson a ainsi étudié des radiations considérées alors comme simples, faisant la découverte capitale qu'elles sont en réalité complexes à peu d'exceptions près. Dans ces travaux il a découvert la fine structure des raies spectrales. (L'une d'elles, de couleur rouge, a été choisie comme étalon fondamental pour les mesures spectroscopiques de longueur d'onde).

Michelson a également construit un spectrographe nouveau, dit à échelons, qui a permis des recherches fécondes et a été d'une grande utilité dans l'étude du phénomène de Zeeman[1].

On doit également à Michelson la détermination du mètre étalon (prototype international du mètre) en longueurs d'onde de la raie rouge du cadmium. Cette mesure se fait en comptant le nombre des franges d'interférence qui passent pendant le déplacement d'un des miroirs de l'interféromètre. Michelson est venu à Sèvres avec son collaborateur Morley en 1892 au Bureau international des Poids et Mesures où sont conservés les étalons internationaux de longueur et de masse.

Le travail de Michelson sur la mesure du diamètre réel de certaines étoiles mérite une mention toute particulière. En 1891, sa méthode interférentielle lui permit de mesurer avec un grande précision les diamètres des satellites de Jupiter. Sa méthode lui permit de mesurer pour la première fois en 1920 le diamètre apparent de la grande étoile *Betelgeuse.*

La recherche de la vitesse de la lumière a été le champ de prédilection des travaux de Michelson. Pendant toute sa vie elle fut sa passion. Dans l'expérience de Foucault il essaya de trouver le plus grand chemin possible parcouru par la lumière. En opérant entre le Mont Wilson et le Mont San-Antonio distants de 35km, il perfectionna son système en construisant un tube de 1600 m de longueur et d'un diamètre de 30cm. La diminution de la pression de l'air dans le tube fut réduite au minimum possible, pour attendre des conditions dans le vide et Michelson obtient pour la première fois la vitesse de la lumière dans le vide, soit 299796 ± 4 Km/s en 1926. Un résultat remarquable avec une si petite marge d'erreur. Son ambition fut de perfectionner les instruments et la méthode pour obtenir un résultat encore plus performant.

---

[1] Zeeman, Pieter (1865-1943), physicien néerlandais. Il doit sa renommée à la découverte (1896) du phénomène qui porte son nom : perturbation des niveaux d'énergie des électrons d'un atome sous l'action d'un champ magnétique qui implique une modification du spectre des raies d'émission du corps considéré. De 1915 à 1918 Zeeman a étudié la propagation de la lumière dans les milieux en mouvement. Il a eu le Prix Nobel de physique, avec Lorentz, en 1902.

Jusqu'à la fin de sa vie son ambition était d'obtenir la vitesse de la lumière avec une erreur de moins de 1 km par seconde.

Il y avait chez Michelson un côté artiste qui complétait le savant. Une belle expérience était pour lui une œuvre d'art. La façon de découvrir était plus précieuse que les choses qu'on découvre. Pour lui, la recherche scientifique doit être regardée « comme un peintre regarde son tableau, un poète son poème, un musicien sa musique » ; les vraies raisons de l'activité du savant c'est l'amour de son œuvre en elle-même. Quand on lui demandait pourquoi il voulait faire de nouvelles expériences sur la vitesse de la lumière, il répondait que c'était dans l'intérêt de la science tout en ajoutant « la vraie raison, c'est que c'est un jeu si amusant ».

Michelson ne s'est pas contenté d'être un grand savant, il avait d'autres passions : le billard et le tennis où il s'est distingué dans des matches de haut niveau. Il était également un excellent violoniste.

Mais c'est dans le dessin et la peinture qu'il trouvait un de ses plus grands plaisirs. Sa retraite en Californie n'est pas due au hasard. Il admirait la beauté du paysage qu'offrait cette région.

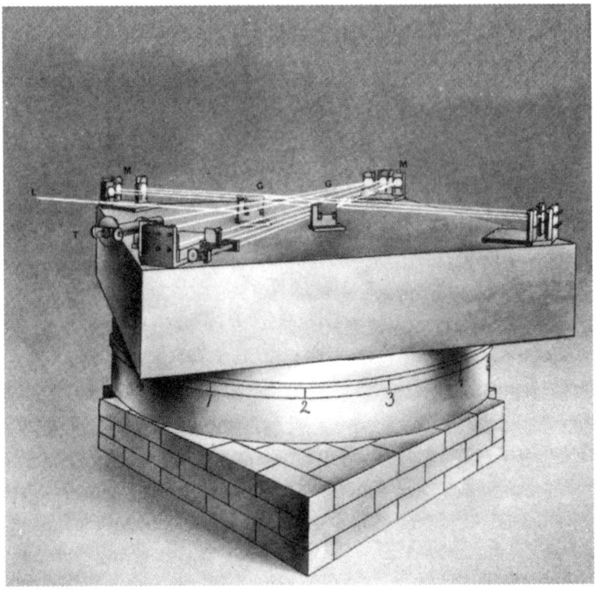

Fig. 1.

Michelson et Morley (1828-1923) répétèrent en 1887 l'expérience initiale en améliorant leurs instruments et en perfectionnant leur système de montage : la figure 1 montre une table rotative avec plusieurs miroirs (pour amplifier le phénomène en augmentant le trajet de la limière).

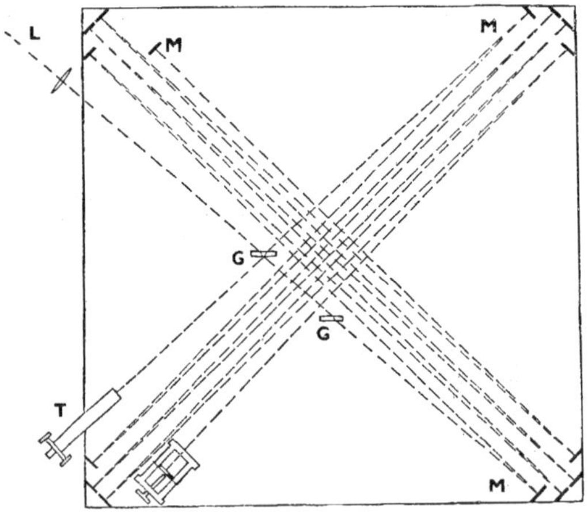

Fig. 2.

La figure 2 montre la lumière réfléchie partiellement à parzir de L sur plusieurs miroirs. M et G est partiellement transmie dans deux directions. L'expérience donne toujours un résultat négatif quant à l'existence de l'« éther ».

Michelson n'avait rien d'un grand théoricien. Les équations et les formules étaient certes destinées à changer notre vision des choses, mais il admirait surtout des expériences bien menées dans des conditions déterminées et d'un degré de précision satisfaisant. Une de ses expériences devenue classique eut comme nous le savons un retentissement immense dans le monde de la physique. Parlant un jour des conséquences relativistes de sa célèbre expérience il répondit avec un grand humour « je n'ai pas voulu cela ». Ses mesures sur la vitesse de la lumière sont, comme on le dit, l'un des piliers de la théorie de la relativité bien qu'elles ne semblent pas pourtant avoir influencé Einstein en 1905.

Interrogé sur ce point, Einstein répondit en 1954 « ... pas une grande influence. Je ne me souviens même pas si j'en ai eu connaissance lorsque j'ai écrit mon premier papier sur ce sujet [1905] ».

En dehors du savant, l'homme était engagé au service de la science bien sûr, mais aussi de ses institutions. De 1901 à 1903 il présida l'*American Physical Society*. L'année 1907 fut riche en reconnaissances au grand physicien. Il reçut la Copley Medal de la *Royal Society* de Londres et le Prix Nobel (1907). C'est le premier Américain à obtenir le Prix Nobel de physique. Il fut membre de plus de vingt-cinq sociétés savantes, dont il devint membre honoraire dans la moitié d'entre-elles.

Il eut le bonheur de voir l'un de ses assistants Robert Millikan[1] qui travailla avec lui à l'Université de Chicago où Michelson enseigna la physique jusqu'en 1929, devenir à son tour Prix Nobel de physique en 1923.

En 1910 il est élu président de l'*American Association for the Advancement of science*, et présida la *National Academy of Sciences* des Etats-Unis pendant quatre ans de 1923 à 1927.

Pendant la première guerre mondiale, à l'âge de 65 ans, il est officier de réserve. L'œuvre féconde Michelson s'enrichit encore d'un dernier ouvrage *Studies in optics* (Chicago, 1927)

---

[1] Robert A. Millikan (1868-1953) a déterminé le premier la charge de l'électron et la constante de Planck.

l'année où *l'Optical Society of America* lui a dédié son congrès annuel à l'occasion des cinquante années passées au service de la science. Michelson mourut à Pasadena en Californie, le 9 mai 1931, mais ses travaux continueront d'inspirer plusieurs physiciens et historiens des sciences un demi-siècle encore après sa disparition.

GABRIEL LIPPMANN (1845-1921)
Lauréat du prix Nobel en 1908

Esprit encyclopédique, Gabriel Lippmann a marqué de son empreinte plusieurs domaines de la physique. Physicien théoricien il a été également un excellent expérimentateur et un bon constructeur d'instruments utilisés en astrophysique et en géophysique.

Soucieux de l'avenir de la jeunesse, il s'est intéressé de très près à l'enseignement des sciences et à la place qui doit leur être réservée dans la culture générale.

Il n'a pas hésité à secouer les capitaines d'industries françaises en leur reprochant leur manque de combativité et stigmatisa les moyens peu nombreux dont la recherche française était pourvue.

Gabriel Lippmann est né dans le Grand-Duché de Luxembourg, à Hellericht, le 16 août 1845. Son père était Lorrain et exerçait le métier de tanneur dans une petite entreprise qu'il fit transporter à Paris quelques années après la naissance de Gabriel. Sa mère Alsacienne d'origine était une femme très distinguée, d'un esprit fin et d'une grande culture. Elle exerça sur son fils une grande influence.

Au Lycée le jeune Gabriel excelle dans l'étude des langues mais son professeur de physique lui donna le goût des sciences qui le dirigera vers l'Ecole Normale Supérieure où il fut admis premier en mathématiques et en physique au concours d'entrée en 1868 et il obtint la note maximum pour les langues.

A l'Ecole Normale Supérieure Gabriel Lippmann ne se souciait guère des programmes enseignés et de la préparation des examens. Il étudiait uniquement ce qu'il aimait et se donnait à quelques expériences personnelles.

La décharge oscillante d'un condensateur électrique excitait son intérêt. Il observa que pendant la décharge le courant n'est pas distribué uniformément dans un conducteur (à cause de la self-induction qui se développe (effet du nom de « skin-effect » qui joua un grand rôle dans la télégraphie sans fil).

Ces sujets ne figuraient pas aux programmes d'agrégation. Ainsi, il échoua à ce concours à la fin de sa troisième année et abandonna la voie du professorat pour s'investir dans la recherche scientifique.

Il séjourna en Allemagne pour parfaire sa formation de 1872 à 1875 dans les laboratoires de Kirchhoff à Heidelberg et de Helmholtz à Berlin où il s'est distingué.

A sa sortie de l'Ecole Normale, Lippmann s'est intéressé aux rapports qui existeraient entre l'électricité et la capillarité. La tension superficielle pouvant exister entre deux liquides varie avec la différence de leur potentiel électrique. Ce fut là un des résultats fondamentaux dans le domaine de l'électro-capillarité. Ses expériences lui suggérèrent la construction d'un électromètre capillaire dont il trouva l'application en physique et en physiologie (mesure du courant produit par certains muscles pendant leur contraction). Après une thèse de doctorat sur l'électrocapillarité présentée le 24 juillet 1875, il fut attaché au Laboratoire de l'Ecole Supérieure de Paris où il poursuivra ses recherches sur les phénomènes électriques réversibles qui le conduiront à la piezo-électricité (certains cristaux s'électrisent par compression ou extension et inversement) et à la pyro-électricité (certains cristaux comme la tourmaline, soumis à un échauffement ou à un refroidissement, donnent lieu en des points précis de leur surface à des manifestations électriques et réciproquement).

Lippmann fut maître de conférences jusqu'en 1883 où la chaire de physique mathématique venait d'être libérée. Nombreux étaient les candidats à s'être présenter. Lippmann qui était assez réservé hésitait à poser sa candidature, mais plusieurs mathématiciens de la Faculté frappés par la qualité de ses travaux et la finesse de son esprit l'encouragèrent à se présenter. Il fut nommé professeur le 20 mars 1883 et conserva cette chaire pendant trois ans.

Ses beaux travaux en électricité lui avaient valu une grande notoriété parmi les physiciens et dès 1886 il fut élu membre de l'Académie des sciences, mais le grand public qui ignore souvent ce qui se fait dans les laboratoires ne retient que les progrès auxquels il est sensible et à l'application immédiate.

Sa découverte de la photographie des couleurs faite entre 1887 et 1891 a eu un retentissement mondial. La photographie « directe » des couleurs fut l'œuvre de Lippmann.

Certains travaux d'Otto Wiener furent injustement rapprochés de ceux de Lippmann. Mais les méthodes employées et les buts poursuivis étaient bien différents.

La photographie n'a jamais cessé de faire partie de la passion de Lippmann. Le problème de la reproduction photographique fut posé dès le milieu du XIXe siècle par les fondateurs de la photographie dont les noms les plus connus sont Niepce, Daguerre et Talbot. En 1891, Lippmann fit une communication devant l'Académie des sciences, qui devait ouvrir la voie à des travaux d'une grande importance. En 1908, Lippmann publie une note pour l'Académie des sciences sur la *photographie intégrale* où il expose ses idées originales. Il s'agit de la photographie en couleurs par interférences qui lui vaudra le Prix Nobel de physique la même année.

Partant de l'observation que l'appareil visuel des insectes est formé d'une multitude d'yeux extrêmement petits ayant chacun une cornée, un cristallin et une rétine (des dizaines de milliers chez certaines espèces) Lippmann se demanda donc s'il serait possible de réaliser un système de *photographie intégrale* permettant de reproduire l'intégralité des objets tels que nous les voyons.

Lippmann a inventé et perfectionné des instruments. On sait que l'observateur qui veut suivre la lumière du jour doit se déplacer constamment. Cet inconvénient est supprimé par le *coelostat* de Lippmann. Construit en 1895 cet appareil donne une image immobile du ciel tout entier. La solution fut remarquablement originale et simple. En géophysique on lui doit le sismographe à colonne liquide.

La personnalité de Lippmann a frappé plus d'un observateur. Esprit farouchement indépendant, il se méfiait de toutes les « chapelles ». Il savait qu'il pouvait se tromper dans ses jugements. D'une grande humilité seules les considérations scientifiques comptaient pour lui. Son esprit un peu distrait est bien illustré par cette anecdote : notre physicien venait d'exposer une belle expérience devant son auditoire à la Sorbonne, les auditeurs applaudirent et Lippmann croyant à la fin de la leçon (habituellement annoncée par des applaudissements) se retira immédiatement.

Sa mère, remarquablement douée pour la musique, avait développé chez lui le goût pour cet art. Lippmann était également passionné de peinture. C'est en artiste que le physicien de la photographie directe des couleurs jugeait les œuvres qu'on lui présentait.

En dehors de ses mémoires scientifiques, d'ailleurs fort courts, Lippmann a peu écrit. Il développait souvent ses idées dans des cercles d'amis.

D'une grande culture, il s'était encore affiné dans les milieux qu'il fréquenta à la suite de son alliance par mariage avec les Cherbuliez dont les salons étaient fréquentés par les hommes de lettres et des artistes, comme Taine, Renan, Paul Dubois et bien d'autres encore.

Son épouse lui fut d'un concours précieux dans sa technique photographique.

Lippmann s'est beaucoup préoccupé de l'enseignement des sciences en France. Il critiqua sévèrement la pédagogie des sciences à cette époque. Il traita sévèrement l'enseignement purement théorique de l'élève qui répète la démonstration d'une loi ou d'un théorème, sans être capable d'en faire l'application à des cas simples. Il allait dans le sens de l'illustre chimiste français Henri Sainte-Claire Deville (1818-1881) qui disait à la Sorbonne « On ne sait bien que ce que l'on a découvert ».

Soucieux de l'avenir industriel de son pays, Lippmann critiqua le manque de compétitivité de l'industrie française qui a beaucoup d'atouts mais qu'elle ne sait pas exploiter.

Lippmann qui avait enseigné à la Faculté des sciences pendant plus de quarante ans se méfiait des théories compliquées et des longs calculs. Il suggéra aux mathématiciens « combien il est important en physique de savoir ce que l'on met dans les équations ».

Il se montra assez réservé à l'égard de la théorie de la relativité générale. Il était d'un « scepticisme fécond » selon l'expression d'un académicien.

Des savants français et étrangers ont travaillé dans le laboratoire de Lippmann, mais il n'a pas eu de « disciples ».

Sur le plan juif Lippmann n'a jamais caché ses origines mais se considérait comme citoyen du monde. Il reprochait à la religion d'avoir armé les hommes les uns contre les autres.

Allergique à toute pensée dogmatique il fut absorbé par son rêve de savant, complètement désintéressé, au service de la science, au service de l'humanité.

En juin 1921, il représentait la France au Canada dans une mission conduite par le maréchal Fayolle. A son retour il mourait subitement le 13 juillet 1921 sur le bateau qui le ramenait en France. Il avait été un excellent ambassadeur de la science française. Dans un message adressé à son épouse par l'ambassadeur français au Canada on peut lire « *Nous qui vivons au milieu du matérialisme américain, ça nous réchauffe le cœur d'entendre un Français, tel que M. Lippmann, expliquer avec modestie son idéal de vie : un idéal si élevé, si désintéressé que j'ai senti en l'écoutant, comme si quelque chose de l'âme de la France venait, avec la brise du large, balayer les soucis de nos fronts et élever nos cœurs* ».

ALBERT EINSTEIN (1879-1955)
Lauréat du prix Nobel en 1921

Niels Bohr, un autre génie du XXe siècle, considère l'apport d'Albert Einstein à la science et à l'humanité comme « le plus riche et le plus fécond de toute l'histoire de notre culture ». Considéré par le « *Time Magazine* » (December 31, 1999) comme « *l'homme du siècle* » et par « *Physics World* » comme le plus grand savant de tous les temps, le nom d'Einstein est probablement celui qui est le plus connu du grand public et le plus cité de tous les savants du XXe siècle.

Personnage mythique et légendaire, original et iconoclaste, Einstein[1] est très difficile à cerner et on ne peut expliquer qu'une infime partie de sa personnalité et peut-être encore moins de son génie. Lui-même disait : « Il existe un contraste vraiment grotesque entre les capacités et les perfections que l'on m'attribue et ce que je suis réellement ». (« *Comment je vois le monde* » Flammarion, Paris 1958). C'est le 14 mars 1879, à Ulm, dans le Wartemberg en Allemagne que Pauline Einstein, née Koch et Hermann Einstein mettent au monde un garçon qu'ils prénomment Albert. Pauline (1858-1920) est la fille de Julius Koch (1816-1895) un homme intelligent et dynamique, et de Jette Bernheim (1825-?), une femme méthodique et organisée.

Du côté paternel, les grands-parents d'Albert sont Abraham Einstein (1808-1868) et Hélène Einstein, née Moos (1814-1877) tous deux originaires du Buchan, sur le Lac Feder, où vivait une communauté juive importante.

---

[1] Toutes les notes concernant ce chapitre ont été intégrées au texte vu le très grand nombre de personnages cités, ou bien mentionnées dans les autres chapitres.

Le père d'Albert, Hermann Einstein (1847-1902) est né à Buchan où il suivit une école réservée à une élite de la population, avec un accent mis sur les mathématiques. Hermann et Pauline forment un couple uni et harmonieux. L'oncle d'Albert Einstein, Jakob Einstein a eu une grande influence sur son neveu. Jakob, frère cadet de Hermann venait de terminer des études d'ingénieur et projeta de créer une fabrique d'appareils hydrauliques et électriques à Munich.

Hermann et Jakob s'associèrent et la famille s'installa à Munich en 1882. Albert a moins de trois ans. L'usine n'a pas répondu aux espoirs de Hermann et Jakob. Elle fut liquidée et la famille est obligée d'entreprendre autre chose ailleurs. L'Italie offre quelques possibilités, ils s'installèrent d'abord à Milan en 1894, puis à Pavie un an plus tard. Là aussi la situation financière devient difficile et les deux frères décidèrent de se séparer. Hermann créa une entreprise d'électrochimie.

La sœur d'Albert, Maya Einstein naquit le 18 novembre 1881. Les deux enfants ne purent fréquenter l'école juive très éloignée de leur domicile, ils s'inscrivirent dans une école catholique (Petershult) en 1885. Albert a quelques difficultés d'élocution jusqu'à l'âge de neuf ans ce qui inquiéta fort ses parents.

Le premier contact d'Albert Einstein avec la science fut une boussole que son père lui offrit à l'âge de cinq ans et qui le fascina. Il essaie d'en comprendre le fonctionnement et cela le marquera plus tard. A treize ans il tombe sur un livre de géométrie qui le passionne et il commence à réfléchir sur Kant. Après le départ de ses parents Albert vit déjà assez indépendant. Il a une chambre meublée et il doit terminer sa scolarité au *Luitpold Gymnasium*. Il n'est pas heureux dans cette école où l'enseignement est monotone et les enseignants exercent une discipline trop stricte et militariste qu'il compare à « des officiers qui passent en revue leurs troupes ».

Il rejoint ses parents à Milan où il respire cet air de liberté et prépare son examen d'entrée à l'E.T.H. (Eidgenössich Technische Hochschule) l'Ecole Polytechnique Fédérale de Zürich, et il échoua. L'âge légal était de 18 ans, Einstein n'avait que 16 ans et demi. Son échec est dû aux matières qu'il n'aimait pas étudier « par cœur » : français, biologie et chimie. Il fut encouragé à assister aux cours de physique. Le directeur du « Poly » de Zürich, Albin Herzog, mit tous ses espoirs sur ce jeune homme qu'il encouragea à tenter sa chance une deuxième fois. En attendant, le jeune Albert prit la direction d'Argovie où il poursuivit ses études à Aarau. Dans ce Lycée il se sent heureux. Tout y est si différent de ce qu'il avait vécu à Munich. C'est une atmosphère libérale des plus agréables. Il loge chez l'un de ses professeurs, Jost Winteler. Les Winteler le considèrent comme leur propre enfant. Il fait partie de la famille. Des amitiés se créent et se consolident. Cette famille deviendra une grande famille. En effet, le fils de Winteler épousera la sœur d'Einstein (Maya), et la fille Winteler épousera le meilleur ami d'Albert, Michele Besso.

On peut situer à cette époque les premières questions fondamentales, les « expériences mentales » : que se passerait-il, par exemple si quelqu'un « chevauchait » un rayon de lumière ? La lumière elle-même est une onde électromagnétique qui se propage à travers l'espace. Que se passera-t-il alors ? L'onde sera-t-elle immobile ? Le temps s'arrêtera-t-il ? Ces questions vont le « torturer » une dizaine d'années.

Dans sa dernière année à Aarau, Einstein doit présenter un travail de fin d'études. Ses attraits pour la physique et les mathématiques sont indéniables.

A Aarau il apprend que les courants électriques induisent un champ magnétique et inversement. Deux aspects d'une même discipline. Ayant obtenu son diplôme il entre à l'Ecole Polytechnique Fédérale de Zurich en 1896, avec une dispense d'âge. L'E.T.H. de Zürich est alors l'une des meilleures écoles au monde. Ses laboratoires sont inégalés et ses professeurs mondialement connus.

Pour pouvoir gagner le plus tôt possible sa vie, Einstein s'inscrit dans la section destinée à la formation des professeurs de sciences de l'enseignement secondaire. La vie à Zürich offre tout ce qu'un jeune souhaite. Des étudiants du monde entier viennent étudier à Zürich. On passe ses soirées à refaire le monde. Einstein a passé plus de temps au café « *Odéon* » qu'aux cours. Des discussions vont bon train. C'est un climat « naturel » à Zürich. Depuis 1870 la Suisse et Zürich en particulier sont le lieu des rendez-vous de tous les révolutionnaires de la planète. La ville qui comptait quelque 150.000 habitants en 1900, se trouvait au carrefour de tous les mouvements révolutionnaires européens. Zurich est considérée depuis des siècles comme un lieu de beauté et de sagesse. Dans les années 1870-1880 Zurich accueillait quantité d'étudiantes russes qui ne pouvaient faire leurs études en Russie. On y rencontre Piotr Lavrov et Léo Deutsch, pionniers du marxisme russe. Il y a là Eduard Bernstein qui devait fonder plus tard le marxisme révisionniste et qui dira plus tard que les étudiants slaves (Russes, Serbes, Bulgares) « vivaient de thé et d'idéologie », Chaim Weizmann le futur premier président de l'Etat d'Israël, qui déjà en 1902 songeait à une université juive. Il publia, avec la collaboration du philosophe Martin Buber, un opuscule intitulé *Eine jüdische Hochschule* (une université juive). C'est toujours à Zürich que passeront ou séjourneront Trotski, Carl Liebnech et même Benito Mussolini le socialiste devenu fasciste. On y rencontre également Carl Gustav Jung qui travaille comme assistant à l'Hôpital psychiatrique du Burghölzli, et le fameux pasteur et éducateur Oskar Pfister. L'atmosphère est libre. Il y a un air de tolérance dans cette belle ville Suisse. Les adversaires les plus irréductibles se rencontrent et se parlent. Lénine côtoie Radek et Einstein se fait des amis dont l'un des plus fidèles est Friedrich Adler et c'est dans la chambre laissée libre par Rosa Luxemburg que Einstein va loger.

A l'E.T.H. il rencontre en février 1898, Mileva. L'E.T.H. de Zürich est l'une des universités ouvertes aux femmes. Elle est inscrite au cours de physique. Sur ce point aussi Zürich se montre en avance sur son temps. Son université accorde le premier titre de « docteur » à une étudiante russe en 1867. Pendant ce temps, les jeunes filles d'Autriche-Hongrie n'ont même pas le droit de suivre des cours dans un lycée... D'origine serbe, Mileva Maric (1875-1948) est née à Titel, en Hongrie. Fille de notables orthodoxes, elle boite à la suite d'une coxalgie.

Einstein trouve en Mileva une confidente. Il a de l'admiration pour cette jeune fille intelligente, indépendante, anticonformiste et libre. Elle ne « colle » pas à l'image « classique » de la femme de cette époque. Et comme cela arrive parfois il passe de l'amitié à l'amour. En août 1899 Einstein écrit à Mileva « nous nous comprenons si bien jusqu'au profond de nos âmes ». Cet amour comme nous le verrons plus tard ne durera pas longtemps.

A l'E.T.H. tous les cours n'intéressent pas Einstein et ses résultats sont contrastés. Ajoutez à cela un caractère « rebelle » et indiscipliné et vous trouverez peu de professeurs qui l'apprécieront. Il reçoit un blâme en troisième année et une note de 1 (le minimum selon les règlements) au laboratoire de physique mais en même temps la note 6 (le maximum) pour ses travaux en électricité. En fait il ne réussit que dans les cours qui l'intéressent. Mais ils sont rares ces cours.

Une chance inouïe pour Einstein c'est la rencontre avec un brillant mathématicien qui suit les cours avec lui. Marcel Grossmann prend les notes avec soin et il les prête à Einstein. Grâce à ces notes Albert Einstein passera ses examens et obtint son diplôme en 1900, et devint citoyen Suisse, de la ville de Zürich, l'année suivante.

Il faut noter que c'est un miracle qu'Einstein ait pu « résister » si longtemps et terminer ses études à l'E.T.H.. Tout allait contre lui. Les cours qu'il n'aimait pas et des relations difficiles avec les professeurs de la prestigieuse école. Il dérange beaucoup de monde par son côté allergique à toute forme d'autorité. Un de ses professeurs qui l'appréciait beaucoup lui fait la remarque suivante : « Vous êtes un brillant sujet ! Mais vous avez un défaut : vous n'acceptez pas le moindre avis, pas le moindre avis ». Ce professeur, Heinrich Weber, directeur du département de physique, a des idées qui ne conviennent pas à Einstein « c'est normal Weber s'intéresse à la physique d'il y a 70 ans je ne peux pas être d'accord avec lui » dira Einstein.

A cette époque la théorie ondulatoire de la lumière s'imposait. Une onde n'est qu'une espèce définie de perturbations se propageant dans un milieu. Ce milieu serait l'eau pour produire des vagues, pour une onde sonore ça sera l'air. Pour la lumière on fait appel à l'éther pour expliquer les lois du mouvement : dans un train en marche si un voyageur se déplace dans le sens du train sa vitesse sera plus grande par rapport au sol et plus petite dans le sens contraire.

La question est alors « est-ce que la lumière se comporte par rapport à l'éther comme le voyageur ? ». Autrement dit : pourrait-on ajouter ou soustraire les vitesses lorsqu'il s'agit de la lumière ?

La terre tourne autour du soleil à 35km/s. Autour d'elle il devrait y avoir un vent relatif d'éther. La lumière devrait avoir une vitesse différente selon qu'elle est dans le sens de ce vent ou dans son sens opposé. Mais nous savons que toutes les expériences pour mesurer cette différence ont échoué. La plus célèbre étant celle de Michelson-Morley qui a perturbé tous les physiciens : la vitesse de la lumière était toujours la même, quelle que soit la direction. Cet éther qui intrigua les physiciens depuis le XVIIIe siècle fut rejeté dès le départ par Einstein. La vitesse de la lumière **c** est fixe et invariante, ce qui contredit toutes les lois du mouvement admises sur la terre.

D'autres professeurs d'Einstein parmi lesquels quelques « géants » de la physique ou de la mathématique comme Adolf Hurwitz et Hermann Minkowski le traitent de « paresseux » et de « je m'en-foutiste ». Avec un tel caractère il ne faut pas s'étonner qu'Einstein soit le seul des quatre candidats auquel on refuse une place d'assistant au « Poly ». Mais ce n'est certainement pas la seule raison.

Mis dans une situation financière difficile et devant se naturaliser, Einstein cherche un emploi. Il offre ses services à de nombreuses institutions et universités. Toutes les réponses reçues furent négatives.

Nous sommes au tournant du siècle. Einstein doit résoudre plusieurs problèmes en même temps. Ce jeune homme de 21 ans est confronté à résoudre certaines questions de physique qui l'occupent, chercher un travail pour gagner sa vie et faire face à ses parents, en particulier sa mère, qui s'opposent à son mariage avec Mileva. Comme toutes les mères juives celle d'Einstein a une forte influence sur son fils « si Mileva a un enfant de toi tu auras tous les problèmes de la vie ». Mais l'amour finit par triompher. Einstein déclare son amour à sa « petite sorcière », à sa « Dolly chérie » comme il aime l'appeler. Les deux amants choisissent l'Italie pour passer quelque temps ensemble dans la villa « Carletta » à Côme. Mais comme toutes les passions celle-ci sera éphémère. Mileva tombe enceinte, se réfugie chez ses parents en Hongrie et cache la petite fille qui vient de naître et qu'Einstein ne connaîtra jamais ! Nous savons peu de choses de cette petite Lieserl. Abandonnée ? Décédée ? Il ne faut pas oublier la Berne Fédérale de ces années. Il règne comme partout en Europe une hypocrisie incroyable qui est presque érigée en règle dans une bourgeoisie qui condamne sans appel toute naissance en dehors du mariage. Cela aurait été un scandale sans précédent pour Einstein qui cherchait un poste de fonctionnaire à Berne.

Cette année 1902 commence mal pour Einstein : une fille qu'il ne verra jamais et la mort de son père qui le bouleverse. Ce père pour lequel Einstein avait un grand respect. Sur le plan professionnel il est engagé comme enseignant à l'Ecole technique de Winterthur et au pensionnat de Schaffouse. Parallèlement à son enseignement il fait quelques recherches et il publie un article sur les phénomènes de capillarité dans les *Annalen der Physik* dont il envoie un exemplaire au professeur Kamerlingle Onnes à Leyde pour obtenir un poste d'assistant à l'Université hollandaise. La réponse est négative. L'ironie de l'histoire est que vingt ans plus tard cette même université offre un poste de professeur à Einstein mais cette fois-ci c'est lui qui refuse...

L'université hollandaise n'est pas la seule à avoir refusé un emploi à Einstein. Aucune réponse positive ne parviendra de nulle part : « De la Mer du Nord jusqu'à la pointe Sud de l'Italie » écrira-t-il plus tard. Le père d'Einstein est inquiet pour l'avenir de son fils et il écrit à quelques amis pour lui trouver un travail. Grâce à l'intervention du père de Marcel Grossman auprès du directeur de l'Office fédéral des brevets, Friedrich Haller, Einstein est enfin engagé comme expert technique de troisième classe le 16 juin 1902 avec un salaire mensuel de trois cents francs. Ce n'est pas beaucoup mais au moins il peut parallèlement poursuivre ses recherches, chez lui, en physique. Pour compléter son salaire insuffisant il veut donner des cours privés de mathématique et de physique et il mit une annonce dans un journal local de Berne « Leçons particulières en mathématiques et physique, 3 Fr. de l'heure. Les premières leçons gratuites ».

Son premier élève se fait connaître. C'est un jeune étudiant juif Roumain, Maurice Solovine, s'intéressant à la physique tout en étudiant la philosophie. En fait ce ne sont pas des cours particuliers, ce sont des discussions de haut niveau concernant la science, la philosophie et l'histoire qui intéressent les deux amis. Le cercle va bientôt s'agrandir. Einstein et Solovine sont rejoints par d'autres amis comme Conrad Habicht du gymnase d'Aarau ou Lucien Chavan un grand ami d'Einstein. Ils forment une espèce de « club de culture ». Ils fondent « *l'Académie Olympia* ». On vient participer aux discussions sur Platon, Hume, Poincaré, Ampère et Mach. Ce dernier aura une grande influence sur Einstein qui dira de lui « Il a regardé le monde avec des yeux d'enfant ».

Tout en travaillant à l'Office Fédéral des brevets à Berne, Einstein va révolutionner le monde de la physique (et peut-être le monde tout court) par ses publications. D'abord l'Office Fédéral va titulariser Einstein le 16 septembre 1904. Il convainc le directeur d'engager son ami Michele Besso alors ingénieur-conseil à Trieste. C'est un ancien étudiant de Zürich qu'il a connu en 1896. Fils de notables juifs italiens, Besso épousera la sœur du mari de Maya (sœur d'Einstein). C'est l'ami le plus fidèle d'Einstein. Il le restera jusqu'à sa mort survenue à quelques semaines d'intervalle de celle d'Einstein. Michele Besso est le seul nom remercié dans le fameux article sur la relativité restreinte en 1905.

L'année 1905 est décisive dans l'histoire de la physique et elle est exceptionnellement fertile pour Einstein.

Le 17 mars 1905 (Einstein a exactement 26 ans et trois jours) il envoie le premier des quatre articles révolutionnaires en physique. Il traite du problème du rayonnement du corps noir. Pour la première fois dans l'histoire de la physique l'éther est totalement absent. Einstein fait de la lumière un phénomène discontinu, comme la matière.

Le deuxième article fait l'objet de sa thèse de doctorat qu'il soumet à l'Université de Zürich le 30 avril, elle est très brève, seulement 17 pages. Elle a pour sujet « une nouvelle détermination des dimensions moléculaires ». Elle est dédiée à son ami Marcel Grossmann et est acceptée en juillet 1905. Elle sera publiée l'année suivante dans les *Annalen der Physik*. Le 11 mai 1905, Einstein envoie à la même revue un article sur le mouvement brownien (mouvement des molécules dans un fluide d'autant plus agité que sa température est élevée) où le second principe de thermodynamique est révisé à l'échelle microscopique (ce principe dit qu'on ne peut obtenir du travail à partir d'une seule source unique de chaleur).

Cinq semaines plus tard et c'est un article déstabilisant la physique, qui arrive aux *Annalen...*, intitulé « Sur l'électrodynamique des corps en mouvement ».

L'idée que la vitesse de la lumière est une constante absolue en tout point de l'univers bouleverse tout ce qu'on savait sur le mouvement. Par exemple un homme dans un train qui lance vers le haut une balle et un autre homme qui fait la même expérience sur les quais où il est resté. Les deux hommes se perdent de vue mais les mêmes lois de la physique sont utilisées pour décrire le mouvement de leur balle. Mais ce n'est plus le cas pour la lumière. La vitesse étant la distance effectuée par unité de temps . Pour Einstein si la vitesse de la lumière est invariante c'est que quelque chose d'autre varie.

La question pour Einstein est : que se passerait-il si la vitesse de la lumière était invariante et que le temps, lui, ne l'était pas ? Cette idée « folle » pour les gens de bon sens ne tient pas. Comment imaginer un temps pour chacun d'entre nous ? Nous avons vécu depuis l'existence de l'humanité sur l'idée que le temps est une donnée absolue, invariante, la même pour tous.

Ce n'est pas le cas pour Einstein. Cette idée « folle » le tourmente jour et nuit. Des crises nerveuses ont failli affecter sa santé pendant une dizaine d'années pour passer des questions sur la lumière à la théorie de la relativité. Lui-même a souffert de cette idée d'invariance. Il lui a fallu un courage intellectuel surhumain pour l'accepter. C'est une intuition géniale qui a jailli dans son cerveau comme une étincelle de lumière dans un monde obscur.

L'amitié de Besso permet à Einstein d'éviter la dépression. Les deux amis discutent en faisant des promenades. Toutes les contradictions se résument à une seule : l'invariance de la vitesse de la lumière est contraire à la composition de vitesses dans des systèmes galiléens (deux référentiels où l'un est en mouvement rectiligne uniforme par rapport à l'autre) où la vitesse est plus grande lorsque la source émettrice est en mouvement.

Les deux amis se quittent. Le lendemain Einstein qui a passé la nuit à méditer et à réexaminer toutes les questions retourne chez son ami Michele Besso et avant même de le saluer, s'exclame « Merci, j'ai entièrement résolu le problème ! ». On peut imaginer qu'Einstein a ressenti une forme de révélation mystique.

Dans son célèbre article « sur l'électrodynamique... » Einstein postule que, pour tous les systèmes de coordonnées pour lesquels les équations de la mécanique sont valides, l'électrodynamique de Maxwell et les lois de l'optique sont également valides, mais il ajoute un nouvel axiome : la lumière se propage dans le vide à une vitesse constante, indépendante des conditions du mouvement de la source qui l'émet.

A partir de là Einstein construit une théorie électrodynamique des corps en mouvement exempte de toute contradiction, rejetant l'éther et l'espace absolu.

Quelques conclusions s'imposent à Einstein : la dilatation du temps et la contraction des longueurs qui découlent des transformations suivantes :

> L'électromagnétisme de Maxwell décrit la lumière formée d'ondes. Ces ondes font vibrer le milieu dans lequel elles se propagent. Pour une vague, par exemple, c'est la surface de l'eau. Pour le son, c'est l'air.
>
> A la fin du XIXe siècle, dans le cas de la lumière, ce qui vibre c'est l'« éther » dont la propriété est d'être absolument immobile, c'est-à-dire en contradiction avec le principe de relativité galiléen (tout mouvement rectiligne et uniforme est affaire de repère dans lequel on le décrit). Avec la théorie d'Einstein cette contradiction est levée : la lumière se propage dans le vide. La loi d'addition classique des vitesses

énoncée par Galilée ne marche pas pour la lumière. Einstein, en 1905, posa comme postulat l'invariance de la lumière dans tous les référentiels ou repères galiléens (c'est-à-dire des repères qui sont en translation rectiligne et uniforme les uns par rapport aux autres). Par exemple : deux référentiels galiléens *R* et *R'*, un événement dans *R* est décrit par des coordonnées (*X, Y, Z, t*) et un événement dans R' par (*X', Y', Z', t'*).
La transformation de Lorentz peut d'écrire :

$$X' = \alpha\left(x - \beta\, ct\right)$$

$$Y' = Y$$

$$Z' = Z$$

$$t' = \alpha\left(t - \frac{Bx}{c}\right)$$

$$\beta = \frac{v}{c}\ et\ \alpha = \frac{1}{(1-\beta^2)^{1/2}} \qquad \alpha \rangle 1$$

Si on considère deux événements simultanés dans R, c'est-à-dire se produisant au même instant t leurs coordonnées seraient
(X_1, Y_2, Z_1, t) et (X_2, Y_2, Z_2, t).
Qu'en est-il dans R' ? Les instants t'_1 et t'_2 où se produisent les deux événements dans R' sont donnés par :

$$t'_1 = \alpha\left(t - \beta x_1 / c\right)$$

$$t'_2 = \alpha\left(t - \beta x_2 / c\right)$$

Si $X_1 \neq X_2$, alors t'_1 et t'_2 ne sont pas égaux. Autrement dit : deux événements simultanés dans R ne le sont plus dans R'. Le concept de simultanéité qui était absolu dans la physique newtonienne ne l'est plus. C'est une des grandes leçons de la théorie de la relativité. Cela a des conséquences sur la longueur d'un objet : elle n'est pas invariante selon que l'on mesure l'objet dans R ou dans R' (plus courte dans R'). De même la durée séparant deux événements apparaît elle aussi dépendante du référentiel. Une horloge en mouvement par rapport à un observateur bat toujours plus lentement qu'une horloge au repos. (Dilatation de la durée : on semble vieillir plus lentement car pour celui qui se trouve dans le référentiel en mouvement, tout semble se passer normalement).

Le temps n'est plus le même pour une personne qui est au repos et pour celle qui est en mouvement. La notion de simultanéité n'a plus le même sens. Deux événements simultanés ne se produisent nécessairement pas au même moment ! Illustrons cela par un exemple : deux poteaux A et B sont fixés le long d'une ligne de chemin de fer. Plaçons exactement au milieu de la distance séparant les deux poteaux un observateur se trouvant en ce milieu (C) et muni d'un miroir à angle droit. L'orage éclate et la foudre frappe au même moment les deux poteaux A et B. L'observateur peut confirmer qu'il a vu les deux poteaux frappés au même moment.

Prenons cette fois-ci un observateur muni du même miroir, se trouvant dans un train en mouvement en direction du poteau B. Le même phénomène physique se produit, la foudre frappe les deux poteaux au même moment. Notre observateur dans le train qui se trouve au même point C observera d'abord le poteau B car il faut un certain temps à la lumière pour aller du poteau au miroir, or, pendant ce temps le train avance vers le poteau B, la lumière aura donc une distance plus courte pour aller de B à l'observateur. Les deux observateurs, celui immobile sur les quais et celui qui est dans le train ne peuvent affirmer que les deux poteaux ont été frappés simultanément ou pas, ce qui donne au temps une notion relative. Le temps pour l'observateur immobile et le temps pour l'observateur du train ne sont pas les mêmes !

Il y a une dilatation du temps. Le temps s'écoule lentement lorsqu'on se déplace rapidement. Autrement dit on ne vieillit pas tous de la même façon selon qu'on est sur terre ou dans une fusée qui se déplacerait à des vitesses proches de la lumière. De là nous avons le paradoxe de deux jumeaux : celui resté sur terre et celui placé dans une fusée en mouvement vieilliront différemment. Celui resté sur terre vieillira en avance (sera plus vieux). Le calcul, par exemple, donne pour l'un des jumeaux voyageant à 90% de la vitesse de la lumière pendant une année, à son retour son frère resté sur terre aura vieilli de 2,29 années. La différence d'âge des deux jumeaux sera de 1,29 année.

Une autre conséquence est la contraction de l'espace. Par exemple on a calculé qu'une fusée qui se déplacerait à 90% de la vitesse de la lumière (soit 270.000 $\frac{km}{s}$) ne mesurerait plus que 40% de sa longueur initiale. Le voyageur dans l'espace « rapetissera » en quelque sorte. Il a fallu à Einstein cinq semaines seulement pour passer d'une intuition géniale, de cette étincelle, à ce que nous appelons la *théorie de la relativité restreinte.* Einstein a trouvé la réponse à la question qui le torturait depuis longtemps : Que se passerait-il si on chevauche un rayon de lumière ? La réponse est rien ne se passera car ça sera impossible. A cette vitesse la longueur se réduit à zéro et le temps est arrêté.

Toujours cette année 1905, le 27 septembre Einstein envoie un court appendice à son article précédent aux *Annalen der Physik.* Le titre est troublant : « L'inertie d'un corps dépend-elle de son contenu en énergie ? ». En deux pages il démontre sa formule devenue légendaire $E = M.c^2$. Autrement dit un corps diminue de $\frac{E}{c^2}$ lorsque celui-ci émet une énergie rayonnante E. Masse et énergie sont désormais convertibles l'une en l'autre (facteur de conversion = c^2).

L'année suivante, en 1906, la vie semble sourire à Einstein. Il s'entend bien avec Mileva, son salaire à l'Office des brevets est passé de 3500 à 4500 Fr par an. Il est mondialement connu. Il correspond avec les plus grands physiciens de son temps. Planck lui envoie son assistant Max Von Laue (pour lequel Einstein avait conservé une amitié précieuse) pour « sonder » ses intentions universitaires.

A Berne Einstein pose sa candidature au poste de privat-docent à l'Université de Berne. A sa grande déception il est refusé. Le directeur du département de physique, Aime Forster, s'opposa à sa nomination déclarant l'article sur la relativité « incompréhensible ». Einstein répondra : « de l'ignorance ! » et oublia cet échec.

Sur recommandation du professeur Kleiner il présente sa candidature une seconde fois et fut accepté. Einstein n'avait que trois étudiants et son ami Besso qui assistaient à ses cours. Sans se décourager, Kleiner voulait faire bénéficier l'Université de Zurich des talents d'Einstein, mais il y avait un autre candidat, Friedrich Adler, ami d'Einstein. Adler décida de faire une carrière politique. Il écrivit : « mes compétences dans le domaine de la physique ne supportent pas la moindre comparaison avec celles d'Einstein ». Adler a eu un geste magnifique, digne d'une vraie amitié envers Einstein, et Kleiner a tout fait pour la candidature d'Einstein. Adler était juif comme Einstein mais il appartenait à l'*establishment* zurichois, ce qui n'était de loin pas le cas d'Einstein. Le rapport final de sélection pour le poste de professeur de l'Université de Zürich est pour le moins étrange. « Les appréciations de notre collègue Kleiner, fondées sur des années de contact personnel, nous furent très précieuses (...) Herr Einstein étant israélite et le corps enseignant considérant (souvent non sans raison) que toutes sortes de traits de caractère désagréables sont typiques des israélites, tels que l'indiscrétion, l'impudence et une mentalité de commerçant (...). On doit cependant ajouter qu'il existe des israélites qui n'exhibent aucune trace de ces déplaisants défauts et qu'il n'est, par conséquent, pas convenable d'écarter un homme seulement parce qu'il est juif. On rencontre d'ailleurs parfois chez des enseignants non juifs une conception et une utilisation mercantiles de leur profession académique qui sont habituellement considérées comme typiquement « juives ». Par conséquent, le comité et l'ensemble du corps professoral estiment incompatible avec leur dignité de se déterminer en fonction de positions antisémites, et les informations fournies par Herr Kleiner sur le tempérament de Herr Dr Einstein nous ont totalement rassurés. »

Cette même année 1906 Einstein eut ce qu'il appela « la pensée la plus belle de ma vie ». Frappé par l'idée soudaine qu'un homme en chute libre ne ressentirait pas son propre poids, il essaya d'intégrer la loi de gravitation à la théorie de la relativité restreinte. Il dira plus tard que cette dernière était un jeu d'enfant comparée au problème de la gravitation.

Dans la seconde loi de Newton F = m.a cette masse m est appelée « masse inertielle » (mi) ; elle résiste au changement du mouvement, plus elle est grande plus l'accélération a sera faible. Quant à la masse pesante (mp) elle est celle de la loi de l'attraction universelle. Einstein postule l'identité de ces deux masses mp = mi. L'effet de la gravitation est identique à celui produit par une accélération.

Pour cela, Einstein, dans l'une de ses fameuses « expériences mentales » comme il les appelle, imagine ce que ressent un homme dans un ascenseur dont le câble vient de se couper. Cet homme tient dans sa main une pierre qu'il lâche sans lui donner aucun mouvement. L'homme voit la pierre à côté de lui pendant tout le temps que dure la chute. Pour cet homme le mouvement de la pierre est inertiel (un corps sur lequel on n'agit pas garde la même vitesse, dans notre cas celle-ci est nulle). Un observateur assis sur l'escalier et qui observe la chute de la cabine, interprète le mouvement de la pierre comme l'effet de l'attraction de la terre. La pierre est attirée par la terre comme l'homme l'est dans l'ascenseur. L'observateur de l'escalier ne s'étonne pas de les voir tomber ensemble en vertu du résultat de Galilée (expérience des boules lâchées du sommet de la Tour de Pise). Autrement dit ce qui est un mouvement inertiel pour un observateur (celui de l'ascenseur) est interprété comme l'accélération de la gravitation par un autre (celui assis sur l'escalier). Inertie et pesanteur sont donc deux termes pour un même effet physique. Einstein arrive à la conclusion suivante : si deux phénomènes sont indiscernables, c'est qu'ils sont en réalité *équivalents*. C'est le principe d'équivalence.

Ce principe postule que tous les corps ont la même chute libre dans un champ de gravitation. Cela correspond à l'identité de la masse inerte et de la masse pesante.

Nous aurons l'occasion de revenir sur la théorie de la relativité générale à laquelle Einstein a commencé à réfléchir dès 1907. Celle-ci nécessite des grandes connaissances mathématiques. Marcel Grossmann, l'ami d'Einstein, l'aidera dans le formalisme. Einstein est sollicité de partout. En 1909, l'Université de Genève qui célèbre le 350ème anniversaire de sa fondation, décida de décerner des *doctorats honoris causa* à quelques éminentes personnalités et d'inviter de nombreux savants. Einstein était naturellement invité mais il avait jeté la carte d'invitation croyant à une publicité car elle était adressée au nom de « Monsieur Tinstein ». L'Université n'ayant pas reçu de réponse chargea Lucien Chavan, l'ami d'Einstein, de le convaincre de venir. Einstein a enfin accepté de venir. Les festivités se sont achevées par une soirée de gala à l'Hôtel National avec « le plus riche banquet que j'aie jamais vu » racontera plus tard Einstein qui s'étonna d'un tel gaspillage dans la Cité de Calvin.

Quelques mois plus tard Einstein est invité à Salzbourg où il fit sa première communication. La crème des physiciens européens est là. Il a été remarquable. Il sera proposé pour le Prix Nobel mais c'est Van der Waals qui l'aura (1910). Einstein est maintenant à Zürich, il a 24 étudiants. Il est aimé de ses étudiants. C'est qu'Einstein parle à tout le monde avec le même respect et de la même façon au recteur de l'Université comme au concierge, comme aux étudiants. Mais comme partout ailleurs il y a quelques intrigues, quelques jalousies à l'Université de Zürich.

Einstein est intéressé par un poste de professeur à Prague. Avant son départ il rencontre Lorentz pour lequel il gardera un respect, une admiration et une affection sans bornes. A Prague Einstein est un peu déçu sur le plan social mais la ville offre une vie culturelle intéressante. Il y rencontre Kafka, Bergman et le grand sioniste Max Brod qu'il estimait.

Sa vie privée va mal et ses rapports avec Mileva se détériorent. Il dira plus tard « le mariage mixte c'est possible en théorie, mais impossible en pratique ». En fait, Einstein a échoué aussi bien avec la première femme, Mileva, non-juive qu'avec sa seconde femme, Elsa, juive et du même milieu culturel que lui. Einstein aurait probablement échoué son union avec n'importe quelle autre femme. Il est difficile pour une femme de supporter un homme que la gloire a fait tomber dans les bras de plusieurs belles femmes, qui a été l'homme de tous les combats, de toutes les luttes, de toutes les révolutions (et pas seulement de la physique) et qui a été l'homme le plus sollicité de son vivant. C'est déjà difficile pour un homme de trouver un certain « équilibre » entre sa vie privée et son travail. (Souvent l'une se fait au détriment de l'autre). C'était pratiquement impossible pour Einstein. Il était loin d'être le mari idéal ou le père idéal.

Au Congrès Solvay, de 1911, tous les talents de la physique sont là. Einstein et Poincaré forment une catégorie à part. Marcel Grossmann devenu doyen au « Poly » de Zürich (E.T.H.) lui propose de le rejoindre. Tout va s'accélérer pour Einstein. Ses travaux sur la gravitation, son divorce, sa maladie.

Son voyage à Berlin en 1912 marque le commencement de la fin de son mariage avec Mileva. Einstein rencontre une cousine qui venait de divorcer et qui est une amie d'enfance, Elsa. Elle est le contraire de Mileva : pas intellectuelle, pragmatique et bonne cuisinière. En fait elle sera davantage une mère qu'une épouse pour Einstein. A son retour au « Poly » en juin 1912 il ne pense qu'à la gravitation. La même année il est proposé pour le Prix Nobel mais une fois de plus il lui est refusé.

Au « Poly » il reçoit la visite de Max Planck et de Nernst qui lui firent une offre en or : directeur de l'Institut Kaiser Wilhelm, entrée à l'Académie des sciences de Prusse, et mener ses recherches librement sans obligation d'enseigner. Il accepte la proposition de l'université de Berlin le 7 décembre 1913. Cela l'arrange à double titre. Sur le plan professionnel et sur le plan privé, car le divorce est devenu incontournable. Mileva déteste Berlin et déteste la famille d'Albert, surtout la mère. Elsa au contraire est heureuse de retrouver Albert.

En 1914 la guerre éclate, Einstein, pacifiste convaincu prévoit déjà des millions de morts pour rien. Les nationalistes allemands font pression sur 93 scientifiques dont Planck. Einstein est l'un des rares (quatre au total) à avoir signé un manifeste pour la paix. Romain Rolland résuma dans son journal « Einstein appartient au petit nombre des esprits restés libres au milieu de la servilité générale ».

A l'automne 1915 la théorie de la relativité générale est bientôt prête. En fait elle est prête depuis 1912 ! Mais Einstein n'a pas osé la donner telle quelle.

Grâce à Grossmann Einstein a maintenant l'outil mathématique pour décrire les surfaces courbes. « De toute ma vie je n'ai jamais ressentie une telle joie » dira-t-il plus tard. La théorie d'Einstein va devenir la clé des problèmes fondamentaux en physique. D'après la théorie générale de la relativité, le champ de gravitation détermine la structure courbe de l'univers. Les grandeurs temps et espace sont remplacées par une grandeur physique espace-temps. On peut représenter l'espace-temps comme une feuille quadrillée élastique déformée par la présence de masses, comme un trampoline. S'il n'y a pas d'objets, donc pas de champ de gravitation, l'espace-temps est plat comme la surface du trampoline vide. Mais en présence d'un objet massif l'espace-temps se courbe, la feuille se creuse comme un trampoline chargé. L'espace-temps est courbé par la présence de matière. Cette théorie apportera des réponses aux quelques questions suivantes :

- l'origine de l'univers ? Big-Bang.
- Déviation des rayons lumineux près du soleil.
- Comment prédire qu'un objet massif induirait un décalage vers le rouge d'une lumière passant à proximité.
- Déplacement du périhélie de Mercure.
- Ralentissement du mouvement des horloges.
- Démonstration de l'existence d'ondes gravitationnelles.
- « Trous noirs » objets célestes massifs dont la gravitation serait telle que même la lumière qui devrait s'en dégager ne pourrait que retomber vers l'intérieur.

Cette théorie de la gravitation, la relativité générale, fut envoyée aux *Annalen der Physik* en mars 1916. Après ce travail, Einstein décida de régler son problème avec Mileva. Celle-ci reçut une demande de divorce qui l'effondra complètement. Quant à Einstein il est brisé à cause de ses enfants qu'il ne peut voir. C'est la rançon qu'il paye par un travail d'une intensité incroyable : plus de dix publications et un livre en une année. Il tomba malade et Elsa s'occupa de lui comme une mère de son enfant.

Pour la sixième fois il est proposé pour le Prix Nobel mais il est une fois de plus refusé. On estime à Stockholm que « la théorie de la relativité ne justifie pas un Prix Nobel ».

Une autre mauvaise nouvelle parvient à Einstein. Son ami Adler venait d'assassiner pour des raisons politiques le Premier ministre autrichien Karl Stürgkh et risquait la peine de mort. Au procès de 1917 Einstein fit l'éloge de son ami Adler.

Par ailleurs, le fils d'Einstein, Eduard (7 ans), ne va pas bien.

En 1919, Einstein et Elsa décidèrent de se marier. Elsa a deux filles de son premier mariage. Einstein promit à Mileva de lui verser la totalité du Prix Nobel. Cette promesse sera tenue et la somme sera versée intégralement à Mileva en 1922 (date du Prix Nobel).

Cette même année 1919, une vérification de sa théorie eut lieu lors de l'éclipse du soleil du 29 mai par deux équipes au cours de deux expéditions, l'une au Brésil sur l'Ile de Prinu, et l'autre dans le Golfe de Guinée, en Afrique, conduite par l'éminent astronome anglais, Arthur Eddington, et donna un résultat de 1"61 avec une erreur possible de 0"30 (proche de la valeur théorique de 1"75). Les techniques d'interférométrie confirmèrent la théorie d'Einstein. J.J. Thomson (qui a découvert l'électron) qui présidait la séance du 6 novembre 1919 de la Royal Society déclara que la théorie d'Einstein était « le plus grand monument de l'histoire de la pensée humaine ». Voilà qui donne la mesure de l'impact d'Einstein dans la patrie de Newton et le savant anglais Eddington qualifia Einstein « du plus grand Juif depuis Jésus ». Désormais le nom Einstein sera associé à tout : du qualitatif de génie, à des marques de cigares en passant par des affiches de cabaret.

Einstein est à la une de tous les journaux. Le monde scientifique dans sa grande majorité applaudit la nouvelle théorie. Einstein reçut des offres de partout. Il profita de son statut pour aider des Juifs fuyant l'Europe orientale pour s'installer en Allemagne. Il organisa des cours à l'Université à leur intention. Cela a été suffisant pour que les antisémites de tous bords trouvent en Einstein la cible idéale.

Nous sommes vers les années vingt et l'Allemagne présente des signes d'une pathologie qui ravagera l'Europe entière vingt ans plus tard.

Dans le monde des physiciens rares sont ceux qui soutenaient Einstein, mais nombreux sont ceux qui combattent sa théorie et sa personne et dont le seul dénominateur commun fut un antisémitisme hargneux dont le chef de file fut Philippe Lenard (Prix Nobel 1905). Il qualifia la science d'Einstein de « science juive » et ajouta « le Juif est manifestement incapable de comprendre la vérité, contrairement au chercheur aryen qui manifeste un désir sérieux et consciencieux de l'atteindre... » Malgré tout cela, Einstein devient la star du XXe siècle. C'est la naissance du mythe Einstein. L'antisémitisme allemand va réveiller chez Einstein son identité juive, son attachement au peuple juif et une redécouverte de cette étincelle de son judaïsme jamais éteinte en lui depuis sa tendre enfance où il suivait encore des cours au « Talmud Thora » (école d'instruction religieuse) et chantait des chants liturgiques avec les autres enfants juifs.

Son engagement pour le peuple juif s'intensifiera et ne le quittera plus jamais jusqu'à la fin de sa vie.

Sans être religieux, sans se considérer comme juif pratiquant, Einstein trouvait dans l'harmonie du monde la raison de sa foi « plus on perce les secrets de la nature, plus on respecte Dieu ». Pour Einstein, derrière tout ce qui existe, il y a un ordre, une harmonie, fruits du Créateur et c'est cela qui traduit son sentiment religieux. Un sentiment difficile à expliquer comme toute la personnalité d'Einstein lui-même, complexe et difficile à cerner.

Une chose est certaine : Einstein n'est pas athée. Il l'affirme plus d'une fois. Jouant à la synagogue de Berlin avec Yehudi Menuhim il s'exclame « maintenant je sais qu'il y a Dieu au Ciel ». Pour Einstein l'ordre et l'harmonie de la nature sont les meilleures manifestations du Créateur. « Nous devons admirer avec humilité la magnifique harmonie de la structure de ce monde, pour autant que nous soyons capables de l'appréhender ». Dans le même sens il écrivit « Tout le monde danse sur une musique mystérieuse interprétée au loin par un joueur invisible » ; il va même jusqu'à écrire : « Je ne peux pas concevoir un scientifique authentique qui n'aurait pas une foi profonde. La situation peut se résumer en une image : la science sans la religion est boiteuse, la religion sans la science est aveugle » (*La Recherche,* N° 96, Janvier 1979, p. 16).

Sur le plan sioniste le problème est plus clair : Einstein s'engage totalement pour le peuple juif et pour le futur Etat d'Israël. Le nazisme n'a fait que renforcer et intensifier sa lutte pour la survie du peuple juif. Si d'autres savants et d'autres personnalités avaient suivi son exemple et son courage en prenant quelque risque pour leur existence comme l'a fait Einstein, il n'y a aucun doute qu'une partie du peuple juif aurait été sauvée. Son sionisme se manifesta d'une manière concrète dès 1921 lorsque Chaïm Weizmann (le futur premier président de l'Etat d'Israël) lui demande de l'accompagner pour une tournée en Amérique afin de récolter des fonds en vue de la création de l'Université Hébraïque de Jérusalem. Bien que détestant ce genre de démarches vu son indifférence à l'argent et au monde financier, Einstein mit tout son cœur et toute son âme pour cette noble cause. Il dira plus tard qu'il était prêt à devenir grand prêtre pour aider ses frères juifs à trouver un refuge en Palestine.

Arrivés le 1er avril 1921 à New York les deux hommes ne débarquèrent qu'après la fin du « Shabat » par respect pour les Juifs religieux. Ils reçurent un accueil exceptionnel. Huit mille juifs sont venus écouter Einstein dans une salle qui n'en pouvait contenir que cinq mille. Ce fut le discours le plus court mais le plus efficace de l'histoire du sionisme. Einstein s'est levé et a parlé moins d'une minute « Weizmann vous a parlé. Il a très bien parlé au nom de nous tous. Suivez-le et tout ira pour le mieux ».

Einstein a eu une vision prophétique du problème israélo-arabe. Avec septante ans d'avance il affirmait qu'il n'y avait pas d'autre issue aux Arabes et aux Juifs qu'une politique de rapprochement pour parvenir à une meilleure compréhension mutuelle. Einstein n'a jamais cessé d'œuvrer pour la paix entre Israël et ses voisins et dénonça violemment la politique coloniale britannique qui a semé la haine entre Juifs et Arabes, deux branches d'un même arbre.

Il faudrait des centaines de pages pour montrer l'engagement d'Einstein dans le mouvement sioniste. Le 7 février 1923 il déclara devant le Conseil sioniste en Palestine « c'est le plus beau jour de ma vie. C'est un grand moment, le moment de la libération de l'âme juive. Cela a été rendu possible grâce au mouvement sioniste et personne au monde ne pourra détruire ce qui a été accompli ».

Il est resté méfiant ou en tout cas vigilant quant à l'attitude des grandes puissances envers le futur Etat d'Israël « nous ne pouvons attendre que les Nations Unies ou les grandes puissances tiennent leurs engagements envers nous ».

A ceux qui lui reprochaient son engagement inconditionnel pour Israël, il faisait remarquer « ce n'est pas à moi de donner des conseils à des gens qui avaient triomphé d'obstacles insurmontables pour sauver leur pays ». Cette sagesse reste toujours valable aujourd'hui dans le conflit qui oppose Palestiniens et Israéliens.

Enfin notons qu'Einstein, contrairement à d'autres leaders juifs sionistes, faisait abstraction de sa personne. Il ne recherchait aucun honneur, aucune médaille. Il agissait avec la discrétion la plus totale pour le bien d'Israël et du peuple juif. Une anedocte illustre ces propos. Après le décès de Weizmann, Ben Gourion alla voir Einstein. Il passa plus de quatre heures avec lui. Un mois après, Aba Eban, qui était ministre des affaires étrangères de l'Etat d'Israël alla voir Einstein. Il était porteur d'un message : on lui offre de devenir président de l'Etat d'Israël et Einstein refuse « Je n'ai, dit-il, ni la compétence naturelle ni l'expérience nécessaire pour résoudre les problèmes humains et exercer des fonctions officielles. » (Cf. Lettre du 17 novembre 1952 d'Aba Eban à Einstein et la réponse de ce dernier datée de Princeton le 28 novembre 1952, In : *Einstein's 1912 Manuscrit on the special theory of relativity*, publié par George Braziller, 1996 p. 23).

Pour la petite histoire ce refus arrangea tout le monde. Einstein qui n'en voulait pas et Ben Gourion qui aurait été bien embarrassé si Einstein avait accepté une proposition qu'on ne pouvait pas ne pas lui faire.

Mais l'attachement d'Einstein pour Israël ne s'est éteint qu'avec sa mort. Cinq jours avant sa mort survenue le 18 avril 1955 à 1 heure 15, il recevait Aba Eban et un attaché militaire Réuven Dafni, de l'Ambassade d'Israël. Einstein était inquiet pour la sécurité d'Israël. C'était un an avant la crise de Suez et la guerre du Sinaï. Terminons ces quelques lignes en mentionnant qu'Einstein a beaucoup fait pour l'Université Hébraïque de Jérusalem où il a mis tous ses espoirs d'un foyer rayonnant de la pensée juive et de la science. Il ne serait pas déçu aujourd'hui au regard du rayonnement de cette Université. Ses manuscrits et pratiquement tous ses objets furent légués à cette Université.

En 1944 parlant du statut de Jérusalem il écrit « Jérusalem est seulement la troisième ville sainte des Arabes. Elle est la première et la seule ville sainte pour les Juifs ».

Einstein n'avait pas une vision claire uniquement sur le sionisme. Son intuition a fait de lui un prophète concernant d'autres problèmes juifs. En 1922, Rathenau, le futur ministre des affaires étrangères allemand, fut reçu par Einstein. Rathenau qui n'avait aucune conscience de son identité juive et qui se considérait comme un « pur Allemand » n'a pas voulu écouter Einstein qui lui conseilla de ne pas entrer au gouvernement. Le 24 juin Rathemau venait d'être assassiné. Einstein figurait sur la liste comme prochaine victime. Malgré toutes les menaces Einstein continua à sillonner le monde dans tous les sens, et à donner des conférences où des futurs Prix Nobel viennent au complet l'écouter. Parmi eux il y a Wigner, Salomon, Gabor, Infeld, Szilard qui suivent ses cours. Nous sommes en 1921, cette année il n'y a pas eu d'attribution de Prix Nobel. Mais l'année suivante, Einstein reçoit (enfin !) le Prix Nobel (Il a été présenté douze fois entre 1910 et 1922). Einstein est récompensé « pour ses travaux en physique théorique et pour son explication de l'effet photoélectrique » (processus par lequel l'énergie d'un faisceau lumineux arrache les électrons de la surface d'un métal.) Einstein expliqua que la lumière est émise sous la forme de corpuscules qu'il appela « photons ». Cette explication date de 1905. On avait constaté que l'énergie des électrons éjectés augmentait avec la fréquence de la lumière, ce qui était en désaccord avec la théorie de Maxwell. L'idée d'Einstein était d'introduire les quanta de lumière ou photons. Comme le rapport énergie/fréquence est une constante, plus la fréquence sera élevée, plus l'énergie sera grande, plus grand sera le choc assené par le photon à l'électron qu'il frappe. Ce qui rend compréhensible le fait que les électrons sont émis avec une énergie plus grande lorsqu'on élève la fréquence de la lumière qui éclaire le métal. Si l'énergie utilisée par l'électron pour se libérer (« travail d'extraction ») est W, l'énergie cinétique avec laquelle il est éjecté est K.

On aura $K = h. (\mu - \mu_0) = h. \mu - W$ où μ_0 est la fréquence lumineuse critique au dessous de laquelle il n'y a pas d'effet photoélectrique. Mais il fallu dix ans au physicien américain Robert Milikan pour donner raison à Einstein, en 1915....

Einstein était devenu avec le temps indifférent à ce Prix Nobel qui était chaque année, d'une manière rituelle ou presque, ajourné. Il a appris la bonne nouvelle alors qu'il était en voyage avec Elsa. Il s'est fait représenter à Stockholm pour la remise du prix. La totalité de la somme reçue a été versée à sa première femme Mileva.

La célébrité d'Einstein est consacrée. Des écrivains célèbres lui demandent une préface pour leur ouvrage. Des belles femmes à la recherche de l'âme sœur lui écrivent pour l'épouser. Des Juifs orthodoxes faisaient des kilomètres à pied juste pour accomplir la « Mitzva » (devoir d'exercer une bonne action selon le judaïsme) de contempler un savant et de réciter la prière prévue à cet effet. Il faut préciser qu'Einstein n'a rien négligé pour venir en aide à ses frères juifs en détresse. Il a vendu ses manuscrits pour aider des réfugiés juifs. Quel est le ressort de toute cette conscience juive, cette identité juive et cette solidarité qui se manifeste dans chacun de ses actes ? C'est Einstein lui-même qui nous livre sa réponse : « Je considère comme un cadeau du sort d'appartenir à la communauté juive, dont la tradition est faite d'une soif de la connaissance pour la connaissance, d'un amour de la justice qui touche au fanatisme et d'un culte de la liberté individuelle. Ceux qui se dressent aujourd'hui contre les idéaux de la raison et de la liberté individuelle, et qui instaurent par un despotisme brutal un esclavage étatique inhumain, voient à juste titre en nous leurs adversaires implacables. L'histoire nous impose un combat difficile, mais si nous demeurons les serviteurs dévoués de la vérité, de la justice et de la liberté, nous conserverons notre rang de plus vieux peuple de la planète et d'artisans de l'ennoblissement de l'humanité. »

Vers les années de crise (1929-1930) Berlin comptait 400.000 chômeurs. La crise frappa cruellement des Juifs réfugiés de Russie et de Pologne. Einstein va utiliser tous les moyens pour trouver du travail à des professeurs réfugiés. Avec la prise du pouvoir par les nazis, Einstein devient la première cible à abattre. Mais rien ne l'intimidera. Il hait les nazis et il le leur fait savoir. Il prend position publiquement. Il démissionna de l'Académie de Prusse le 29 mars 1933. Il dénoncera la lâcheté de savants allemands face au régime nazi. On assista à une hémorragie des savants juifs. Tous les talents juifs quittent l'Allemagne (Goldschmidt, Hopf, Szilard, Born et d'autres noms moins célèbres). Lorsque Max Planck alla voir le führer pour lui dire que « le départ des savants juifs tuerait la science allemande » ce dernier lui répondit dans le plus pur style nazi « nous n'avons rien contre les Juifs, nous essayons au contraire de les protéger ». Douze années plus tard le monde découvrira ce que fut le nazisme et sa barbarie dont l'horreur restera à jamais unique dans l'histoire de l'humanité.

Einstein est mort avec cette pénible interrogation : Comment l'Allemagne a-t-elle pu engendrer des monstres pareils ? Cinquante ans après la mort d'Einstein, personne n'a encore trouvé de réponse. Probablement il n'y en a pas. Et si elle existe l'homme est incapable de la comprendre.

Le monde savant a peu réagi. Sur quatorze académiciens sollicités, seulement deux ont dénoncé le sort réservé aux savants juifs avec lesquels ils ont parfaitement travaillé pendant des décennies dans une harmonie totale : il s'agit de von Laue et Otto Hahn. Même Planck, grand ami des Juifs, n'a compris la tragédie qui se préparait que bien plus tard, quand c'était trop tard. (Par ailleurs Planck avait un autre motif personnel de se soulever contre les nazis : son fils, Erwin, fut accusé de complot, torturé et fusillé par les nazis).

Les nazis ont utilisé toutes les méthodes pour attaquer Einstein et sa théorie de la relativité. Max von Laue a comparé les attaques de la presse allemande contre Einstein à celles de l'Eglise contre Galilée. Le chef de file de cette campagne haineuse est Philipp Lenard pour qui la « Juden Physik » « la physique juive ne peut produire que des images illusoires, des hallucinations, et, dans le meilleur des cas, un effet dégénéré de la physique aryenne... ». Précisons que Lenard est l'un des représentants de l'élite intellectuelle allemande... Il est Prix Nobel de physique en 1905, et son adjoint dans cette pathologie anti-juive n'est autre que le Prix Nobel de physique Johannes Stark (Prix Nobel 1919). Durant cette époque Einstein devait combattre les nazis mais en même temps réfléchir aux nouveaux problèmes que pose la physique, plus exactement la mécanique quantique. Einstein ne fut pas convaincu par le principe d'incertitude de Heinsenberg (on ne peut connaître exactement à la fois la position et la vitesse d'une particule, 1927) et d'une manière générale par la mécanique quantique. Il restera déterministe jusqu'à la fin de sa vie. « *Dieu ne joue pas aux dés* » dira-t-il à Bohr. L'expression était « *Gott würfelt nicht* » Bohr répondait « *nous n'avons pas à dicter à Dieu comment il doit conduire le monde* ». Ce sont des interminables discussions entre les deux hommes qui parfois se prolongèrent tard dans la nuit. A chaque explication de Bohr, Einstein retourne dormir, et réfléchissant au problème pendant une partie de la nuit il retrouve Bohr au petit déjeuner pour lui parler des « expériences mentales ». A chaque fois c'est le même scénario. Malgré le désaccord avec Schrödinger et Heisenberg cela n'empêcha pas Einstein de les recommander pour le Prix Nobel (Heisenberg en 1932 et Schrödinger en 1933). La théorie unifiée des champs (champ de gravitation et champ électromagnétique) va occuper Einstein pendant une trentaine d'années. Toujours fidèle à lui-même, il est à la recherche d'une forme d'harmonie parfaite qui englobe les lois de la nature. Banesh Hoffmann et Léopold Infeld collaborent avec lui.

Autour de 1935 avec Boris Podolsky et Nathan Rosen ils pensent avoir découvert une faille dans la mécanique quantique. C'est l'« action fantôme à distance », connu sous le nom de paradoxe EPR : deux particules issues de la même source s'influencent mutuellement même si elles se sont éloignées l'une de l'autre de plusieurs années-lumière. L'observation d'une particule en un point de l'espace influence instantanément l'état de la seconde. On peut connaître la vitesse et la position de l'une en connaissant la position et la vitesse de l'autre.

La théorie unifiée des champs a connu un regain d'intérêt vers 1985-1990 avec la théorie des cordes cosmiques : une autre géométrie avec d'autres dimensions courbées sous forme d'une minuscule sphère, en chaque point. Chaque petite sphère ressemble à un tuyau d'orgue. La vibration de l'air engendre un son dont la tonalité dépend de la longueur et du diamètre du tuyau. Chaque sphère a ses propres vibrations plus nombreuses que celles d'un tuyau d'orgue qui caractérisent les différents champs de forces.

Stephen Hawking et d'autres scientifiques pensent qu'Einstein n'était pas si « fou » que cela : il pourrait exister un principe unifiant la gravitation, l'électromagnétisme et les interactions fortes et faibles.

Aujourd'hui ses théories sont vérifiées : en 1976 on a calculé qu'une horloge placée dans une fusée à 10.000 Km/h retardait d'une seconde par siècle.

En 1983 les physiciens ont pu « remonter » le temps jusqu'à 1.10^{-42} de seconde après le big-bang. En 1995 : sa théorie de la condensation, connue sous le nom de Bose-Einstein a été vérifiée, soit septante ans après son énoncé.

Einstein fut une figure légendaire du pacifisme. La lettre adressée au président Roosevelt pour le convaincre de fabriquer la bombe atomique a été signée par Einstein sous la pression probable de Szilard et Wigner qui l'ont manipulé. Le danger imminent de voir l'Allemagne nazie fabriquer la bombe et devancer ainsi l'Amérique est devenu une véritable obsession pour Einstein. Il n'avait pas tort. Otto Hahn et Fritz Strassmann obtinrent la fission en bombardant de l'uranium avec des neutrons. Lise Meitner, brillante physicienne juive ayant quitté l'Allemagne (qui a dû s'exiler en Suède), a appris par son neveu Otto Frisch l'avance des recherches entreprises dans ce sens par l'Allemagne. La découverte de la fission est celle de Hahn. Lise Meitner aurait vu la première ce qui se passait. A la vieille de sa mort, Einstein écrivit au Prix Nobel de chimie (1954) Linus Pauling : « J'ai commis une erreur dans ma vie, c'est d'avoir signé cette lettre ». L'histoire de cette lettre se trouve dans de nombreux ouvrages biographiques d'Albert Einstein. (Elle est bien racontée dans « *Histoires d'atomes* » de Pierre Radvanyi et Monique Bordry, Belin, 1988.) On y trouve également la traduction française de la lettre adressée à F.D. Roosevelt par Albert Einstein le 2 août 1939 et la réponse du président américain datée du 19 octobre 1939.

En effet, Einstein a tout fait pour arrêter une course aux armements nucléaires. Il a souhaité réunir tous les savants du monde pour adopter une forme de « charte » en vue d'un gouvernement mondial. Déjà en 1942 il voulait préfacer le *livre noir* sur les atrocités nazies. Il avait une méfiance totale et absolue à l'égard des Allemands de cette époque. Comme chaque Juif il a été profondément marqué toute sa vie par l'horreur nazie. Une partie de sa famille a disparu dans les camps nazis : deux cousines, Lina Einstein à Auschwitz et Bertha Dreyfus à Theresienstadt, et son cousin Roberto Einstein qui s'est suicidé après que les fascistes italiens aient tué sa femme et ses deux filles et brûlé sa maison. Enfin de nombreux amis furent fusillés ou disparurent. Ce fut le cas du grand physicien français Paul Langevin qui fut arrêté en France pour « mauvaise influence sur la jeunesse ». Langevin qui était juif se réfugia en Suisse. Sa fille survécut à Auschwitz mais son gendre n'a pas eu de chance : il fut arrêté et fusillé en mai 1943.

Einstein après la guerre s'est trouvé confronté à d'autres situations aussi pénibles que celles qui l'ont précédée. C'était les conséquences de la guerre froide. La chasse aux sorcières en Amérique, le ravage du stalinisme en U.R.S.S. ont fait qu'Einstein est encore une fois la cible à abattre. Le F.B.I. qui constitua un dossier sur lui « aussi haut que la taille d'un homme » mais qui ne trouvera rien à reprocher à Einstein. Il est resté fidèle à ses amis même lorsque ceux-ci furent abandonnés de tout le monde. Il n'a pas hésité à venir en aide à Robert Oppenheimer, accusé d'espionnage au profit de l'Est.

Sa peur de voir l'Amérique devenir un Etat fasciste l'a peut-être empêché de dénoncer plus vigoureusement la dictature soviétique. Le Mc-Carthysme aux Etats-Unis lui rappelait d'horribles souvenirs dans leur méthode comme dans les moyens que ces fascistes utilisaient. Einstein interviendra chaque fois qu'il le jugeait nécessaire et utile. C'est ainsi qu'il écrivit à Staline pour sauver les Juifs du procès de Moscou (Troski fut assassiné le 21 août 1940 sur ordre de Staline). Il interviendra pour deux jeunes Noirs condamnés à la peine capitale pour le viol de deux jeunes filles blanches en Californie. Il écrira au président autrichien pour défendre Philippe Halsma condamné pour le meurtre de son père. Halsma sera reconnu innocent en 1960 et deviendra le photographe de toutes les stars de la planète.

Sur le plan familial Einstein n'a pas eu de chance dans sa vie. Il a raté ses deux mariages. Il écrivit à Michele Besso, son fidèle ami de toujours, « j'ai une grande admiration pour toi d'avoir vécu en paix et en harmonie avec une femme. C'est une tentative dans laquelle j'ai lamentablement échoué » (Michele Besso est décédé quelques semaines avant Einstein, le 15 mars 1955 à l'âge de 82 ans).

Il a également eu des difficultés et vécut deux drames avec deux de ses trois enfants : il a caché au monde sa fille Lieserl. Son fils Eduard a fini dans une clinique psychiatrique de Zürich. Einstein se méfiait de la psychanalyse malgré son admiration pour Freud. Les deux hommes ont vécu des drames avec leurs enfants. Le troisième fils, Hans Albert Einstein était docteur ès sciences et a été professeur d'Hydraulique dans la prestigieuse université de Californie, Berkeley. L'un des arrières-petits-fils d'Einstein, Bernhard Caesar (né à Berne en 1955) est également physicien. Il travailla sur les blindages des tanks suisses.

Pour terminer ce chapitre nous devons garder en mémoire la personnalité complexe, difficile et paradoxale d'Albert Einstein. Il restera pour longtemps encore le modèle qui inspirera les futures générations de jeunes physiciens. Il est l'illustre exemple pour les leaders juifs par son dévouement à la cause juive, son désintéressement le plus total, son mépris pour les honneurs, sa vigilance permanente vis-à-vis de tous les antisémites de tous bords. Pour l'humanité entière et en particulier pour la communauté scientifique, Einstein restera un exemple de courage, d'esprit indépendant, de résistant face à toutes sortes d'idéologies, un exemple parfait de solidarité entre tous les hommes au delà des frontières, des cultures et des religions. En un mot un exemple d'homme au sens le plus noble.

NIELS HEINRIK BOHR (1885-1962)
Lauréat du prix Nobel en 1922

L'atome a toujours fasciné les hommes et pas seulement les scientifiques ou les philosophes. L'idée qu'on s'est faite de l'atome tout au long de l'histoire a eu des prolongements idéologiques et philosophiques très intenses.

L'indivisibilité de la matière se trouve déjà dans les œuvres de Leucippe de Milet (420 A.J.C.), on la retrouve chez son contemporain et disciple Démocrite (le mot *atome* signifie en grec *insécable*).

Mais il faudra attendre le XXe siècle pour réaliser un grand pas dans la connaissance de l'atome.

Le premier acteur est Ernest Rutherford (1871-1937) né au Sud de la Nouvelle-Zélande et issu d'une famille écossaise qui avait émigré.

Il avait reçu une bourse pour étudier en Angleterre, à Cambridge où J.J. Thomson l'accepta comme étudiant en 1895. En 1898, Rutherford qui avait l'esprit aventureux préféra quitter un centre mondialement connu en physique pour poser sa candidature à l'Université de Mc-Gill de Montréal. Il obtint une lettre de recommandation de son professeur avec lequel il n'était pas toujours d'accord.

Thomson écrivait « je n'ai jamais eu un étudiant montrant plus d'enthousiasme et de capacité pour la recherche originale que Mr. Rutherford, et je suis sûr que, s'il est élu, il fondera une école de physique remarquable à Montréal ... » J.J. Thomson avait vu juste. Après de brillants travaux au Canada, Rutherford est de retour en Angleterre où il obtint la chaire de physique à l'Université de Manchester. Nous sommes en 1907. Son Laboratoire de Manchester était une sorte de chaudière où le génie bouillonnait sans répit. D'une vitalité extraordinaire il est entouré de jeunes talents dynamiques et enthousiastes, certains d'entre eux seront des futurs lauréats du Prix Nobel. Rutherford a déjà un prestigieux palmarès derrière lui malgré son jeune âge. Il est Prix Nobel de chimie (1908). C'est dans son laboratoire de Manchester qu'il a eu l'idée de bombarder des minces feuilles d'aluminium avec des particules alpha émises par une substance radioactive.

A cette époque, la physique atomique était encore à l'âge de l'adolescence. Le Congrès Solvay (1911) va mettre les idées au clair. Le riche industriel belge Ernest Solvay, philanthrope éclairé et mécène généreux avait eu l'idée de rassembler pour quelques jours (du 29 octobre au 3 novembre) tous les talents de la physique, afin de discuter des nouvelles découvertes sur l'atome. Il payait tous les frais occasionnés par les participants, et il leur remettait à chacun un chèque de mille francs. L'hôtel Métropole de Genève était devenu pour quelques jours le temple de la physique. Le savant hollandais Lorentz[1] eut l'honneur d'ouvrir la première séance le 29 octobre et de prononcer le discours inaugural.

Le modèle d'atome dont on disposait alors était celui de Rutherford. Il s'agit d'un atome qui est composé d'un noyau chargé positivement qui représente presque toute la masse de l'atome, et d'électrons gravitant autour du noyau comme les planètes autour du soleil. C'est donc un modèle planétaire de l'atome. Il est loin de l'image donnée par les philosophes grecs. L'atome de Rutherford n'est pas « indivisible » et il n'est pas « plein ».

Mais ce modèle planétaire va vite se trouver confronté à de nombreux paradoxes. C'est une image féconde mais insuffisante. De nombreuses questions subsistent. Notamment celle de la stabilité de l'atome. Prenons le cas le plus simple

---

[1] Lorentz, Hendrik Antoon (1853-1928). Physicien hollandais et principal créateur de la théorie électronique de la matière. Le résultat négatif de la célèbre expérience de Michelson (impossibilité de détecter le mouvement de la Terre par rapport à l'éther) conduit Lorentz, en 1892, à imaginer une contraction des longueurs dans le sens du mouvement. De là découlent les formules de transformation qui portent son nom reliant les longueurs, les masses et le temps de deux mouvements rectilignes uniformes l'un par rapport à l'autre. Lorentz partagea le Prix Nobel de physique avec son élève Pieter Zeeman en 1902.

de ce modèle, celui de l'hydrogène (H) formé d'un proton et d'un électron. Si l'électron décrit une orbite autour du noyau, comme il est chargé il doit émettre de la lumière d'après la théorie et doit donc perdre de l'énergie sous forme de rayonnement et pour finir il s'approchera du noyau et s'écrasera sur lui.

Aussi le modèle de Rutherford constitue un pas important mais ne satisfait pas. Les physiciens sont contraints de penser autrement. Il faudra de nouveaux concepts et accepter de rompre avec les anciennes habitudes de penser.

C'est alors qu'un jeune physicien timide, Niels Bohr, intervient et accomplit ce geste inattendu. Il rompt avec tous les modes de pensée. Il propose un modèle d'atome qui devrait ouvrir la voie au profond renouvellement de notre connaissance de la matière en même temps que des conceptions les plus fondamentales de la physique. De l'avis de ses contemporains, Niels Bohr fut la plus grande figure de la physique après Einstein.

Qui était ce jeune étudiant danois de Rutherford ? Niels Bohr était né à Copenhague le 7 octobre 1885. Il était le fils d'un éminent physiologiste, Christian Bohr, professeur à l'université de cette ville, et d'Ellen, née Adler, fille d'un banquier juif. Niels et son jeune frère Harald (*de trois ans son cadet*) reçurent une excellente éducation. Les Bohr appartenaient à une famille bourgeoise danoise et leur foyer était un lieu de rencontre de personnalités danoises de tous horizons : artistique, politique, scientifique et culturel. Leur mère veillait sur tout. C'est dans cette ville que Niels Bohr avait fait ses études. Enfant il avait quelque peine à écrire. Jeune homme il était déjà passionné par la physique et débordant d'imagination, il partageait son temps entre la recherche et le sport.

Pour le Danois moyen, le nom de Bohr entre 1908 et 1912 était celui d'un footballeur de haut niveau d'un « international du foot » la plus grande gloire du Club Universitaire Academicals. Son équipe avait battu deux fois celle de la France, elle avait été finaliste aux Jeux Olympiques, à Londres en 1908 et à Stockholm en 1912. Son frère Harald, futur éminent mathématicien était gardien de but dans la même équipe. N. Bohr est resté toute sa vie un sportif. En

1939, à 54 ans, il remportait en Norvège, un grand championnat de slalom. Une petite anecdote illustre son caractère et son attachement au sport. L'illustre physicien Enrico Fermi[1] et quelques amis s'amusaient un dimanche à skier près de Los Alamos. De loin ils virent Bohr arriver en promeneur solitaire, au bas de la pente. Après les salutations un jeune scientifique lui prêta ses skis pour un moment. Bohr chaussa les skis et partit. Il ne revint qu'à la tombée de la nuit laissant le groupe dans l'angoisse pendant tout l'après-midi...

Niels Bohr avait quitté son pays natal, en 1911 : ayant entrepris une thèse de doctorat sur la théorie électronique des métaux, il alla travailler au laboratoire de J.J. Thomson[2] à Cambridge (Cavendish Laboratory). Les deux hommes n'avaient pas d'atomes crochus à proprement parler. Thomson n'aimait pas les idées révolutionnaires du jeune Danois. Aussi, après quelques discussions, Bohr décida de quitter

---

[1] Fermi, Enrico (1901-1954). Physicien italien et Prix Nobel de physique en 1938. Il a été à la fois un brillant théoricien et un expérimentateur de grand talent. Il a contribué à tous les domaines de la physique fondamentale. Plusieurs termes en physique portent son nom. C'est grâce à ses travaux que le neutron est devenu l'un des moyens essentiels pour l'étude des réactions nucléaires ainsi que les techniques de fission. Fermi a joué un rôle déterminant durant la Seconde Guerre mondiale, dans le projet Manhattan à Los Alamos. Il fut également le responsable de la première « pile atomique » à uranium et graphite, réalisée en 1942 à Chicago. C'est probablement l'un des physiciens qui a marqué de son empreinte la physique du XXe siècle en jouant un rôle de premier plan.

[2] Thomson, Sir Joseph John (1856-1940). Physicien anglais il a été l'élève de Maxwell à Cambridge. Il y travailla pendant quarante-deux ans, et fit du laboratoire Cavendish l'un des centres les plus remarquables de la physique expérimentale du monde. En 1916, il devint président de la Société royale de Londres. Spécialiste de la théorie électrique de la matière il mesura, en 1894, la vitesse du rayonnement cathodique et en 1897 il détermina, dans une expérience célèbre, le rapport e/m de la charge de l'électron et de sa masse, et l'année suivante la valeur absolue de cette charge. Thomson inventa également le spectographe de masse qui permit de mesurer la masse des atomes et devait servir à la découverte des idotopes.

Après avoir découvert l'électron, Thomson décrit en 1902 un modèle d'atome représenté par une sphère remplie d'une substance électriquement positive et fourrée d'électrons négatifs (l'atome *pudding aux raisins*). Il fut prix Nobel de physique en 1906.

Cambridge. Il retourna au Danemark pour se marier en août 1912 avec Margrethe Nordlund. De cette union naîtront six enfants (deux décéderont en bas âge). Mentionnons que l'un de ses enfants, Aage Bohr, né à Copenhague en 1922 l'année où Niels Bohr a eu le Prix Nobel, sera lui aussi lauréat du Prix Nobel de physique en 1975.

Après son mariage, Bohr retourna poursuivre ses recherches en Angletere, mais cette fois-ci à Manchester où il rencontre Sir Ernest Rutherford, récemment arrivé du Canada et plein de projets.

Peu de temps après leur rencontre, Rutherford avoua à un ami « ce jeune Danois est l'homme le plus intelligent que j'aie jamais connu ». L'histoire lui a donné raison. Bohr va introduire une révolution dans les esprits. Pour expliquer la stabilité des atomes il fallait introduire un nouveau principe, tout à fait en dehors de la physique existante et en rupture avec toutes les hypothèses faites sur le comportement du rayonnement électromagnétique.

Partant des découvertes de Max Planck[1] sur la nature quantique de la lumière, Bohr en conclut que l'énergie de l'électron qui donne naissance à la lumière ne peut prendre que des valeurs quantifiées. Alors, d'un seul coup, était expliquée la stabilité des électrons sur leur trajectoire et la

---

[1] Planck, Max (1858-1947). Physicien allemand et Professeur à l'Université de Berlin en 1889 il entreprend l'étude des conditions d'équilibre thermique du rayonnement électromagnétique (rayonnement du *corps noir*) que la mécanique statistique classique n'arrivait pas à expliquer. Plus tard il émet une hypothèse audacieuse selon laquelle l'énergie est émise sous forme d'unités discrètes qu'on appela « *Quantum* ». Planck présenta sa théorie devant la Société allemande de physique à Berlin le 14 décembre 1900. Les bases de la théorie quantique sont alors posées. Planck est le premier grand savant à réagir à la publication du fameux article d'Einstein. Une grande amitié s'installa entre les deux hommes qui se rencontreront à Salzbourg en 1909. Prix Nobel de physique en 1918 il devient président de l'Institut de recherche Kaiser Wilhelm en 1930 dont il démissionnera en 1937 pour protester contre les lois antijuives du régime nazi. Un de ses fils sera exécuté pour avoir participé au complot contre le Führer en 1944. Selon Planck, l'énergie contenue dans un *quantum* de rayonnement est proportionnelle à la fréquence $E = h \times \nu$ où h est sa célèbre constante universelle appelée *constante de Planck* et ν la fréquence.

répartition des raies spectrales émises et absorbées par l'atome. Bohr retrouvait facilement la fameuse loi de Balmer. Johann Balmer (1825-1898) était professeur de gymnase suisse et dans ses travaux il avait remarqué une régularité frappante dans les fréquences des raies spectrales de l'hydrogène données par la formule $\Psi=R\left(\frac{1}{n_1^2}-\frac{1}{n_2^2}\right)$ où $n_1 < n_2$ et n_1 et n_2 entiers positifs, et R la constante de Rydberg (spécialiste suédois de la spectroscopie).

Admettant ce principe révolutionnaire, Bohr en déduisit (1913) les orbites quantiques permises aux électrons et réussit pour la première fois à donner une explication du spectre de l'hydrogène et de plusieurs propriétés atomiques. « Ce fut comme l'ouverture d'une porte qui déboucherait sur un paysage éblouissant ».

Par son audace, Bohr a ouvert la voie à de nombreux chercheurs et ingénieurs et exploré de nouvelles pistes. A ce propos, Einstein dira bien des années plus tard que ce travail de Bohr lui est apparu « comme un miracle et apparaît encore comme tel aujourd'hui. C'est la forme la plus élevée de la musicalité dans la sphère de la pensée ».

Devenu une gloire de la science, Bohr resta à Manchester comme professeur de physique jusqu'en 1916. Il fut rappelé au Danemark en 1920, où il fut reçu triomphalement dans sa patrie. L'Académie royale des sciences de ce pays mit à sa disposition le financement nécessaire à la fondation de son propre institut d'études atomiques et pour créer un Fonds de bourses destinées à de jeunes physiciens théoriciens du monde entier désireux de travailler avec lui. L'Institut Universitaire de physique théorique fut donc édifié au N°15 de la Blegdamsvey à Copenhague et à côté on a construit une maison pour Bohr et sa famille.

Il faut peut-être préciser que l'essentiel des finances que recevait l'Académie royale provenait de la célèbre brasserie Carlsberg.

Son fondateur avait légué une partie de sa fortune pour promouvoir le développement des sciences et dans son testament il avait stipulé que sa belle maison devait servir de résidence au plus célèbre savant danois vivant. C'est ainsi qu'en 1930 Bohr et sa famille s'installèrent dans cette belle propriété.

L'Institut créé par Bohr devint bientôt le centre du monde de la physique quantique et on pouvait paraphraser les Romains en disant « tous les chemins mènent à Copenhague ». Bohr avait fondé son « école ». Partout dans le monde on pouvait rencontrer des physiciens fiers de déclarer « j'ai travaillé avec Bohr ». Certains venaient pour séjourner quelques semaines, d'autres quelques mois. Parmi eux quelques têtes couronnées de la physique tels l'Autrichien Pauli, le Hongrois Teller, les Allemands Heisenberg et Weiszacker, les Américains Wheeler et Oppenheimer, les Soviétiques Landau et Gamow, les Hollandais Kramer et Casimir, l'Anglais Dirac, le Belge Rosenfeld, le Japonais Nishina et d'autres encore, presque tous des futurs lauréats du Prix Nobel en physique.

Bohr a su créer une ambiance agréable dans son Institut. Il n'imposait aucune autorité à ses élèves ou aux visiteurs. Il n'en avait d'ailleurs pas. Ses cours étaient à peine audibles mais le respect qu'il imposait à son auditoire était tel qu'un profond silence, presque religieux, régnait parmi ses auditeurs.

Il a su créer ce qu'on appela « l'esprit de Copenhague ». Ni les différences de nationalités ou de langues, ni les différences de culture ou de tempérament n'ont eu le moindre effet sur ces jeunes talents animés tous par la même passion pour la physique. L'un d'eux, Victor Weisskopf, ancien directeur-général du CERN à Genève, nous livre son témoignage sur « la façon commune de penser et de ressentir les choses qui fut créée. Aucune guerre mondiale, aucun fossé entre opinions politiques, rien ne parvint à défaire l'unité qui fut à la base de ce groupe, dont les membres se sentaient comme les prêtres d'une église ». Quant au futur Prix Nobel de physique (1933) , Paul Dirac, il écrivit à Bohr : « J'ai le sentiment que toutes les idées les plus profondes qui me sont venues ont été influencées grandement et de façon décisive par les discussions que j'ai eues avec vous, plus qu'avec toute autre personne ».

Après la découverte de la mécanique quantique et l'énoncé par Heisenberg[1] du *Principe d'Incertitude*, l'atome, déjà quantifié, devait se soumettre au joug probabiliste. Désormais, il faudra admettre que les lois de la nature étaient écrites sur deux tableaux à la fois. Bohr s'employa à développer son célèbre Principe de complémentarité qu'il énonça en 1928. Selon ce point de vue, toute entité physique, que ce soit un quantum de lumière, un électron, ou une particule quelconque se présente sous deux aspects : d'un côté elle peut être considérée comme une particule, de l'autre comme une onde.

Au delà de l'aspect physique, c'est une vue très philosophique et très audacieuse qui oblige à renoncer à une conception unique.

Dans la grande discussion sur la mécanique quantique, Bohr eut un certain penchant pour l'indéterminisme, estimant sans intérêt les efforts poursuivis pour atteindre une réalité physique soumise au déterminisme classique, s'éloignant ainsi du camp de ceux qui voulaient absolument atteindre les « paramètres cachés » qui permettraient de sauver le déterminisme et dans lequel on peut ranger Einstein, partisan convaincu de ce camp.

Poursuivant ses travaux, il étendit au champ magnétique la relation d'incertitude, primitivement établie pour une seule

---

[1] Heisenberg, Werner Karl (1901-1976). Physicien allemand, il a été l'élève de Sommerfeld à Munich, l'assistant de Max Born à Göttingen et le disciple de N. Bohr à Copenhague.

Heisenberg est l'un des fondateurs de la théorie quantique. En 1925 il expose les bases du formalisme matriciel de la théorie quantique. En 1927, il formule son célèbre *principe d'incertitude* qui porte un coup fatal au principe du déterminisme. La *Relation d'incertitude* exprime l'impossibilité de connaître simultanément la position et la quantité de mouvement d'un corps avec précision. Ce qui implique, par exemple, qu'il faut renoncer à décrire la trajectoire d'un électron mais se contenter de déterminer la probabilité de sa présence en un point donné.

Devenu en 1942 professeur de physique à l'Université de Berlin, il participe activement à l'effort de guerre nazi dans le domaine atomique. Son rôle est resté controversé : il s'entoura de physiciens juifs dont il loua les talents tout en participant à l'effort de guerre du Reich. Prix Nobel de physique en 1932 il a été nommé professeur à Göttigen en 1946.

particule : il jetait ainsi les bases de l'électrodynamique quantique, avec son élève et collaborateur L. Rosenfeld.

Plus tard, Bohr se passionna pour la théorie des réactions nucléaires, alors partiellement développé. Il imagina de comparer un noyau atomique à une goutte de liquide. Son but était non seulement d'expliquer, mais de prévoir. « Que se passe-t-il, dit-il, quand la goutte subit un choc - mettons par exemple celui d'une gouttelette plus petite ? Elle commence par incorporer cette dernière, puis en un deuxième stade, elle se fend ». Jusqu'en 1938 on ignora tout de cette analogie entre un noyau et une goutte. D'autres savants commencèrent à donner quelques réponses. Parmi eux Joliot-Curie[1] à Paris et Hahn[2] en Allemagne. Un jeune homme va entrer en scène. Il s'appelait Robert Frisch[3]. Il venait de passer ses vacances avec sa tante Lise Meitner[4]. Celle-ci était une physicienne autrichienne et avait travaillé avec Hahn depuis une trentaine d'années. Etant juive elle subit les lois

---

[1] Joliot-Curie, Jean Frédéric (1900-1958). Physicien français, il épouse la fille de Marie-Curie, Irène, en 1926. Leurs travaux sur la radioactivité artificielle sont couronnés par l'attribution du Prix Nobel de chimie 1935. En 1937, Jean-Frédéric est nommé professeur au *Collège de France* où il construisit le premier cyclotron en Europe. Le couple étudia les réactions en chaîne et les conditions de réalisation d'une pile atomique.

[2] Hahn, Otto (1879-1968). Physicien et chimiste allemand, il collabora aux travaux de W. Ramsay à Londres et de Rutherford à Montréal. Nommé directeur de l'Institut Kaiser Wilhelm de Berlin il se consacre à des recherches sur les éléments radioactifs. Il détecta des nouveaux éléments dans la fission du thorium. Il mit en évidence la fission de l'uranium en 1938. Cette découverte lui valut le Prix Nobel de chimie en 1944. Il ouvra ainsi la voie aux travaux sur l'énergie atomique. Hahn s'est opposé violemment à la construction de la bombe atomique.

[3] Frisch, Otto Robert (1904-1979). Physicien autrichien, naturalisé anglais. Il travailla avec sa tante Lise Meitner et comme elle, il dut se réfugier au Danemark. Il travailla à l'Institut de Bohr. Frisch devient le gendre de Niels Bohr. Il étudia la fission de l'uranium.

Après avoir travaillé aux Etats-Unis à Los Alamos. Il occupa en 1947 la Chaire de physique à l'Université de Cambridge.

[4] Meitner, Lise (1878-1968). Physicienne autrichienne, elle fut l'assistante de Max Planck. Professeur à l'Université de Berlin (1917) elle a découvert avec Hahn le protactinium et mena des travaux sur les transmutations d'éléments.

raciales du Reich. Elle raconta à son neveu l'expérience de Hahn : bombardés par des neutrons, des noyaux d'uranium s'étaient fendus en deux en libérant toute l'énergie qu'ils recelaient.

De retour à Copenhague, Frisch se hâta de rapporter l'événement à son maître et ami Bohr. Ce dernier s'embarqua pour les Etats-Unis en janvier 1939 et communiqua la nouvelle à ses amis, Einstein, Fermi et d'autres. Avec son ami Wheeler, Bohr établit la théorie complète du phénomène. Il met en lumière le rôle fondamental de l'uranium 235, enseigna le mode de capture des neutrons par ce métal et prédit l'existence d'un autre corps encore inconnu, baptisé plutonium. Ainsi l'énergie nucléaire entra dans le monde des hommes et la bombe à fission d'uranium (dite atomique) était à leur portée.

Bohr passa la plus grande partie de la guerre à Copenhague. Le Danemark était occupé par les troupes nazies. La science est passée au second rang. Il fallait d'abord survivre. Depuis 1933, avec un courage exemplaire Bohr et son ami Rutherford (qui n'était pas Juif) ont mis en jeu leur vie pour sauver de la mort les savants juifs d'Allemagne (Rutherford est décédé en 1939).

A partir de 1940, Bohr s'employa de nouveau à protéger les réfugiés et à aider la Résistance. Mais un jour il apprit, par la Résistance danoise, que la Gestapo devait l'arrêter le lendemain. Le soir même, c'était le 29 septembre 1943, un pêcheur danois lui fit traverser en barque le détroit du Sund et accosta en Suède. De là il regagna l'Angleterre dans des conditions dramatiques : il fut pris à bord d'un bombardier britannique Mosquito. Les Mosquitos étaient de très petits appareils et Bohr dût occuper la place de mitrailleur, dans la queue de l'appareil. Il ne pouvait communiquer avec le pilote qu'à travers un casque. Mais le crâne de Bohr était si allongé que les écouteurs du casque n'atteignaient pas ses oreilles. Le pilote n'ayant reçu aucune réponse de la part de Bohr, a pensé que ce dernier était mort. Après un atterrissage d'urgence on se précipita pour ouvrir le compartiment arrière de l'appareil et on trouva Bohr dans un état presque sans conscience.

Bohr quitta l'Angleterre pour les Etats-Unis où il se rendit directement à Los Alamos pour être intégré à l'équipe préparant la bombe atomique. Tout ce que l'Amérique comptait de physiciens était en pleine fièvre atomique. Il reçut de nouveaux papiers d'identité au nom de Nicholas Baker et se faisait appeler familièrement « Oncle Nick ».

Après la guerre, Bohr est retourné comme un héros au Danemark où il a créé un foyer rayonnant pas seulement grâce à son génie mais aussi grâce à ses qualités humaines, à son élan de solidarité, toujours prêt à manifester une grande compréhension à tous ceux qui l'approchèrent. Lauréat du Prix Nobel de Physique en 1922 pour « ses recherches sur la structure des atomes et des rayonnements qui sont émis par les atomes » on lui décerna dans la patrie de Tycho Brahé[1] et d'Oersted[2], la plus haute distinction danoise, celle de l'Elephant et son nom est devenu synonyme d'un géant de la science, d'un homme qui a servi sa patrie et l'humanité entière.

Einstein lui a rendu hommage en ces termes : « Rarement dans ma vie un être humain m'a causé, par sa seule présence, autant de joie que vous ».

---

[1] Brahé, Tycho (1546-1601). Astronome danois. Ses travaux permirent à Kepler d'énoncer ses fameuses lois sur le mouvement des planètes. On lui doit de notables améliorations dans la théorie de la Lune.

[2] Oersted Hans Christian (1777-1851). Physicien danois. Après des études de pharmacie et un long séjour à l'étranger, Oersted se fixe à Copenhague où il devient professeur de physique, Conseiller d'Etat et directeur de l'Ecole Polytechnique. C'est à Oersted que l'on doit la découverte de l'électromagnétisme. L'expérience qui porte son nom où il constata qu'une aiguille aimantée était déviée au voisinage d'un fil parcouru par un courant électrique, qui se montrait ainsi capable de produire les mêmes effets qu'un aimant (1828). Il étudia également la compressibilité des liquides et des gaz.

JAMES FRANCK (1882-1964)
Lauréat du prix Nobel en 1925

Ce qui frappe chez James Franck c'est la longévité de son activité scientifique qui s'étale sur plus de 60 ans.

Un autre aspect de sa personnalité c'est un courage exemplaire, une fidélité à lui-même sur le plan moral. Résistant de première heure au régime nazi, il a pris tous les risques et on le retrouvera plus tard comme le leader des résistants associés dans ce que l'on a appelé plus tard « *le Rapport Franck* » contre l'utilisation de la bombe atomique (deux mois avant Hiroshima) et d'une manière générale contre l'utilisation de la science et des savants à des fins de destruction. James Franck est né le 26 août 1882 à Hambourg. Il était le fils d'un banquier Jacob Franck et de Rébecca (Drucker) Franck.

Après avoir fait ses études secondaires au Gymnase Wilhelm, il passera deux semestres à l'Université de Heidelberg (1901-1902) pour étudier la chimie et où il rencontra Max Born qui aura une influence sur le choix de ses études. En effet, il quittera la chimie pour la physique à l'Université de Berlin où se trouvent les grands noms de la physique. On y rencontre Emil Warburg[1], Heinrich Rubens[2], le fameux

---

[1] Warburg, Emil (1846-1931). Physicien allemand et Prix Nobel de physiologie et de médecine, en 1931. Ses travaux ont porté sur le rapport des chaleurs spécifiques des gaz, sur le corps noir. Il a découvert l'hystérésis magnétique en 1880. En physiologie et médecine il a étudié les phénomènes d'oxydation au niveau de la cellule. Il a fait de nombreuses découvertes en enzymologie.

[2] Rubens, Heinrich (1865-1922). Physicien allemand, ses travaux portent sur les ondes stationnaires dans les conducteurs. Il s'occupa de l'étude des radiations infrarouges et confirma par ses expériences du rayonnement du corps noir la théorie des quanta.

Planck et plus tard Paul Drude[1] et Einstein.

Après une thèse sous la direction de Warburg (1906) et quelques travaux avec Rubens, il obtient la « *Venia legendi* » de physique à l'Université de Berlin de 1911 à 1918.

Franck travailla avec le fameux Fritz Haber[2] sur les expériences sur la décharge d'un gaz. Les années d'après-guerre sont marquées par son admiration et son amitié avec Niels Bohr.

Durant la période 1920-1933, lorsque Gottingen devient un centre important de la physique quantique on retrouve Franck étroitement lié à Max Born. Ils vont former tous les deux un noyau solide de chercheurs de haut niveau dont quelques-uns marquèrent l'histoire de la physique (Blackett, Condon, Maier-Leibnitz, Oppenheimer, Rabinovich, Heisenberg, Pauli, Weisskopf et Wigner). Dès les premières promulgations des lois raciales par les nazis, Franck démissionna de toutes ses fonctions universitaires et publia un courageux pamphlet contre les nazis.

Après une année à Copenhagen, il accepta un poste de professeur à la John Hopkins University (1935) avant de passer à l'Université de Chicago où il poursuivra ses recherches sur la photosynthèse. Il dirigea le laboratoire de cette Université jusqu'à sa retraite en 1949.

Durant la Seconde Guerre mondiale, Franck dirigea la Division de chimie du « Laboratoire Métallurgique » de l'Université de Chicago qui est le centre du Projet Manhattan.

Pacifiste avant tout il publia un rapport où il se montra farouchement opposé à l'utilisation de la bombe atomique. Avec quelques savants parmi lesquels le réfugié hongrois Leo

---

[1] Drude, Paul (1868-1906). Physicien allemand, il s'occupa d'optique et développa, en 1902, la théorie électronique des métaux, expliquant leur conductibilité.

[2] Haber, Fritz (1868-1934). Chassé par les nazis parce-qu'il était Juif, ce savant qui a tout fait pour la puissance allemande lors de la Première Guerre Mondiale s'est réfugié en Suisse (à Bâle). Prix Nobel de chimie, en 1919, pour ses travaux sur la synthèse industrielle de l'ammoniac. On lui doit également des travaux sur la thermodynamique des réactions en phase gazeuse.

Szilard[1], il lança une sévère mise en garde au gouvernement américain. Tous les physiciens ne partageaient pas sa vision pacifiste du monde mais plusieurs d'entre eux lui donnèrent raison après le désastre d'Hiroshima et de Nagasaki.

Vers les années 60 et 70 les étudiants de l'Université de Berkeley furent priés de signer une charte par laquelle ils s'engageraient à ne jamais utiliser la science dans un but de « nuire à l'humanité ». On peut dire que le « *Rapport Franck* » a eu le mérite de secouer la conscience des savants et ouvrit la voie à un débat de fond sur les rapports entre l'éthique et la science.

Son œuvre engloba plusieurs domaines de la physique. Bohr avait postulé l'existence des états stationnaires. James Franck et Gustav Hertz dans des expériences devenues célèbres montrèrent (1914) l'existence de ces états stationnaires.

D'une grande simplicité et très élégante, l'expérience célèbre de Franck et Hertz consista à étudier les atomes sous forme de gaz ou de vapeur à haute pression enfermés dans un cylindre. Un filament produit des électrons qui sont attirés par une grille sous tension positive. Une partie de ces électrons traverse la grille et va vers une plaque collectrice. Celle-ci est reliée à un galvanomètre qui enregistre l'intensité du courant. Franck et Hertz introduisirent la vapeur de mercure dans leur cylindre, en accélérant les électrons par une augmentation graduelle de la tension entre le filament et la grille.

Si le potentiel accélérateur est au dessous d'une certaine valeur critique nécessaire pour exciter les électrons de l'atome, les électrons venant du filament entrent en collision avec les atomes de mercure sans perdre d'énergie (« collisions élastiques ») et la plaque collectrice reçoit la totalité de ce flot d'électrons mesuré par le galvanomètre. Avant d'atteindre 5

[1] Szilard, Léo (1898-1964). Physicien américain d'origine hongroise. Il réalisa la réaction des rayons gamma sur le béryllium, souvent employée pour la production des neutrons. Il fut un proche collaborateur de Fermi avec lequel il s'occupa de la fission de l'uranium et la construction de la première pile atomique.

volts, Franck et Hertz observèrent le phénomène attendu : l'aiguille du galvanomètre est tombée à zéro, ce qui signifiait que les électrons du filament avaient atteint le seuil d'énergie critique qui permettait aux électrons de l'atome de mercure de passer à des niveaux supérieurs. Ils avaient donc absorbé toute l'énergie incidente des électrons du filament (« choc inélastique ») dans lequel les électrons du filament n'avaient plus d'énergie cinétique pour atteindre la plaque collectrice.

Franck et Hertz confirmèrent ainsi la théorie des niveaux d'énergie de Bohr. En des termes plus simples : les atomes de mercure ne pouvaient absorber l'énergie des électrons émis par le filament que lorsque ceux-ci avaient atteint une certaine valeur critique qui permettait ainsi aux électrons du mercure lui-même de « *sauter* » vers des niveaux d'énergie discrets plus élevés.

A la fin de la guerre, Franck est retourné poursuivre ses recherches à Chicago. Sa première femme Ingrid Josefson de Göteborg, en Suède, dont il eut deux filles, Dagmar et Lisa, décéda en 1942. Quatre ans plus tard il épousa en secondes noces Hertha Sponer, professeur de physique à Duke University dans la Caroline du Nord. En 1947, Franck fut nommé professeur émérite à l'Université de Chicago où il dirigea le groupe de recherches en photosynthèse jusqu'en 1956.

En plus du Prix Nobel qu'il partagea avec Gustav Hertz (1887-1975), Franck reçut la Médaille Max Planck de la Société de physique allemande (1953) et fut nommé citoyen d'honneur de Göttingen, cette même ville qui l'a chassé à l'époque nazie. En 1955, il reçut la Médaille Rumford de l'Académie américaine des Arts et des Sciences pour ses travaux sur la photosynthèse, et en 1964 c'est au tour de la Royal Society de Londres de le compter parmi ses membres étrangers. Alors qu'il était retourné en Allemagne pour y visiter ses amis, James Franck décède le 21 mai 1964 à Göttingen, à l'âge de 82 ans.

Otto Stern (1888-1969)
Lauréat du prix Nobel en 1943

Considéré comme l'un des plus grands physiciens expérimentateurs de la période de l'entre-deux guerres, Otto Stern est né à Sohran, en Allemagne (plus tard Zory, Pologne) le 17 février 1888. Il est l'aîné des cinq enfants d'Oskar Stern, un négociant en grains prospère et d'Eugénie (Rosenthal) Stern.

En 1892, il émigra avec ses parents à Breslau, où il a suivi ses études primaires et secondaires au Johannes Gymnasium. Diplômé en 1906 il veut poursuivre des études scientifiques à l'Université de Breslau où il choisit la section chimie physique. En 1912 il présente sa thèse de doctorat sur « La théorie cinétique de la pression osmotique dans des solutions concentrées ». La lecture des travaux de Boltzmann, Clausius et Nernst en thermodynamique l'ont fortement influencé dans le choix de sa carrière. La même année (1912) il rejoignit Einstein à Prague et le suivra également à Zürich où il devint *Privat-docent* en chimie physique à l'Ecole Polytechnique Fédérale (E.T.H.) de Zürich. Stern est influencé par Ehrenfest et Von Laue à Zürich. Après une année il est à Francfort-sur-le-Main où il occupe le poste de Privat-docent en physique théorique. Il est l'assistant de Max Born qui venait d'arriver de l'Université de Berlin et y restera jusqu'en 1921 à part une période de service militaire où il fut engagé dans l'armée allemande sur le front russe, dans la section de la météorologie. Il publia deux articles sur l'application de la théorie des quanta à la thermodynamique statistique. De 1921 à 1922 il est nommé professeur associé de physique théorique à l'Université de Rostock, et l'année suivante il est nommé professeur de chimie physique et directeur du laboratoire de l'Université de Hambourg

On peut distinguer deux périodes de sa vie de physicien. La première qu'on peut qualifier de théorique comprend une dizaine d'années (1910-1919). La seconde est plutôt expérimentale de 1920 à 1945. Otto Stern se définissait lui-même comme « un théoricien expérimentateur ». A partir de 1920, il se consacra à la méthode des jets moléculaires. Inaugurée en 1910 par le physicien français, Louis Dunoyer, cette méthode fut développée par Stern. On produit un courant dense de molécules dans un vide élevé et on soumet les particules, dans cet état libre, à des champs magnétiques ou électriques ou à quoi que ce soit qu'on souhaite étudier. L'importance de cette méthode réside dans le fait que les molécules sont libres et que les conditions expérimentales sont alors très proches de ce que considère la théorie.

Stern et son équipe s'intéressent à la théorie cinétique des gaz et en particulier à la distribution de Maxwell pour les vitesses : on chauffe un gaz, grâce à des fentes, on laisse passer un étroit jet moléculaire qui traverse un cylindre creux dont la paroi est percée d'une fente, et qui tourne radicalement, perpendiculairement à sa direction. Pendant un temps très bref, des molécules peuvent parvenir à l'intérieur du cylindre, mais elles n'arrivent pas tout à fait sur la paroi opposée à la fente : le cylindre continue de tourner pendant le déplacement des molécules à travers le cylindre. Le nombre de molécules qui ont atteint chaque point de la paroi dépend de leur vitesse. Une expérience célèbre que Stern et son ami Walther Gerlach[1] (1889-1979) montèrent concernent la quantification de l'espace : ils firent passer un jet moléculaire d'atomes d'argent à travers un champ magnétique non homogène et constatèrent qu'il se divisait en deux parties distinctes suivant la théorie quantique. Cette expérience n'a pas seulement confirmé la quantification de l'espace mais permit également à Stern de calculer le moment magnétique de l'argent, ceci en accord avec les résultats prévus par la théorie. Sommerfeld avait prévu que certains atomes pouvaient avoir un moment magnétique $M = \frac{eh}{4\Pi\, mc}$. Placés dans un champ magnétique, ils ne pouvaient avoir que deux

[1] Gerlach, Walter (1889-1979). Physicien allemand, connu pour ses travaux sur la structure de l'atome et le magnétisme. Il détermina, en 1921, avec Stern, le magnéton en mesurant la déviation électromagnétique des ions d'argent.

orientations, et le moment magnétique lui-même associé au moment angulaire, serait soit parallèle soit opposé au champ magnétique. Cinq publications issues de cette expérience établirent la réputation mondiale de Stern qui reçut le Prix Nobel de physique en 1943. Stern s'est également intéressé au moment magnétique de nombreux atomes, le moment magnétique du proton, la relation de Broglie entre le moment et la longueur d'onde pour les atomes d'Hélium et prouva l'existence de phénomènes de diffraction dans le cas de faisceaux atomiques. En utilisant le mouvement thermique des atomes il régla leur vitesse en changeant la température du gaz. La source était un cylindre de porcelaine fermé à un bout, chauffé par un fil électrique enroulé autour : l'extrémité close était percée d'un petit trou par lequel les atomes passaient avec une vitesse dépendant de leur température, pénétraient dans une grande enceinte où on maintenait le vide. Ils frappaient un cristal placé sur leur trajet. Les atomes réfléchis en différentes directions étaient recueillis sur des plaques métalliques refroidies à l'air liquide. En notant sur un diagramme le nombre d'atomes dispersés sous différents angles en fonction de l'angle de dispersion, Stern obtint une figure de diffraction correspondant parfaitement à la longueur d'onde calculée d'après la formule de Broglie.

Une autre expérience faite par Stern et ses collaborateurs Estermann et O. Frisch (neveu de Lise Meitner) à l'université de Hambourg consistait à répéter l'expérience Stern-Gerlach sur des molécules d'hydrogène et calculer ainsi le moment magnétique du proton et non plus de l'électron. Pauli qui était un grand ami de Stern l'encouragea à tenter cette expérience difficile car le moment magnétique qu'on espérait pour le proton était influencé de trois ordres de grandeur à celui de l'électron. Un séminaire qui réunissait plusieurs physiciens avait pour thème l'expérience en cours. Chacun était invité à écrire sur une feuille de papier le résultat du moment magnétique du proton auquel il s'attendait. La surprise fut générale quand Stern trouva que le moment magnétique du proton était trois fois plus grand que celui inscrit sur les feuilles. Le proton n'était pas aussi simple qu'on le pensait.

En 1933, la prise du pouvoir par les nazis à convaincu Stern qu'il fallait quitter l'Allemagne. Il décida de quitter son poste à Hambourg pour protester contre les lois antijuives. Il se réfugia aux Etats-Unis et devint citoyen américain le 8 mars 1939. Il obtint un poste de professeur au Carnegie Institute of technology, à Pittsburgh où il est resté jusqu'en 1946. Il quitta Pittsburgh pour Berkeley où ses deux sœurs vivaient et c'est dans cette ville qu'il décéda le 17 août 1969, à l'âge de 81 ans.

Stern à vécu en solitaire, il ne s'est jamais marié. En bon vivant il aimait la bonne cuisine, les bonnes tables, les cigares et tout « l'environnement » qui les accompagne, ne voyageant qu'en première classe et ne descendant que dans des hôtels luxueux. Il est l'un des très rares juifs de sa génération qui pouvait se permettre le luxe de faire de la physique sans trop se soucier d'assurer un minimum de confort matériel. Rabi avait une grande admiration pour Stern qu'il rencontra pour la première fois en 1927, à Hambourg. Il s'exprima à son propos : « c'est ici, de Stern et de Pauli, que j'ai appris ce que devrait être la physique ». Stern était profondément pacifiste. C'est sur son conseil qu'Einstein proposa à Bohr le 11 décembre 1944 de rassembler des scientifiques célèbres de tous les pays, pour empêcher une course secrète aux armements nucléaires et rendre conscients les responsables politiques des dangers terribles que cela faisait peser sur l'humanité.

Stern était membre de plusieurs académies des sciences dont la National Academy of Sciences (U.S.A), l'American Association for the Advancement of Science. Membre correspondant étranger de l'Académie royale des sciences du Danemark, il était également docteur *Honoris causa* de l'Université de Californie et de l'Ecole Polytechnique Fédérale de Zurich.

Isidor Isaac Rabi (1898-1988)
Lauréat du prix Nobel en 1944

Isidor Isaac Rabi fut l'un des premiers physiciens juifs à avoir décroché un poste de professeur à l'Université de Columbia. Il fit partie de ces Juifs de seconde génération qui ont dû lutter durement pour obtenir la place qu'ils méritaient et pour lesquels le savoir était une précieuse arme.

Il est né le 29 juillet 1898 à Raymanov, en Autriche. Il est le fils unique de David Rabi et de Janet Teig. Il avait tout juste un an lorsque ses parents émigrèrent aux Etats-Unis. Comme la plupart des Juifs émigrés à cette époque, ses parents étaient d'origine modeste : ils tenaient une petite épicerie dans le quartier le plus déshérité : le « Lower East Side » à New York et leur souci principal était de donner une bonne éducation juive à leur fils. Les Rabi sont des Juifs orthodoxes (Juifs religieux très pratiquants) qui ne parlaient que le yiddish, rarement le polonais. Les livres de prière en hébreu et les histoires de la Bible en yiddish furent ses premières lectures. Bien des années plus tard il dira à Oppenheimer (qui était l'opposé de Rabi : issu d'une famille riche new-yorkaise, il fit des études prestigieuses à Harvard, esthète, philosophe aux connaissances universelles) « si, au lieu du sanscrit, vous vous étiez imprégné des commentaires du Talmud et de la Thora, les choses auraient été autrement ».

D'une grande curiosité, le jeune Rabi s'intéresse à tout et fréquentait souvent la Bibliothèque Carnegie qui se trouvait dans le même quartier que l'école publique qu'il suivait, il préférait étudier que manger à sa faim. Son premier contact avec la science se fait en découvrant un ouvrage qui expliquait l'univers selon Copernic (la Terre comme les autres planètes tourne autour du Soleil).

Son petit monde de Brooklyn étouffait son goût pour la nouveauté. Très vif, chaleureux et d'une grande intelligence il organisa une sorte de club d'amis où on discutait de tout, on jouait aux échecs et on s'initiait au montage d'un poste de T.S.F.

Après avoir suivi le Mannaf Training High School où il rencontra quelques élèves juifs, il obtint une bourse d'études pour Cornell University (New-York) où il décrocha son diplôme B.S. (Bachelor of Chemistry). Les moyens modestes dont il disposait ne lui permirent pas de s'intégrer au milieu juif de son Université. Par ailleurs la chimie ne le passionna pas. Sa déception fut encore plus grande lorsqu'il constata que tous ses camarades non-juifs avaient trouvé un emploi et que lui, premier de sa section s'est vu refuser toutes les offres.

Prévenu qu'un Juif avait peu de chance dans le monde académique de ce temps-là, il accepta un poste sous qualifié pour lui dans un laboratoire d'analyse de lait maternel où il resta peu de temps. Il trouva un autre emploi temporaire dans une société commerciale où il rencontra quelques amis juifs tout aussi brillants que lui mais tous sous-employés. Ils passaient leur temps à entretenir une ardeur intellectuelle par des discussions scientifiques et philosophiques.

En 1921 il commença son second cycle universitaire en physique à Cornell University et termina ses études à Columbia University.

En 1925, Rabi rencontra Helen Newmark, fille d'un publicitaire doublé d'un intellectuel. Helen qui était diplômée de l'Ethical Culture School était ravie d'être fiancée à un physicien. Rabi ne cessait de lui dire que les physiciens gagnaient mal leur vie, cela ne faisait que renforcer son amour pour Isidor qui va commencer à plonger dans une mer inconnue, vers les horizons nouveaux de la mécanique quantique. De leur mariage en 1926 ils auront deux filles.

Il commença des recherches expérimentales sous la direction de A.P. Wills, un spécialiste du magnétisme, qui lui proposa d'étudier la susceptibilité magnétique de la vapeur de soufre, qu'on s'attendait à trouver paramagnétique comme l'oxygène. Mais Rabi préféra s'orienter vers l'étude des propriétés magnétiques des cristaux et reçut son doctorat en 1927.

Après avoir mis au point une méthode très originale de mesure des susceptibilités magnétiques des cristaux paramagnétiques suivant les différents axes, puis fait une incursion en mécanique quantique sur le problème de la toupie asymétrique, Rabi eut la chance d'avoir une bourse d'études qui lui permit de séjourner trois ans en Europe, à Copenhague, Munich, Leipzig, Hambourg, Zurich, partout où d'éminents savants développaient la mécanique quantique (Sommerfeld, Bohr, Pauli, Stern et Heisenberg). Il suivit Pauli à Zurich où ce dernier venait de s'installer après avoir quitté Hambourg.

Rabi, qui avait admiré l'expérience de Stern et Gerlach, imagina un moyen beaucoup plus simple et plus précis pour la réaliser. Stern l'avait invité à visiter son laboratoire en 1930. Les travaux de Stern avaient été repris et étendus grâce à l'utilisation de techniques avancées de vide et de radiofréquences par Rabi et son école. Rabi travailla sur cette expérience pendant un an et parvint à de brillants résultats qu'il publia dans la principale revue allemande de physique.

A son retour aux Etats-Unis, l'Université de Columbia lui offrit un poste de physique théorique sur recommandation de W. Heisenberg alors en tournée pour des conférences en Amérique.

Rabi inaugura un colloque sur la Mécanique quantique. Il attira de nombreux étudiants talentueux, dont les Juifs récemment émigrés comme lui et qui choisissent de plus en plus la carrière de physicien. Il aimait rappeler que sa grande découverte fut celle de Schwinger.

Rabi contribua alors, en compagnie de Condon, Van Vleck[1] et quelques autres, à hisser au premier rang mondial le niveau de la physique américaine, aidé par le flux de savants européens fuyant le nazisme.

Le département de physique de Columbia, pépinière de

---

[1] Van Vleck, John Hasbrouk (1899-1980). Prix Nobel de physique en 1977. (Structure électronique des systèmes magnétiques désordonnés) spécialiste de la théorie quantique du magnétisme. Ses travaux font autorité dans le domaine des susceptibilités électrique et magnétique.

prix Nobel, lui doit tout. C'est là, en particulier, qu'il mit au point la mesure des moments magnétiques nucléaires par la méthode des jets moléculaires qui lui valut le Prix Nobel en 1944. Le développement de ce qu'on appelle la Résonance Magnétique Nucléaire. Pendant la guerre, Rabi dirigea le Radiation Laboratory (« Rad Lab ») au MIT, créé pour développer l'emploi d'ondes radio de plus en plus courtes en vue de détecter avions et navires à travers la nuit et les nuages (Radar ASV Air Surface Vessel). Les savants britanniques avaient mis au point un « *magnétron* » produisant une micro-onde si concentrée qu'on pouvait allumer une cigarette. Les physiciens américains étaient perplexes devant ce prototype anglais, mais Rabi expliqua tout simplement « c'est simple, c'est une sorte de sifflet ». L'un d'eux interpella Rabi « D'accord Rabi, mais comment ça marche, un sifflet ».

Connaissant bien Oppenheimer[1] depuis Zurich où ils avaient travaillé ensemble, Rabi en fut son conseiller avisé au moment où Los Alamos fut le centre d'une activité sans relâche dans la fabrication des premières bombes atomiques. Sa fidèle amitié avec Oppenheimer n'empêcha pas Rabi de s'opposer à lui au sujet de l'utilisation de l'arme atomique. Il lança un avertissement au printemps de 1945 « était-ce cela l'apogée de trois siècles de physique ? ».

Il fut aussi de ceux qui tentèrent de s'opposer à la fabrication de la bombe H (s'opposant ainsi à Teller[2], Lawrence[3]

---

[1] Oppenheimer, Julius Robert (1904-1967). Physicien américain il est l'auteur de nombreux travaux en théorie quantique de l'atome. Il fut directeur du centre de recherches de Los Alamos sur l'énergie nucléaire. Il joua un rôle de premier plan dans le Projet Manhattan qui devait conduire à la fabrication des premières bombes nucléaires. Accusé de sympathies communistes et refusant de travailler à la fabrication de la bombe H, il a été relevé de ses fonctions pour ensuite être réhabilité et recevoir le Prix Enrico Fermi de 1963 pour ses contributions en physique nucléaire.

[2] Teller, Edward (1908-2003). Physicien américain d'origine hongroise. Ses contributions en physique quantique des molécules, des noyaux et des particules sont nombreuses. Après avoir participé à la fabrication de la première bombe atomique à Los Alamos il est considéré comme le père de la bombe H américaine et un fervent partisan du bouclier spatial américain contre les missiles balistiques internationaux. Il fut un adversaire peu loyal de Robert Oppenheimer.

et Alvarez[1]) « le fait qu'il n'existe aucune limite à la capacité destructrice de cette arme fait de son existence même et des connaissances qui permettraient de la fabriquer un danger pour l'humanité entière... c'est une erreur, au nom des principes moraux fondamentaux, de se lancer dans la mise au point d'une telle arme. »

Son amitié pour Oppenheimer se manifesta encore lorsque les fanatiques du maccarthysme accusèrent ce dernier de trahison.

Rabi participa à des comités consultatifs au sein du Département de la défense américaine et présida l'Atomic Energy Commission de 1952 à 1956. Délégué à l'UNESCO, il parraina la création du CERN (Anciennement *Centre Européen de Recherche Nucléaire – aujourd'hui Laboratoire européen pour la physique des particules)* qui a pour pères fondateurs trois hommes exceptionnels Emilio Amaldi, Pierre Auger et Isidor Rabi, aux qualités complémentaires car les talents scientifiques ne suffisaient pas pour convaincre des Européens divisés et traumatisés par les ravages de l'après-guerre.

A l'assemblée générale de l'UNESCO à Florence, en 1950, Rabi, délégué des Etats-Unis, présenta une résolution invitant tous les pays à collaborer étroitement dans la recherche scientifique. Très diplomate, Rabi a su éviter dans sa résolution tout ce qui était susceptible de diviser les futurs partenaires. Auger et Amaldi y travaillèrent sans relâche à la réalisation de ce vaste projet avec une conviction et un engagement sans faille. Ce fut presque un miracle, vu les difficultés de

---

[3] Lawrence, Ernest Orlando (1908-1958). Brillant physicien expérimentateur, il est le père du cyclotron. Prix Nobel de physique en 1939. Il conçut des machines plus performantes à l'Université de Californie, à Berkeley où un laboratoire de production de radio-isotopes porte son nom. Un des éléments du tableau périodique des éléments porte son nom, le lawrencium (Z=103). Il fut délégué américain à la conférence sur le désarmement qui s'est tenue à Genève en 1958, où il eut une attaque célébrale.

[1] Alvarez, Luis Walter (1911-1988). Physicien américain. Il réalise à Berkeley l'accélérateur linéaire de protons et construit des chambres à bulles auxquelles il associe un système de repérage des traces laissées par des particules à vie très brève, considérées comme des « résonances » de particules déjà connues, ce qui lui valut le Prix Nobel de physique en 1968.

tous genres, les résistances des uns et des autres, les conflits d'intérêts et les méfiances réciproques pendant la « guerre froide » entre les deux blocs. Aux problèmes d'ordre scientifique et technique, il fallait résoudre les problèmes du financement et surtout « dépolitiser » les esprits. Seules des personnalités hors pairs pouvaient s'y mettre à cette tâche titanique. Le CERN fut enfin créé et ses promoteurs purent télégraphier à Rabi « *Nous venons de signer l'accord qui marque la naissance officielle du projet que vous avez conçu à Florence. La mère et l'enfant se portent bien et les médecins vous adressent leurs salutations* ». (Maurice JACOB, *Au cœur de la matière*, Paris, 2001, p. 345). Rabi qui avait son franc parler gagna l'estime d'Eisenhower lorsque ce dernier était président de Columbia. Après son élection à la présidence des Etats-Unis, en 1952, il le convainquit de s'adjoindre à son équipe scientifique. Assez idéaliste il était convaincu de la mission morale de son pays, justifiée par la certitude de sa supériorité dans tous les domaines.

Pour Rabi c'est « seulement par la fusion de la science et des humanités que nous pouvons espérer atteindre la sagesse nécessaire aujourd'hui à notre génération » et il ajoutait « Les physiciens sont les Peter Pan de la race humaine ».

Il participa activement à la *Conférence internationale pour l'usage pacifique de l'énergie atomique* qui s'est réunie à Genève (1955). Rabi fut également membre du Comité de rédaction de la prestigieuse revue de physique « *The Physical Review* ».

Il a reçu plusieurs Prix et médailles (Prix de l'American Association for the Advancement of Science, Elliott Cresson Medal, Medal for Merit, la King's Medal pour la Cause de la liberté et était Officier de La Légion d'Honneur).

Docteur honoris causa de plusieurs universités (Princeton, Harvard, Birmingham) il était également membre de plusieurs académies européennes et américaines. En 1959, Rabi fut élu membre du *Board of Governors* du prestigieux Institut Weizmann à Rehovot, (Israël). Rabi est décédé en 1988 à l'âge de 90 ans dont plus des deux tiers ont été consacrés à la science. Son buste fut placé en 1974 à Pupin University pour l'homme qui a deux fois créé le prestigieux département de Columbia, une première en 1930 et une seconde fois après les années qui suivirent la guerre en faisant de ce département un centre scientifique de rayonnement mondial.

WOLFGANG PAULI (1900-1958)
Lauréat du prix Nobel en 1945

Considéré comme l'un des géants de la physique du XXème siècle, traité de « fléau de Dieu » par Paul Ehrenfest, qualifié par Einstein comme l'un des grands espoirs de la physique, Wolfgang Pauli[1] est né à Vienne le 25 avril 1900, l'année même où Max Planck lit son mémoire sur le rayonnement des corps noirs devant la société de physique de Berlin. Son père Wolfgang Joseph Pauli, éminent médecin et professeur de chimie à l'Université de Vienne, appartenait à une grande famille juive de Prague, très active sur le plan communautaire.

Wolfgang Joseph Pauli avait étudié la médecine à Charles University en même temps que Ludwig Mach, le fils de Ernest Mach (1838-1916). C'est le grand père de Pauli, Jacob Pascheles qui présida la cérémonie de « Bar-Mitzvah » (majorité religieuse) de Franz Kafka (1883-1924).

Le père de Pauli quitta Prague pour Vienne en 1892 où on lui offrit une place d'assistant à la faculté de médecine. Quelques années plus tard il est nommé professeur. C'est à Vienne que Wolfgang Joseph Pascheles changea son nom en Pauli au moment où il a décidé de se convertir au catholicisme.

La mère de notre physicien est Bertha Schütz, écrivain et journaliste à Vienne.

Wolfgang Pauli fut baptisé et son parrain fut le physicien et philosophe Ernest Mach, ami très proche de la famille et qui servit de modèle pour le jeune Wolfgang qui écrira en

---

[1] *Wolfgang Pauli and Modern Physics*, publié par l'« E.T.H. – Bibliotek » E.T.H. Zürich, à l'occasion du Centenaire de la naissance de Pauli, Zürich, 2000. Exposition sur Pauli du 6 avril au 6 mai 2000.

1953 « qu'il fut plutôt baptisé antimétaphysicien à la place de catholique ».

Pauli a grandi dans une atmosphère fortement stimulante sur le plan intellectuel. Ses parents ne négligent aucun effort pour qu'il ait une excellente éducation. Il fréquente le gymnase de Vienne dans une section réservée aux élèves surdoués. Il a pour camarade de classe, Richard Khun, un autre futur Prix Nobel.

Très tôt il s'avéra un étudiant brillant. A 18 ans il est immatriculé à l'université de Munich, grand centre allemand de la physique théorique. Il étudie la physique où il a Arnold Sommerfeld comme professeur.

Dès son premier trimestre, Pauli participa au fameux « colloque du mercredi » que Sommerfeld institua. Les questions posées et les interventions de Pauli impressionnent son maître qui l'invite à écrire un article sur la relativité. En peu de temps Pauli livre un excellent article à l'*Encyclopédie des sciences mathématiques* publié en 1921, dans le volume V, 19. C'est un long article de 250 pages où l'auteur ne se contente pas de résumer tout ce que l'on connaissait sur la relativité mais en ajoutant une analyse critique et profonde. Dans une lettre à Einstein, Sommerfeld qualifie ce travail de « simplement magistral ».

Pauli est déjà connu dans le monde savant de la physique. Nous sommes dans les années 1920 et Göttingen est un centre prestigieux de la physique mathématique. Il y a là Max Born et son « équipe » dont font partie Heisenberg et Jordan. Au semestre d'hiver 1921/22 Pauli est l'assistant de Born. Il participe également au « Colloque de Bohr » où il se fait remarquer par Bohr qui l'invite à Copenhague (1922-23).

Après la capitale danoise on le retrouve à Hambourg où Pauli est l'assistant de Wilhelm Lenz. C'est ici qu'il découvrira en 1924 le principe d'exclusion qui porte son nom « *Principe de Pauli* ». Ce principe a été formulé par Pauli pour la première fois en novembre 1924 sous forme de « proposition » à Alfred Landé (1888-1975) qui était professeur à l'Université de Francfort.

Pauli avait mené une étude approfondie sur *l'effet Zeeman* (1896). Pieter Zeeman (1865-1943) avait observé qu'en présence d'un champ magnétique intense les raies spectrales d'une source lumineuse se divisent plusieurs fois.

On parle d'effet Zeeman *normal* lorsque les atomes sont soumis à un champ magnétique avec **S** = **O** *et* **L** ≠ **O**, et effet Zeeman *anormal* lorsque les atomes sont soumis à un champ magnétique avec **S** ≠ **O** *et* **L** ≠ **O**.

Plus de vingt ans après la découverte de ce phénomène personne n'avait encore donné une explication valable.

Pauli qui avait réfléchi à l'effet *anormal* et aux nombres quantiques attribués aux différents niveaux élabora un principe fondamental pour la mécanique quantique : « Deux électrons d'un même atome ne peuvent pas posséder quatre nombres quantiques identiques ». Les nombres quantiques (n, l, m, s) décrivent chaque électron d'un atome et définissent ainsi clairement sa configuration électronique.

Pauli a découvert ce principe avant la découverte du spin qui n'aura lieu que trois ans plus tard par les deux physiciens d'origine néerlandaise. Samuel Goudsmit (1902-1978) et George Uhlenbeck (1900-1988) qui suggérèrent que l'électron pouvait avoir un spin + ½. C'est la valeur prédite par Pauli. Cette découverte vaudra à Pauli le Prix Nobel de physique en 1945.

A Hambourg, Pauli poursuit ses recherches sur l'électrodynamique quantique. En 1927 il publie un travail original sur les matrices. Cette année est une année fructueuse pour la physique. Des discussions et des débats d'un haut niveau ont lieu[1]. Parfois c'est presque la passion qui l'emporte. Pauli fait partie de ce cercle où les maillons de la chaîne se nomment Bohr, Einstein, Heisenberg, Jordan, Born et d'autres encore. Le cinquième Congrès Solvay est dominé par les arguments entre Bohr et Einstein sur « l'interprétation de Copenhague » sur la mécanique quantique.

Les interventions de Pauli suscitent un grand intérêt parmi les participants.

---

[1] Deligeorges Stéphane, (sous la direction de) A. Aspect, F. Balibar et all. *Le monde quantique*, Seuil et Science et Avenir, Paris, 1984.

A Zürich, Peter Debye (1884-1966) prépare son départ pour Leipzig, la chaire qu'il détenait devient vacante. Pauli, encouragé par de nombreux amis de Zürich comme Richard Kuhn et Paul Scherrer accepte l'offre de l'E.T.H. (la fameuse Ecole Polytechnique Fédérale de Zürich) le 2 février 1928. Il y restera jusqu'à la fin de sa vie, à quelques interruptions près (1935/36 : Professeur invité à Princeton et 1940 : occupation de l'Europe par les nazis il y retournera à Princeton).

L'E.T.H. a alors la chance d'avoir un « couple » bien complémentaire : Pauli, brillant théoricien et Paul Scherrer excellent expérimentateur. Ils sont les promoteurs des fameuses « semaines de physique » auxquelles participent les élites des physiciens européens et américains.

Zürich offre à cette époque une environnement favorable à la recherche. Il y a également de brillants mathématiciens comme Hermann Weyl.

En ce moment, une des énigmes en physique était la désintégration bêta, qui mettait en question la conservation de l'énergie. Les électrons de la désintégration bêta ont un spectre continu, alors que les états initiaux et finals sont parfaitement définis. Où va l'énergie si les électrons de la désintégration n'ont pas une énergie égale à la différence des énergies des états initial et final ? L'énergie manquante devient un casse-tête pour les physiciens de ces années. Bohr pensa un moment à mettre en doute la validité stricte du principe de la conservation de l'énergie. Il aurait été prêt à renoncer à ce principe dans les phénomènes nucléaires.

Pauli, « en désespoir de cause » a développé l'idée que durant la désintégration bêta, une autre particule accompagnait l'électron, celle-ci était électriquement neutre de masse presque négligeable, elle échappait à l'observation mais rétablissait la conservation de l'énergie et les autres lois de conservation tout en emportant de façon indétectable l'énergie manquante. Pauli l'appela au début « neutron » (du même nom que celui découvert par James Chadwick en 1932). Mais Fermi pour bien montrer qu'il s'agit « d'un petit neutre » l'appela *neutrino*.

Pauli n'osa pas publier l'article qu'il écrivit à ce propos le 4 décembre 1930. Il attendra encore trois ans avant d'accepter de le présenter au public à l'occasion du septième congrès Solvay à Bruxelles. Il faudra attendre 27 ans pour avoir la preuve expérimentale de son existence (1953). Le neutrino s'imposera assez vite aux physiciens et Fermi l'utilisa quand il proposa sa théorie de la radioactivité bêta.

En 1931, Pauli publia un long article sur la mécanique quantique dans le « *Handbuch der Physik* » où il discute l'équation de Dirac et quelques unes de ses solutions. Incontestablement Pauli était l'un des plus brillants physiciens du XXème siècle. Son œuvre a malheureusement pris fin avec son décès prématuré.

Sur le plan privé Pauli a eu beaucoup moins de chance. Le mauvais destin l'a frappé plus d'une fois. D'abord par un (mauvais) mariage avec sa première femme, une danseuse berlinoise, Käthe (Kate) Deppner qui n'a duré qu'une année. Deux ans après son divorce et ayant subi plusieurs crises et des problèmes de dépression liés en partie au divorce et aggravés par le suicide de sa mère, Pauli décida (sur le conseil de son père) d'aller consulter le célèbre Carl Gustav Jung (1875-1961). Jung conseilla à Pauli d'abord dans un premier temps de voir une stagiaire Erna Rosenbaum.

Après quelque temps il reprend ses consultations chez Jung. Il va beaucoup mieux. Pauli décida de se remarier et épousa en secondes noces Franca Bertram le 4 avril 1934. Ils vivèrent ensemble jusqu'en 1958 et n'ont pas eu d'enfants.

Avec l'Anschluss en Autriche, la situation devenait très précaire. Pauli dépose une demande de naturalisation qui fut rejetée en avril 1938 pour des raisons de formalité. La situation devient intolérable pour son père. Le fait qu'il se soit converti au christianisme n'a rien changé à sa situation : pour les nazis il était et il restait Juif.

Une seconde fois Pauli demanda sa naturalisation qui lui fut refusée sous prétexte qu'il n'était « pas assez intégré d'une manière satisfaisante ». Le chef du Département s'occupant de son dossier n'était autre que Heinrich Rothmund connu pour son intransigeance à l'égard des réfugiés pendant la Seconde Guerre Mondiale.

La situation en Europe était telle que Pauli se demanda ce qu'il ferait si la Suisse était à son tour occupée. Une bourse d'un semestre lui est accordée par l'E.T.H. en juin 1940 pour des recherches à Princeton. Il fut remplacé par son collègue Gregore Wentzel. A Zürich tout le monde espérait le retour prochain de Pauli. Il a l'appui de ses collègues et amis, ainsi que celui du Conseiller Fédéral Philippe Etter qui était contre la suspension de ses fonctions.

A Princeton Pauli fonda un centre international de recherches en physique, aidé en cela par une équipe en place d'immigrants européens où l'on compte de nombreux Juifs. A l'Institute for Advanced Study, Pauli travailla étroitement avec Einstein.

C'est ici qu'il oriente ses recherches vers la théorie du méson et des forces nucléaires, Pauli consacre tout son temps à la recherche n'ayant plus à assumer ses tâches d'enseignement. Pendant la guerre il ne peut participer au Projet Manhattan n'étant pas Américain.

L'année 1945 apporte ses fruits à Pauli qui se voit attribuer le Prix Nobel de physique (pour son principe d'exclusion). A Princeton on organise une belle fête en son honneur. Albert Einstein prend la parole pour le féliciter et lui dire : « je vois en Pauli mon successeur intellectuel ». Des offres affluent de plusieurs côtés. Princeton et Columbia lui ouvrent leur porte, il est par ailleurs naturalisé américain. Tout est fait pour que Pauli logiquement reste aux Etats-Unis. Mais contre toute attente il choisit de retourner à l'E.T.H. de Zürich, assumant la promesse qu'il avait faite à ses collègues en Suisse.

On peut se poser la question sur les motifs de son choix. Le fait est qu'en octobre 1946 il s'installe définitivement à Zürich. Il y a peut être quelques réponses à sa décision : esprit plutôt européen qu'américain, le « climat » politique en Amérique en ce moment, influence grandissante des militaires pour « orienter » la recherche et les liens qui l'unissaient toujours à ses amis à Zürich où il avait une maison à Zollikon.

Il est (enfin !) considéré d'être digne de la naturalisation suisse surtout avec un Prix Nobel en plus. Il forma une brillante équipe de physiciens théoriciens et c'était la chance de la physique à l'E.T.H.

Quelques années plus tard c'est la construction de cyclotron sous la direction de Paul Scherrer et les préparatifs pour la fondation du CERN. Pauli y joua un rôle dans les rencontres qui les ont précédé. Il était considéré par la communauté scientifique comme « la conscience de la physique ». En 1950, il dirigea pour deux ans le département de physique de l'E.T.H. La physique à l'E.T.H. a beaucoup gagné et s'est bien développée sous la direction de Pauli qui fut un acteur important dans la création de postes de professeurs.

Vers le milieu du siècle Pauli s'est également occupé des lois de symétrie en physique. En 1954, il formula ce qu'on appela le « Théorème CPT » qui postulait l'invariance du produit des lois physiques sous la transformation CPT combinant la symétrie de la charge, la parité et l'inversion du sens du temps.

Pauli n'a pas été seulement un brillant physicien, il s'est intéressé à des questions d'ordre épistémologique, à la relation entre théorie et expérience, au rôle de l'observateur et présida le Congrès de philosophie tenu à Zürich en 1954.

En 1955, Pauli a eu l'honneur de présider la Conférence de Berne à l'occasion du cinquantième anniversaire de la Théorie de la Relativité.

Le travail de Pauli a eu la reconnaissance légitime aussi bien en Europe qu'en Amérique. Il a reçu tout ce qu'un physicien pouvait espérer. En plus du Prix Nobel (1945) Pauli a reçu la Médaille Lorentz, la Médaille Max Planck et la Médaille Franklin.

Plusieurs académies et universités l'ont compté parmi leurs membres : Stockholm, Londres (Royal society), Uppsala, Boston, Copenhague, Munich et Bangalore. Quant à l'université de Hambourg, elle lui décerna le doctorat *honoris causa* quelques mois seulement avant sa mort.

L'E.T.H., en reconnaissance de son travail avait décidé d'augmenter son salaire à partir du 1er janvier 1959, mais Pauli décède le 15 décembre 1958 à l'Hôpital de Zürich. Sur la personnalité de Pauli, George Gamow qui a côtoyé Pauli nous le décrit comme un homme d'une grande culture, qui avait toujours une attitude critique, physiquement assez gros et détestant le sport, impatient et impulsif.

Dans une parodie du Faust de Goethe adoptée à la physique théorique, Gamow attribue à Pauli le rôle de Méphistophélès[1], l'esprit qui dit toujours « non ! ».

Il y a aussi des anecdotes sur Pauli. La plus célèbre est « L'effet Pauli ». Dans les laboratoires on ne souhaitait pas voir Pauli, car dès qu'il y mettait les pieds les instruments ne marchaient plus ou étaient déréglés, les expériences en cours s'arrêtaient. Otto Stern (qui devait être un peu superstitieux) alla jusqu'à interdire l'entrée de son laboratoire à Pauli.

Après ce tableau certainement incomplet vu le cadre de notre travail, quel est l'héritage de Wolfgang Pauli ? Pour répondre à cette question il nous faut signaler deux évènements d'une grande importance, et rendre hommage au courage, à la patience et au dévouement de leurs auteurs : le premier concerne l'impatience avec laquelle la communauté scientifique internationale attend la biographie de Wolfgang Pauli par l'un des hommes les plus qualifiés pour l'écrire et qui fut le collaborateur, l'ami et le dernier assistant de Pauli, c'est Charles P. Enz, professeur honoraire à l'Université de Genève.

Le deuxième événement concerne la correspondance scientifique de Pauli dont une partie a été déjà éditée par Karl Von Meyënn.

Cette correspondance qui appartient aux « Archives Pauli » du CERN est sous la responsabilité d'un « Comité Pauli » dont Maurice Jacob a été le président pendant onze ans, de 1989 à 2000. Ce Comité a fait un travail remarquable.

Cette correspondance s'étale sur une période de quarante ans, qui commence en 1919 et se termine en 1958.

Le premier volume fut publié en 1979 couvrant la période 1919-1929, le second concerne la période 1930-1939, publié en 1985, le troisième traite la période 1940-1949, publié en 1993,

---

[1] Gamow, George, *Trente années qui ébranlèrent la physique*, Dunod, 1968, p. 142.

et enfin la période 1950-1958 comporte quatre tomes dont les trois premiers ont déjà été publiés.

La réaction unanimement positive aux volumes déjà publiés montre à quel point cette correspondance est une œuvre maîtresse de la physique du XXème siècle. Pauli a correspondu avec les meilleurs esprits de son temps et pas seulement en physique. Il faut mentionner celle qu'il a eue avec Carl Gustave Jung.

La correspondance de Pauli intéressera pas seulement les physiciens et les scientifiques d'une manière générale, mais également tous ceux qui s'intéressent aux progrès de la science et à son interaction avec la société dans toutes les composantes de l'activité humaine.

Félix Bloch (1905–1983)
Lauréat du prix Nobel en 1952

Dans cette « époque héroïque » de la physique selon l'expression de Robert Oppenheimer, marquée par un développement sans précédent, Félix Bloch joua un rôle essentiel comme physicien expérimentateur comme il aimait se définir lui-même, mais aussi comme brillant théoricien. Son parcours original illustre bien un chapitre de l'histoire de la physique des années trente.

Félix Bloch est né à Zurich le 23 octobre 1905, fils de Gustav Bloch et Agnès Bloch, née Mayer.

Après des études au « Gymnasium » de Zurich, il obtint sa « Matura » en 1924. Attiré par la technique il s'inscrivit à l'Ecole Polytechnique Fédérale de Zurich. Après une année d'études il change d'orientation et décide de s'inscrire en section mathématique et physique.

Sous l'influence de ses professeurs, en particulier Peter Debye[1], Hermann Weyl[2] et Erwin Schrödinger[3], Félix Bloch

---

[1] Debye, Peter, (1884-1966). Physicien américain d'origine néerlandaise, titulaire de la chaire de physique à Cornell University. Il s'est distingué dans les applications chimiques de la théorie des quanta, sur une théorie des chaleurs spécifiques qui a constitué un départ remarquable dans l'étude de l'état solide et de la matière aux basses températures. Prix Nobel de chimie en 1936 on lui doit la détermination des dimensions des molécules gazeuses, ainsi que les distances entre atomes.

[2] Weyl, Hermann (1885-1955). Mathématicien allemand, il fut l'élève de Hilbert. Il lui succédera dans sa chaire à Zurich. On lui doit la première présentation rigoureuse de la théorie des fonctions de Riemann. Il a permis de nombreux développements de la physique mathématique par ses travaux sur les groupes de Lie. En 1933 il quitta l'Allemagne nazie pour Princeton.

[3] Schrödinger, Erwin (1885-1961). Physicien autrichien, Prix Nobel de physique en 1933 qu'il partagea avec Dirac. L'équation qui porte son nom est familière à tous ceux qui font la physique : elle régit la fonction d'onde d'un

se spécialisa dans le nouveau champ ouvert par la mécanique quantique. Lorsque Debye quitte Zurich pour Leipzig en 1927 il convainc Bloch de le rejoindre. Heisenberg est également à Leipzig. Bloch prépare alors une thèse de doctorat sous sa direction. C'est la première thèse que dirige Heisenberg. Le sujet « Le mouvement des électrons dans un cristal » marquera une étape dans la théorie de la physique du solide. Lorsque la thèse de Bloch est publiée (1928) elle établit une théorie de la conduction dans les métaux dans sa forme moderne et permet à Bloch d'avoir une réputation de brillant physicien théoricien.

Le fameux Pauli se trouve à Zurich. Il propose à Bloch de devenir son assistant et lui suggère de travailler sur la supraconductivité. Ce dernier accepte et ses travaux donneront naissance aux équations qui portent son nom. Bloch s'intéresse également à la théorie ferromagnétique des électrons libres mais ses recherches sont interrompues par un accident de ski survenu l'hiver 1928.

L'année 1929 sera un peu plus fructueuse pour Bloch. Un séjour de presque une année en Hollande lui permettra de poursuivre ses travaux sur la résistance électrique et ses relations avec la température. Il consacrera un semestre à Ultrecht sous la direction de Kramers et quelques mois à Haarlem.

En 1930, Bloch est de retour à Leipzig. Heisenberg lui demanda d'être son assistant. Ses recherches sur le ferromagnétisme le conduiront aux « parois de Bloch[1] qui constituent

---

système quantique. « L'équation d'onde » (équation aux dérivées partielles du second ordre) portant sur la « fonction d'onde » peut être interprétée comme la densité de probabilité de la particule à un point donné, pour un instant donné. Schrödinger s'est également penché sur la chaleur spécifique des solides, la thermodynamique statistique, les couleurs, l'espace et le temps. Il s'est également intéressé à des problèmes d'ordre philosophique et épistémologique. Précisons que sa célèbre équation résout presque tous les calculs relatifs à l'atome et aux molécules. Schrödinger a quitté l'Allemagne dès la prise du pouvoir par les nazis, en 1933.

[1] *Paroi de Bloch* (1932). Dans le domaine du ferromagnétisme le changement de direction de l'aimantation entre les domaines ne peut se produire brusquement. Elle a lieu graduellement à travers une zone de transition

une percée dans le domaine de la connaissance des propriétés magnétiques des métaux, ainsi que le phénomène de la rémanence et de l'hystérésis. Ce dernier travail constitua le sujet de sa thèse d'habilitation.

La réputation de Bloch est assez établie. Il est invité à Copenhague où il établit une solide amitié avec Niels Bohr, amitié qui ne se démentira jamais. De retour à Leipzig en 1932, il fut chargé de cours tout en assumant les charges d'assistant de Heisenberg.

La montée du nazisme en 1933 mit fin à la carrière académique de Bloch et de tous les autres grands physiciens allemands à cause de leur origine juive. Bloch décide de quitter l'Allemagne pour la Suisse et pour Paris où il séjournera chez Paul Langevin[1].

Une bourse de la Fondation Rockefeller lui permet d'entreprendre pendant une année quelques recherches avec Enrico Fermi à Rome et quelques mois au Laboratoire de Cavendish à Cambridge. A la même période Niels Bohr reçut une lettre du président de l'Université de Stanford (David L. Webster) où il est question d'une offre d'un poste de professeur. Bohr, connaissant les qualités scientifiques et pédagogiques de Bloch, le convainc d'accepter ce poste.

Nous sommes en 1934, l'arrivée de Bloch à Stanford fut particulièrement heureuse pour l'Université. Non loin de là, Oppenheimer se trouve à Berkeley. Bloch connaissait bien Oppenheimer qu'il rencontra souvent lorsqu'il était assistant de Pauli à Zurich. Ils décidèrent d'établir une relation fructueuse entre Berkeley et Stanford, par des réunions hebdomadaires. Nommé professeur associé en 1934 et

---

appelée « paroi de Bloch ».

[1] Langevin, Paul (1872-1946). Elève du fameux Pierre Curie, à 16 ans il est entré à l'Ecole de physique et chimie industrielle de Paris. Il succéda à son maître et devint directeur de cette même Ecole. Ses travaux portent sur plusieurs domaines : mouvement brownien, théorie du rayonnement, relativité, théorie cinétique des gaz. Il mit au point la technique de production et de détection des ultrasons qui devait servir au repérage des sous-marins. Pacifiste de la première heure il fut emprisonné pendant le Seconde Guerre Mondiale. Plus tard il consacra son temps à la réforme de l'enseignement des sciences en France.

professeur ordinaire en 1936, il sera nommé professeur à la chaire Max H. Stein of physics en 1963 où il enseigna jusqu'à sa retraite en 1971.

Le neutron fut découvert en 1932 et Heisenberg avait comme idée que le noyau était composé de protons et de neutrons. L'intérêt de Bloch pour le neutron fut stimulé par Heisenberg. Les recherches de Bloch sur le magnétisme nucléaire seront couronnés par le Prix Nobel de physique qui lui fut attribué en 1952, qu'il partagea avec son ami de Harvard, Edouard M. Purcell. A une réunion de l'American physical society en avril 1939, Bloch rencontra celle qui deviendra sa femme, Lore G. Misch, physicienne également et spécialiste des Rayons X en cristallographie. Leur mariage fut heureux, Lore était toujours aux côtés de son mari, quatre enfants naîtront : trois garçons George, Daniel et Frank et une fille, Ruth.

Lore était née à Berlin et avait quitté l'Europe pour échapper à l'Holocauste qui se préparait et travailla au M.I.T. (Massachussetts Institut of Technology) dans le laboratoire de spectroscopie de George Harrison.

Vers les années quarante, en collaboration avec Luis Alvarez, Bloch mit au point la mesure du moment du neutron et plus tard celle des moments du proton, du deutéron et du triton.

Comme d'autres physiciens, Bloch est parti à Los Alamos en été 1943. Après quelques mois il rejoignit le Radio Research Laboratory à Cambridge. Après la Guerre il retourna à Stanford où il collabora avec Hansen et Packard dans le développement des nouvelles méthodes de l'induction nucléaire. En résumé, on peut dire que les grandes découvertes de Félix Bloch furent la propagation des électrons dans les solides cristallins[1], les ondes de spin et les parois de Bloch,

---

[1] *Fonction de Bloch.* La mécanique quantique décrit des électrons libres par des fonctions d'onde du type $\varphi_K (r) = e^{i k . r}$ c'est-à-dire par des ondes planes.

En présence d'un potentiel cristallin périodique la fonction d'onde est donnée par : $\phi (K) (r) = U_K (r) . e^{i k . r}$ connue sous la *fonction de Bloch.* $U_K (r)$ étant une fonction qui a la périodicité du réseau.

les interactions des neutrons lents avec la matière et les mesures des moments magnétiques du neutron. Ses travaux furent les précurseurs de la R.M.N. (Résonance Magnétique Nucléaire) et de ses nombreuses applications dans de nombreux domaines de la physique et plus tard en chimie, en biologie et dans l'imagerie médicale si importante aujourd'hui.

Les travaux de Bloch sont marqués par une grande élégance et un remarquable sens dans le domaine des expériences.

Son passage au CERN fut des plus heureux. A sa naissance, le CERN (Laboratoire européen de recherche des particules) à Genève représentait douze états européens et était dirigé par un Comité Exécutif composé d'un secrétaire général et de quatre directeurs de divisions.

En juin 1953, un comité chargé de nommer un directeur général fut composé de Niels Bohr, Sir John Cockcroft, G. Colonnetti, W. Heisenberg, F. Perrinet et P. Scherrer. Niels Bohr proposa le nom de Félix Bloch. Le comité accepta à l'unanimité cette proposition, voyant en Félix Bloch à la fois un grand théoricien et un grand expérimentateur.

Bloch arriva à Genève le 11 septembre 1954 accompagné de ses deux plus proches collaborateurs de Stanford I.T. Arnold et W.A. Anderson. Dans ses bagages il y avait tout l'équipement nécessaire à la poursuite de ses travaux sur la RMN qu'il installa dans deux salles de l'Institut de physique de l'Université de Genève où il développa une grande collaboration avec quelques uns de ses membres. Le CERN et l'Ecole de Physique de l'Université ont toujours collaboré à des projets d'intérêts communs.

Pendant les douze mois où il exerça ses fonctions, Bloch a donné une grande impulsion à l'action scientifique du CERN. Ses charges administratives se sont faites au détriment de ses travaux scientifiques qu'il souhaita poursuivre. Son rôle de premier directeur général du CERN a été très fructueux pour l'Institution, grâce à ses qualités humaines que tout le monde lui reconnaissait, à sa personnalité chaleureuse, sa grande simplicité et ses contacts faciles et agréables qu'il a su entretenir aussi bien avec le Staff du CERN qu'avec les représentants des gouvernements concernés.

Malgré la brièveté de son séjour au CERN il lui assura une grande harmonie et lui donna une forte impulsion dans cette passionnante aventure dans la connaissance de la matière.

D'une grande culture, avec un sens profond de l'humour, Félix Bloch était une personnalité charmante et chaleureuse.

Après le CERN la vie de Bloch fut centrée sur Stanford University, en Californie, où il fonda avec Léonard Schiff l'un des départements les plus prestigieux au monde de la physique. Il s'est retiré en 1971 mais il a continué à mener une vie active qui a inspiré ses collègues et la communauté scientifique. Il est décédé là où il est né, à Zurich, le 10 septembre 1983.

Les travaux de Bloch ont pris une place importante dans la physique du XXe siècle. Ils lui ont valu la reconnaissance de plusieurs académies et universités qui le comptèrent parmi leurs membres ou lui ont décerné un doctorat *honoris causa* (Oxford, Zurich, Jérusalem, Brandeis et d'autres).

Il fut membre honoraire de l'Institut Weizmann (1958) de la Royal Dutch Academy of Sciences (1965) de la Royal Society of Edimburgh (1966) et de la Société Française de physique (1970).

Max Born (1882-1970)
Lauréat du prix Nobel en 1954

Dans notre *Introduction* nous avons rappelé que les premières décennies du XXe siècle ont été marquées par deux grandes théories : la Théorie de la Relativité et la Théorie quantique.

La première fut l'œuvre créatrice d'un seul homme (A. Einstein), la seconde est le résultat du travail de plusieurs savants parmi lesquels Max Born.

Nous sommes en 1927. Cette mécanique quantique est présentée selon deux théories : la mécanique ondulatoire qui expose une vision continue de l'atome dans lequel interfèrent des ondes formant des « paquets » qui représentent la réalité des particules, et qui est due aux travaux de Louis de Broglie et de Schrödinger, et la mécanique matricielle développée surtout à Göttingen par Born, Heisenberg et Jordan[1]. L'équivalence mathématique de ces deux théories a été démontrée en 1926.

En 1927, pour la première fois, l'interprétation de Copenhague est discutée publiquement. Sous le nom de Mécanique des quantas, Max Born, Niels Bohr et la nouvelle génération des physiciens (Heinsenberg, Pauli, Dirac[2]) exposent une

---

[1] Jordan, Pascual, (1902-1980). Physicien allemand, il a collaboré avec Max Born et il est l'un des fondateurs de la mécanique quantique.

[2] Dirac, Paul (1902-1984). Physicien britannique, il est l'un des fondateurs de la théorie quantique relativiste. L'équation d'onde qui porte son nom représente la première formulation (1928) de la théorie quantique qui soit compatible avec le principe de relativité. Dirac prédit l'existence du positron. Il contribua également à la théorie statistique du comportement des particules quantiques de spin demi-entier (statistique Fermi-Dirac).

Prix Nobel de physique avec Schrödinger en 1933 il est l'auteur d'un ouvrage fondamental en théorie quantique *The Principles of Quantum Mechanics* (1930).

théorie physique qu'ils disent intuitive. Cette conception ne fait pas l'unanimité des participants. Elle fait l'objet de critiques assez dures de la part de Schrödinger, Louis de Broglie[1], Lorentz, Einstein et même Max Planck.

Le célèbre article de Born, connu sous le nom de *Dreimännerarbeit,* écrit conjointement avec Jordan et Heisenberg est publié en 1926. La réputation scientifique de Born est déjà bien établie. Il est invité par le MIT (Massachussets Institute of Technology) aux Etats-Unis où il donne une vingtaine de conférences entre novembre 1925 et mars 1926. Les physiciens américains se familiarisent avec la Mécanique quantique où Born est présenté comme le fondateur de l'interprétation probabiliste de la fonction d'onde qui est l'une des clés de la nouvelle théorie.

A ce congrès de 1927, six rapports sont présentés dont celui de Born et Heisenberg intitulé *La Mécanique des quantas* dont « La rigueur et la sensibilité en font l'un des plus beaux textes de l'histoire des sciences ». Les deux auteurs attribuent à cette théorie le caractère intuitif, d'ordre abstrait et logique : aux images physiques sensibles se substitue désormais un « concept » de nature mathématique. La nouvelle théorie postule une indétermination fondamentale de la connaissance des processus atomiques.

Ces nouvelles conceptions jetées brutalement par Born vont provoquer des réactions tout aussi brutales dont les conséquences se font encore sentir aujourd'hui. Louis de Broglie ne comprend pas l'abandon du déterminisme, Schrödinger est fâché de la place considérable accordée aux mathématiques au détriment de la physique et Lorentz est presque furieux de constater la disparition de toute représentation concrète des phénomènes : « l'image que je veux me

---

[1] Broglie, Louis, de : (1892-1987). Il émet l'hypothèse du caractère ondulatoire des particules. Il est l'un des fondateurs de la « mécanique ondulatoire ». Auteur d'un nombre considérable d'ouvrages de physique théorique il est aussi un excellent vulgarisateur de la science. Prix Nobel de physique en 1929 il attribua à chaque particule une longueur d'onde $\lambda = \frac{h}{m.v}$ qui porte le nom de longueur d'onde de Broglie.

faire des phénomènes doit être absolument nette et définitive » Born est attaqué de toutes parts mais il résistera bien et le nombre de ses adversaires se réduira avec le temps.

Qui était ce « révolutionnaire » incompris même de ses amis ? Max Born est né le 11 décembre 1882 à Breslau, en Pologne. Il est le fils de Gustav Born, anatomiste et embryologiste, et de Margarette, née Kaufmann, fille d'industriels.

A l'âge de quatre ans Max Born perdit son père et fut élevé par sa grand-mère maternelle. Après des études au gymnase de Breslau il continua ses études à l'Université de sa ville natale où il fit la connaissance du physicien Clemens Schaeffer et du mathématicien Rosanes. Il s'intéressa surtout aux mathématiques. La physique et l'astronomie demeurent encore des intérêts secondaires.

Après deux semestres aux universités de Heidelberg et de Zürich (où il fut impressionné par les cours donnés par Hurwitz) il se rendit à l'Université de Göttingen où l'astronome Karl Schwarzschild et le physicien Waldemar Voigt donnaient des cours.

Max Born y suivit les cours et séminaires de Felix Klein[1], David Hilbert[2] et Hermann Minkowski[3]. A l'époque, les mathématiques et la physique théorique étaient encore étroitement liées. Les travaux d'Einstein n'étaient pas encore connus à Göttingen. Max Born fut sollicité par Hilbert pour

---

[1] Klein, Félix (1849-1925). Mathématicien allemand, architecte de la classification de la géométrie où la notion de groupe est déterminante. Il est le fondateur (1895) de la *Grande Encyclopédie des mathématiques* et il a lutté énormément pour une modernisation de l'enseignement des mathématiques dans l'enseignement secondaire.

[2] Hilbert, David (1862-1943). Mathématicien allemand, il domine toute la mathématique de l'école allemande du premier tiers du XXème siècle. C'est le père de la méthode axiomatique en géométrie. Il a donné une impulsion décisive à l'essor des recherches sur les fondements des mathématiques. Ses travaux d'analyse appliqués à la physique ont été d'une très grande utilité.

[3] Minkowski, Hermann (1864-1909). Mathématicien allemand, professeur à l'Ecole Polytechnique Fédérale de Zurich (1896-1902) où Einstein était son élève. Il expliqua la théorie géométrique des nombres. L'espace qui porte son nom est un espace quadridimensionnel muni d'une métrique qui fournit une interprétation géométrique devenue classique, de la relativité restreinte.

écrire les notes de ses confrères de 1905 « The Logical principles of Mathematics ».

Selon Born lui-même, il fut très impressionné et intéressé par les cours de Hilbert, particulièrement son cours sur la théorie cinétique des gaz. Ces cours ont influencé fortement ses travaux sur la mécanique quantique entre 1920 et 1925.

En 1906, devant préparer un exposé (il dut remplacer un étudiant malade), il se rendit compte qu'il s'agissait d'un problème de calcul des variations qui venait d'être étudié au séminaire de Hilbert. Ses deux maîtres Klein et Runges applaudirent et l'encouragèrent à participer au concours annuel de la faculté de philosophie. Born remporta le prix, et l'année suivante, approfondissant ce sujet, il reçut son doctorat de l'Université de Göttingen et fut nommé Privat-docent poste qu'il occupa jusqu'en 1915.

Après son service militaire et un semestre passé à Cambridge, Born retourna dans sa ville natale à Breslau. C'est ici où il a lu pour la première fois, au début de 1908, le papier sur la Relativité d'Einstein qui, dit-il, l'a fasciné du premier coup. En particulier le rapport avec l'optique et l'électrodynamique, sujets qui ont captivé son attention dans les séminaires de Hilbert et Minkowski.

En lisant l'article d'Einstein, Born eut quelques difficultés et demanda quelques explications à Minkowski. Ce dernier, qui travaillait sur ce sujet, lui demanda de venir à Göttingen pour être son assistant. Born accepta avec joie cette invitation. Il revint à Göttingen pour la deuxième fois en décembre 1908 mais sa collaboration avec Minkowski fut très vite interrompue. (Minkowski décéda en 1909).

Minkowski a laissé un travail considérable encore inachevé. Hilbert demanda à Born de l'éditer. Le 8 février 1910, devant la société de mathématique de Göttingen, Born présenta l'essentiel des travaux non achevés sur l'électrodynamique laissés par Minkowski. L'année suivante Born publia dans les *Mathematische Annalen* ces papiers avec une introduction dans laquelle Born attribue tout le travail à Minkowski, se contentant de préciser que seule la mise en ordre de ce travail lui revenait.

Sous l'influence de Minkowski, les premières publications scientifiques de Born avaient trait au domaine de la théorie de la Relativité, mais ses intérêts étaient divers. En collaboration avec son ami hongrois Theodor Karman, Born publia en mars 1912 son travail intitulé « sur les vibrations dans les réseaux cristallins ». Quelques jours avant la publication de ce travail, une conférence sur le même sujet et avec des résultats semblables fut donnée en Suisse par Debye, mais Born et Karman n'en n'eurent connaissance que bien plus tard.

Ses travaux en physique du solide constituent des piliers dans ce domaine. Mentionnons son livre intitulé « La dynamique des réseaux cristallins » (1915). Il était passionné par la physique des corps solides, on lui doit son « Dynamical Theory of Cristal Lattices » ouvrage important, publié en 1954 en collaboration de Kun Huang, son ami de l'Université de Pekin. Sur le plan académique, Born fut nommé professeur ordinaire à Berlin aux côtés de Max Planck et d'Albert Einstein (1915). Pendant la première guerre mondiale Born fit partie de la commission d'experts sur l'artillerie, et à la fin de la guerre, l'Université de Frankfurt Sur Main le nomma professeur pour succéder à Max Von Laue[1] (Prix Nobel en 1914). Son assistant Otto Stern sera lui aussi Prix Nobel de physique en 1943.

En 1921, Born fut nommé professeur à l'Université de Göttingen, foyer rayonnant qui devient le concurrent de l'Institut de Bohr à Copenhague.

---

[1] Laue, Max Von (1879-1960). Physicien allemand. Ses travaux portèrent sur la relativité, et surtout sur la découverte de la diffraction des rayons X par les cristaux (1912). Il reçut le Prix Nobel de physique en 1914 pour avoir démontré le caractère ondulatoire des rayons X et déterminer la structure des milieux cristallisés, ce qui donna une révolution dans le domaine de la chimie et de la physique du solide, de la minéralogie et de la structure des protéines. Fervent partisan de la théorie de la relativité d'Einstein, il rejoignit le groupe de physique théorique de Sommerfeld à Munich, enseigna à Zurich et à Francfort. Pendant l'ère nazie, Von Laue a eu une attitude courageuse qui fait de lui l'un des rares scientifiques de cette époque à ne pas « s'accommoder » du régime nazi.

Cette même année voit arriver dans la même université à Göttingen un jeune physicien qui portait encore les shorts kaki des mouvements de jeunesse allemands, il s'appelait Werner Heisenberg, fils d'un professeur de grec et de latin, il est devenu l'assistant de Born. Perturbé par la crise que traversait la mécanique quantique, il se met en quête d'un nouveau formalisme qui devait fournir les réflexions de base sur la « mécanique des matrices » tandis que Born fut à l'origine du développement mathématique et du formalisme de cette théorie. Visant une interprétation physique, Born établit non seulement l'interprétation statistique de la théorie des quanta, mais aussi le procédé d'approximation « bornérien » si utile en physique qui consiste à ne garder que le terme d'ordre le plus bas dans la constante de couplage.

L'importance de l'interprétation statistique de la théorie des quanta de Born se fit sentir au delà de la physique. L'interprétation des phénomènes qui surviennent dans la microcosme joue un rôle clé dans la théorie de la connaissance.

Les rapports Einstein – Born n'ont pas toujours été faciles et c'est normal. Einstein ne ménagea pas ses critiques à l'égard de la Mécanique quantique, et s'il fallait renoncer à la stricte causalité, confiait-il amicalement à Born, il préférait être « cordonnier ou même employé dans un casino » que physicien.

Le désaccord profond entre ces deux illustres physiciens n'a en rien entravé leur amitié exemplaire. Le 7 septembre 1944 Einstein écrivait lui-même à Born « Nos espérances scientifiques nous ont conduits chacun aux antipodes de l'autre. Tu crois au Dieu qui joue aux dés, et moi à la seule valeur des lois dans un univers où quelque chose existe objectivement, que je cherche à saisir d'une manière sauvagement spéculative [...]. Le grand succès de la théorie des quanta dès son début ne peut pas m'amener à croire à ce jeu de dés fondamental, bien que je sache que mes confrères plus jeunes voient là un effet de la fossilisation. On découvrira un jour laquelle de ces deux attitudes instinctives était la bonne. »

Et Born lui-même avoua que son âpre débat avec Einstein était un dialogue de sourds « chacun partait d'un point de vue différent, qui lui paraissait tellement incontestable qu'il ne comprenait même pas celui de son adversaire ».

A Born qui s'affirmait « empiriste », c'est-à-dire que, pour lui, tout part des faits et l'on ne doit parler que d'eux, Einstein, lui réplique en s'affichant « spéculatif » – c'est-à-dire que, pour lui, la théorie est une construction abstraite qui ne sort pas logiquement des faits, qui est inventée par la pensée, et seulement ensuite confrontée aux faits. Le débat sur la mécanique quantique est inséparable chez Einstein, de ses conceptions épistémologiques et philosophiques. Il écrit à Born le 15 septembre 1950 : « Tu es convaincu qu'il n'existe pas de lois (complètes) pour une description complète, conformément au principe positiviste *Esse est percipi* (Etre, c'est être perçu). Or c'est là un programme, pas de la science. C'est là que se trouve la différence fondamentale entre nos positions. »

Les travaux de Born en optique ont occupé une grande partie de sa vie. En 1933, il publia son manuel sur l'optique. Peu de temps après, les nazis supprimèrent ses publications, mais le livre fut copié et réimprimé aux U.S.A.

En 1956, Born publia avec son ami Emil Wolf « Principles of optics » qui est encore considéré comme l'ouvrage de référence en la matière.

Les contributions à la physique des cristallins, l'établissement de la mécanique des matrices, l'interprétation statistique de la théorie des quanta et le procédé d'approximation de la mécanique des quantas qualifient Born au plus haut niveau parmi les scientifiques de son époque. Néanmoins, le 25 avril 1933, Born fut suspendu de toutes ses fonctions à l'Université de Göttingen. En compagnie de sa femme Hedwig Ehrenberg avec laquelle il avait trois enfants, il quitta l'Allemagne nazie et s'exila en Suisse, puis en Angleterre. A Cambridge il obtint la « stokes Lectureship » en mathématiques appliquées. Ce fut un poste très modeste par rapport à sa position à Göttingen.

En collaboration avec Léopold Infeld il fit des recherches sur l'électrodynamique non-linéaire et établit la théorie Born-Infeld.

En été 1935, Born fut professeur invité pendant un semestre à l'Indian Insitute of Science à Bangalore, et en octobre 1936, Born fut engagé comme professeur de philosophie naturelle à l'Université d'Edimburg où il restera jusqu'en 1953.

A Edimburg, Born a parmi ses étudiants deux jeunes qui se distingueront en physique : Klaus Fuchs et H.S. Green. C'est en collaboration de ce dernier que Born publia un ouvrage intitulé « A general Kinetic Theory of liquids » qui résume ses travaux sur la mécanique statistique des systèmes condensés.

En 1953, à l'âge de 71 ans, Born prit sa retraite et retourna en Allemagne, à Bad Pyrmont, près de Göttingen. Contrairement aux autres grands de la Mécanique quantique, de Broglie, Schrödinger, Heisenberg, etc. qui ont reçu leur Prix Nobel de physique presque aussitôt après la publication de leur œuvre principale, Born, lui, à dû attendre vingt-huit ans. Il reçut son Prix Nobel en 1954 en même temps que Walther Bothe. Ce sentiment d'injustice le poursuivra toute sa vie « La surprise et la joie furent d'autant plus grandes surtout que le Prix me fut attribué non pour le travail que j'avais effectué en collaboration avec Heisenberg et Jordan, mais pour l'interprétation statistique de la fonction d'onde de Schrödinger, que j'avais imaginée et développée seul ». L'origine de cette injustice dont il prétend être victime se trouve dans la polémique que Born déclencha parmi les physiciens de son époque sur les deux interprétations de la mécanique quantique. En renonçant aux principes de causalité il a bouleversé les règles du jeu, et comme cela arrive souvent il a payé le prix de ce dérangement.

La production scientifique de Born est impressionnante ; seul ou en collaboration avec ses élèves ou amis il a publié une vingtaine d'ouvrages et quelque trois cents articles. Ses travaux ont influencé de manière décisive la physique du XXe siècle.

Même après sa retraite, Born continua à publier des articles où il livre ses réflexions sur les problèmes physiques, philosophiques et éthiques.

Pacifiste convaincu, Born refusa catégoriquement de collaborer au développement de la bombe atomique.

Born a reçu des doctorats *honoris causa* de la plupart des prestigieuses universités européennes et a été honoré par plusieurs Académies des sciences d'Europe et d'Amérique. Il a été décoré de la Grande Médaille du Mérite et de l'Etoile de l'Ordre du Mérite par la République Fédérale Allemande en 1959.

Citoyen d'honneur de Göttingen en 1953, il finit sa vie dans cette ville en 1970 où on peut lire sur sa tombe l'équation qu'il considérait comme sa plus importante contribution à la science :

$$pq - qp = \frac{h}{2\Pi i}$$

EMILIO GINO SEGRÈ (1905-1984)
Lauréat du prix Nobel en 1959

On doit à Emilio Segrè des découvertes remarquables comme le technétium, premier des éléments artificiels (1937), l'astate (1940) et, plus tard, (1941) le plutonium 239 dont il démontre la fissibilité (comme l'uranium 235) et qui sera utilisé dans la première bombe atomique.

Dans le domaine des particules son nom est associé à la découverte de l'antiproton pour laquelle il partagea le Prix Nobel avec son ancien étudiant et collaborateur Owen Chamberlain[1].

Né à Tivoli, en Italie, le 1er février 1905 dans une famille de trois fils que donna Amelia Treves à Giuseppe Segrè industriel. Après des études secondaires à Tivoli il est diplômé du Lycée Mamiani à Rome en 1922. Il entreprend des études d'ingénieur à l'Université de Rome et en dernière année il se tourna vers la physique qui comptait dans ses talents un brillant et talentueux physicien, Enrico Fermi, qui venait de s'installer à Rome et qui forma un groupe devenu célèbre où on retrouve des noms illustres comme de Majorana, Amaldi et Segrè. Segrè est le premier doctorant de Fermi. Il présenta sa thèse en 1928 : c'est une recherche en spectroscopie du lithium. L'année suivante il fera une année de service militaire en Italie et retourna à Rome comme maître assistant à l'Université. De 1930 à 1932, Segrè fera une tournée dans les laboratoires européens. Il visitera celui de Hambourg où il travailla sous la direction de Otto Stern et ira collaborer avec Pieter Zeeman à Amsterdam. En 1934, Segrè

[1] Chamberlain, Owen (1920-). Physicien américain, il réalisa avec Segrè, la production de l'antiproton qui lui valut le Prix Nobel en 1959. Il poursuivit l'étude des antiparticules et de leurs interactions avec la matière.

se trouve au Laboratoire de Cavendish en compagnie d'Edoardo Amaldi.

Fermi qui était un grand visionnaire orienta les recherches de son groupe de Rome vers le noyau et ses constituants en particulier les neutrons. Les résultats des travaux effectués à Rome sur les neutrons intéressèrent vivement Rutherford. Segrè avait un grand respect pour cet homme et trouvait qu'il avait la chance de l'avoir comme directeur de recherches au laboratoire de Cavendish. Segrè se souvient des cours de Rutheford qui ne brillaient pas par leur clarté et du mépris que celui-ci affichait à l'égard des philosophes. Cette attitude de Rutherford dérangeait Segrè qui avait une grande admiration pour cet homme « dont l'intuition l'habitait constamment dans ses expériences » et qui détestait les honneurs. Une anecdote illustre le caractère de celui-ci : lorsque Rutherford fut élu président de la Royal Society il télégraphia à sa mère âgée de presque nonante ans et qui vivait en Nouvelle-Zélande pour lui annoncer « un honneur plus pour vous que pour moi ».

Mais Segrè avait une raison supplémentaire d'admirer Rutherford. Lorsque les nazis chassèrent les savants juifs d'Allemagne un Conseil d'Entraide Universitaire fut constitué en Angleterre et Rutherford en devint président. Après la découverte en 1934 de la radioactivité artificielle Fermi et son groupe se consacrent exclusivement à ce domaine et Fermi qui avait déjà une réputation internationale fit de Rome un centre mondialement connu aussi bien en physique expérimentale qu'en physique théorique.

Pour travailler efficacement sur la radioactivité artificielle, Fermi et son équipe utilisèrent les neutrons comme projectiles. Sur 60 éléments examinés, une quarantaine pouvaient être activés par des neutrons.

En 1934 Segrè et ses collègues irradièrent l'élément le plus lourd connu à cette époque, l'uranium, et trouvèrent plusieurs corps radioactifs. Ils montrèrent qu'aucune des sources de la radioactivité produite dans l'uranium ne pouvait être identifiée à un élément dont Z serait supérieur à celui du plomb. Leurs expériences furent répétées à Paris et à Berlin et confirmèrent la plupart des résultats.

Le 22 octobre 1934 le groupe de Segrè vérifia l'hypothèse selon laquelle les neutrons lents qui avaient été filtrés à travers de la paraffine étaient beaucoup plus efficaces pour produire certaines réactions nucléaires, que les neutrons rapides qui, eux, sortaient, directement de la source radon et béryllium. Cette propriété a été mise à profit dans la technologie des réacteurs nucléaires dans le contrôle du flux de neutrons.

A la suite de ce qui se préparait en Europe et écœuré par la situation créée par les fascistes, il obtient une chaire (1936) à Palerme, en Sicile. Pontecorvo rejoignit Joliot à Paris et toute l'équipe va bientôt se disperser à la suite de l'Axe Rome-Berlin et de la promulgation des lois antisémites en Italie. Fermi ne retournera plus jamais en Italie. Il fuit le régime fasciste et après la remise du Prix Nobel en 1938, à Stockholm, il ne rentra pas en Italie et rejoint l'Université Columbia.

Fermi détestait les fascistes mais ceux-ci essayèrent par tous les moyens de le rapprocher de leur régime. Mussolini lui conféra le titre d'« Excellence ». Fermi qui avait beaucoup d'humour raconta qu'il fut invité à une séance de l'Académie des sciences qui se tenait au Palais de Venise et où Mussolini devait prendre la parole. Arrivé dans sa petite Fiat les autres invités arrivèrent dans des limousines luxueuses avec chauffeur en uniforme. A l'entrée du Palais fortement gardé, deux carabiniers armés avancèrent vers lui et lui demandèrent « Que faites-vous ici ? » Il répondit « Je suis le chauffeur de son Excellence Signor Enrico Fermi ! ». Les deux gardes lui donnèrent l'ordre de ranger sa voiture « Parquez ici et attendez votre maître ». La même année où Fermi quitta l'Italie, Emilio Segrè décida de s'installer en Californie où un poste lui fut offert à l'Université de Berkeley où il est resté jusqu'en 1972. A son retour à Rome le gouvernement italien créa une chaire de physique spécialement pour lui.

Segrè connaissait déjà Berkeley où il fit une visite en qualité de président du département de physique de l'Université de Palerme. Il rencontra Ernest Orlando Lawrence qui était fier de son cyclotron. Les deux savants discutèrent des éléments manquants dans la classification des éléments qui s'arrêtait à 92 (l'uranium).

Il manquait ceux dont le numéro atomique (Z) était 43-61-72-85-87 et 91. Les éléments 43-61 et 85 furent créés artificiellement par bombardement nucléaire. L'élément 43 avait été connu dès les années 1920 par les chimistes Walter Noddack et Ida Tacke mais l'existence n'était pas confirmée.

Allant dans le sens de Fermi, Segré décida de bombarder du molybdène avec des deutérons (noyaux d'hydrogène ayant un proton et un neutron) et obtint le premier nouvel élément créé artificiellement dans l'histoire de la science. Segrè lui donna le nom de Technetium (du mot grec teknetos qui veut dire « artificiel ») dont Z = 43. Cet élément découvert en 1937 par Segrè avec la collaboration de Carlo Perrier va ouvrir la voie à de nouveaux éléments.

Installé en 1938 à l'Université de Berkeley, Emilio Segrè poursuivit ses recherches. Il était convaincu de la nécessité de découvrir l'élément qui lui manquait. Il bombarda du polonium (Z = 84) comme il l'a fait pour le molybdène et confirma ainsi l'existence de l'élément 85 qu'il baptisa l' »Astatine » (du mot grec « astatos » qui signifie « instable ») puisque cet élément était radioactif sans isotopes stables. Cette découverte fut faite en 1940 avec la collaboration de Dale Corson et Kenneth Mackenzie. En décembre de la même année Segrè rendit visite à Fermi qui se trouve à Columbia University à New York pour l'utilisation du plutonium 239 à la place de l'uranium 235 dans la fabrication de la bombe atomique.

Segrè poursuivait ses recherche à Berkeley sur la physique des neutrons et sur la radioactivité artificielle et découvre un nouvel élément dont Z = 94 c'est le plutonium. Au début 1941 Segrè et son équipe préparèrent 1 micro-gramme de ^{239}Pu grâce au cyclotron de Berkeley et démontrèrent qu'on peut l'utiliser comme combustible nucléaire. Avec Chamberlain et Wiegand, alors étudiants, Segrè étudia la fission spontanée du ^{239}Pu. Il s'aperçut que le plutonium 239, issu de l'uranium naturel, qui restait un certain temps dans le réacteur absorbait un nombre croissant de neutrons et se transformait en plutonium 240, dont le taux de fission spontanée élevé représentait pour une bombe une menace d'explosion anticipée. Le système de déclenchement de la bombe fut reconsidéré.

On doit également à Segrè le premier exemplaire de l'étude du diagramme (N, Z) établit à Los Alamos à la fin de la Seconde Guerre Mondiale et qui permet de découvrir un certain nombre de propriétés des éléments. Tous ces travaux vont permettre à Segrè de jouer un rôle important dans le développement de la bombe atomique, en 1943, dans le cadre du Projet Manhattan à Los Alamos.

Une autre découverte importante de Segrè fut l'antiproton. L'existence d'antiparticules avait été établie théoriquement par le fameux physicien anglais Paul Adrien Maurice Dirac qui travaillait sur l'électron au point de vue quantique. La preuve expérimentale fut donnée en 1932 par le physicien américain Carl D. Anderson qui étudiait les électrons du rayonnement cosmique dans des champs magnétiques intenses et trouva des électrons chargés positivement, ceux-là même prévus par la théorie de Dirac (connus sous le nom de trous de Dirac) et que l'on appela les positrons.

La découverte des positrons souleva la question suivante : « existe-t-il aussi des antiprotons ? » c'est-à-dire des particules ayant la même masse mais de charge opposée.

A Berkeley le bévatron pouvait accélérer des protons jusqu'à 6.Gev d'énergie (1955). On pouvait donc mener les expériences dont l'énergie minimum nécessaire était de 2 Gev pour la production d'une paire éventuelle proton-antiproton.

Segrè, Chamberlain et leurs collègues observèrent cette production établissant ainsi l'existence possible d'antimatière dans l'univers ouvrant ainsi une voie royale dans la recherche en physique des particules.

Marié une première fois en 1936 à Elfriede Spiro avec laquelle il a eu trois enfants, Claudio, Amelia et Fausta. Il s'est remarié après le décès de sa première épouse (1970) avec Rosa Mins (1972). Naturalisé américain en 1944, Emilio Gino Segrè est docteur *honoris causa* de plusieurs universités européennes et américaines, ainsi que de l'Université de Tel-Aviv. Son amour pour le peuple juif et Israël ne s'est jamais démenti. Il est également lauréat de la Médaille de la Société allemande de chimie (1954) et de la Médaille de l'Accademia Nazionale de Lincei (1956). Segrè a également été très actif dans le projet Manhattan où il était chef de groupe dans le laboratoire de Los Alamos (1943-1946). Il est l'auteur d'un ouvrage publié en 1964 et intitulé *Nuclei and Particles.* Segrè a également publié en 1970 la biographie de Fermi qu'il a connu et avec lequel il a travaillé de nombreuses années ; elle est devenue un classique chez les physiciens. Il dirigea la publication d'un ouvrage en trois volumes *Expérimental Nuclear Physics* et fut rédacteur en chef de la revue *Annuals Reviews of Nuclear Physics* de 1952 à 1977.

A la fin de sa vie professionnelle Segrè s'est intéressé à l'histoire des sciences et au statut de la science. Il donna de nombreuses conférences qui furent résumées dans un ouvrage intitulé *Personaggi e scoperte* (Personnages et découvertes) publié en Italie en 1976 et qui fut traduit aux Etats-Unis et en France (*Des rayons X aux quarks* Ed. Le Seuil, Paris) suivi huit ans plus tard d'un autre livre retraçant l'histoire de la physique depuis Galiée jusqu'à la fin du XIXe siècle.

C'est en Californie, à la Fayette, qu'il décède le 22 avril 1989, à l'âge de 84 ans.

DONALD A. GLASER (1926-)
Lauréat du prix Nobel en 1960

Donald Arthur Glaser est né le 21 septembre 1926 à Cleveland, dans l'Etat de l'Ohio, fils de William J. Glaser, un homme d'affaires et Lena Glaser qui ont émigré de Russie pour les Etats-Unis.

Après avoir suivi les écoles publiques primaires et secondaires de Cleveland il obtint son B.S. (Bachelor of sciences) en physique et mathématique à l'Institut de Technologie de la même ville. Quatre ans plus tard il reçoit son doctorat à Caltech (California Institute of Technology).
Il commença sa carrière dans l'enseignement et la recherche à l'Université de Michigan en 1949. Ses premières expériences portent sur les chambres à bulles pour lesquelles il manifesta un certain intérêt dès 1950.

Seaborg[1] impressionné par les talents du jeune Glaser voit déjà en lui un futur Prix Nobel. Il l'engagea à l'Université de Berkeley en 1959 où il s'occupa de plusieurs problèmes de la physique de hautes énergies avant de s'intéresser à la microbiologie, et à la biologie moléculaire.

Sa principale découverte est *la chambre à bulles.* Son fonctionnement est fondé sur un principe relativement simple : les ions produits par le passage d'une particule dans un liquide surchauffé sont soumis à des forces de répulsion électrostatiques mutuelles et leur mouvement le long du parcours de la particule provoque l'apparition de petites cavités appelées « *noyaux bulles* ».

---

[1] Seaborg, Glenn Théodore (1912-). Chimiste américain, spécialiste de microchimie, il a découvert, en 1941, avec Mc Millan, le plutonium ainsi que d'autres éléments (americium, berkélium, californium). Il établit l'existence de la famille du neptunium et eut le Prix Nobel de chimie, en 1951, qu'il partagea avec Mc Millan.

La chambre à brouillard fut inventée par C.T.R. Wilson[1] qui reçut le Prix Nobel en 1927. En 1910, celle-ci consistait en un cylindre fermé par un piston qui contient un mélange de gaz et de vapeur d'eau ou d'alcool, une détente brusque du piston refroidit l'air et la vapeur d'eau qui se trouve alors dans un état de sursaturation. Les particules chargées laissent dans leurs trajectoires des ions qui constituent des points de condensation et on voit apparaître des fines gouttelettes, on peut ainsi rendre visible la trajectoire des particules en les photographiant, c'est le même phénomène qu'on observe lorsqu'un avion vole à haute altitude et que sa trajectoire se trouve matérialisée par la condensation de vapeur d'eau sur les ions des gaz d'échappement des moteurs.

La chambre de Wilson ne peut pas être utilisée pour des particules de grandes énergies, car la densité du gaz qui la remplit est trop faible pour que son pouvoir d'arrêt soit important. Les particules traversaient ainsi la vapeur d'eau sans laisser de trace.

Glaser eut l'idée de remplacer le gaz de la chambre de Wilson par un liquide augmentant ainsi la densité d'un facteur mille. Il semble que c'est en réfléchissant aux bulles qui se formaient dans une bouteille de bière dont la pression baissait subitement dès qu'elle est décapsulée qu'il eut l'idée de *la chambre à bulles.* Il utilisait un liquide à son point d'ébullition et observait les bulles formées autour des ions lorsqu'on abaissait brusquement la pression et que le liquide était ainsi amené au dessus de son point d'ébullition. Les premiers essais effectués par Glaser se faisaient à l'aide de petites chambres remplies d'éther diéthylénique, puis d'autres liquides. Il utilisa l'hydrogène liquide, le Xénon.

Glaser ouvrit la voie et se tourna vers la biologie. Il appartiendra à Louis Alvarez (Prix Nobel de physique en 1968) homme d'une grande imagination, convaincu des immenses possibilités ainsi offertes par les travaux de Glaser, de décider de construire une chambre à bulles dont le

---

[1] Wilson, Charles Thomson Rees (1869-1959). Physicien britannique, il fut l'élève de Thomson à Cambridge où il fut nommé professeur en 1925. Il est l'inventeur de la chambre qui porte son nom.

volume était de l'ordre du m^3 (alors que les premières chambres à bulles avaient un volume de quelques cm^3) et qu'il remplit d'hydrogène liquide, le rôle cible de l'hydrogène (le seul noyau avec une seule particule : le proton). Si la cible doit être un neutron, on utilise le deutérium à la place de l'hydrogène en synchronisant la chambre avec les paquets des particules fournies par l'accélérateur.

La découverte de Glaser fut capitale ; c'est elle qui a permit d'observer les trajectoires courtes de particules qui se désintègrent en une fraction de seconde. Steinberg (Prix Nobel en 1927) qui fut le premier physicien à utiliser la chambre à bulles a découvert à l'aide de cet instrument la particule sigma neutre.

L'utilisation d'un champ magnétique qui courbe la trajectoire permet d'avoir des renseignements supplémentaires sur la particule.

Aujourd'hui on construit des chambres à bulles de plusieurs mètres de diamètre, contenant des m^3 d'hydrogène liquide et coûtant plusieurs millions de dollars.

Donald A. Glaser reçut le Prix Nobel de physique en 1960 pour cette découverte. Avant de se rendre à Stockholm pour recevoir son Prix, il épousa Ruth Bounie Thompson étudiante qui travaillait au Lawrence Radiation Laboratory. Ils eurent deux enfants et divorcèrent quelques années plus tard.

Glaser était autant passionné par la musique que par la physique. A l'âge de seize ans il était membre de l'Orchestre symphonique de Cleveland. C'était également un amoureux de la montagne et un grand sportif.

Robert Hofstadter (1915-1990)
Lauréat du prix Nobel en 1961

Les travaux de Robert Hofstadter ont permis une excellente description du noyau atomique et la mise en évidence de la distribution de la charge à l'intérieur des noyaux d'hydrogène et des noyaux plus lourds.

Robert Hofstadter est né à New York City le 5 février 1915, il est le troisième des quatre enfants de Louis Hofstadter, un vendeur, et de Henrietta Koenigsberg.

Après des études primaires et secondaires dans des écoles publiques de New York il entra au *City College* de New York (aujourd'hui connu sous le nom de *City University*) pour des études de physique et reçut son B.S. (Bachelor of sciences) en 1935 avec la mention « magna cum laude ». Il reçut également le Prix Kenyon de mathématique et de physique. Bien décidé à poursuivre des études de physique il part à l'Université de Princeton pour préparer un Mastère et plus tard un doctorat qu'il obtint en 1938 qui avait pour objet l'étude de la spectroscopie de molécules organiques simples, en particulier, la structure de ce qu'on appelle « bande d'hydrogène ». Durant l'année académique 1938-1939 il mena des recherches sur la luminescence de l'état solide et sur la photoconductivité des cristaux, grâce à une bourse décernée par la compagnie Procter.

En automne 1939, Hofstadter est à l'Université de Pennsylvanie où il participe à la construction d'un générateur Van de Graff aux dimensions géantes. C'est ici que son intérêt pour les détecteurs en physique nucléaire a commencé à se manifester. Il se lia d'amitié avec Schiff qui sera son collègue pendant de nombreuses années.

Pendant les années de la Seconde Guerre mondiale Hofstadter trouva un poste de recherche en physique au National Bureau of Standards à Washington DC, où il collabora aux travaux de Van Allen. Après une année il rejoint le Norden Laboratory Corporation (industrie aérospatiale) où il resta trois années.

En 1946, Hofstadter retourna à Princeton pour retrouver ses premières amours : les détecteurs de particules et des recherches en physique nucléaire. Deux ans plus tard il construit – ce qu'il considère comme sa plus grande découverte – le détecteur de rayons γ le plus utilisé au monde. Cette activité débuta avec le XXe siècle où on utilisait (1908) des écrans de SZn pour détecter les particules . Vers le milieu du siècle (1947) la physique du solide permettait d'utiliser d'autres matériaux. Kallman utilisa (1947) des matériaux organiques tels l'anthracène. En 1948, Hofstadter introduisit l'iodure de sodium activé au thallium (NaI-TI). Lorsque le rayonnement passe à travers ce type de scintillateur il émet une lumière dont l'intensité est caractéristique du rayonnement original ce qui permit de réaliser la quasi-totalité de la spectrométrie des noyaux. Les applications furent nombreuses en médecine, en biologie et en géologie.

En 1950, Hofstadter quitta Princeton pour l'Université de Stanford où il fut nommé professeur associé de physique. A Stanford il s'intéressa à la diffusion des électrons. En particulier la diffusion d'électrons dans les noyaux d'Hydrogène et de divers autres atomes grâce à l'emploi d'un accélérateur linéaire à Stanford.

Pendant plus de trente ans ses recherches seront consacrées à l'étude du noyau et de ses constituants. Il montra que ces derniers n'étaient pas de simples particules, solides, indivisibles, mais qu'ils avaient une structure propre. En utilisant des puissants faisceaux d'électrons il bombarda des cibles en or, en plomb et en béryllium et mit ainsi en évidence la structure des noyaux en fonction de la diffraction du faisceau d'électrons. Il alla plus loin dans le même sens en explorant cette fois-ci la structure des protons et des neutrons et confirma ainsi la nature complexe des hadrons. Hofstadter montra que la charge du proton n'est pas ponctuelle ouvrant ainsi la voie aux recherches qui mèneront à l'existence des quarks à l'intérieur des protons. Il reçut le Prix Nobel (1961) pour ces travaux qu'il partage avec Rudolf Mössbauer[1].

A partir de 1968 il se dirigea vers l'étude de la spectroscopie des mésons au SLAC (Stanford Linear Accelerator Center) où il utilisa des faisceaux d'électrons et de positrons en collision. Il suggéra en 1970 l'utilisation de spectromètre de rayons X en astronomie que la NASA a introduit.

Hofstadter reçut plusieurs prix et médailles de diverses institutions, notamment la Médaille Harris (1962) de City College de New York, la Médaille Roentgen (1985), le Prix de la Fondation de la Culture en Italie (1986) et la National Science Medal (1986). Il est également docteur *honoris causa* de plusieurs universités dont celles de Padoue, Carleton University, et l'Université de Clermont-Fernand. Il a été désigné le scientifique de l'année de Californie en 1959 (California Scientist of the Year).

Hofstadter s'est marié le 9 mai 1942 avec Nancy Givan avec laquelle il a eu trois enfants : Douglas Richard, Laura James et Mary Hinda. Il est décédé le 17 novembre 1990 à Stanford, en Californie.

---

[1] Mössbauer, Rudolf (1929-). Physicien allemand, a découvert en 1958, le phénomène qui porte son nom : l'absorption et l'émission résonnante sans recul de rayons γ par certains noyaux atomiques engagés dans un solide et le rayonnement qui en résulte.

Il permet de préciser la structure des transitions nucléaires, c'est un effet très fin qui permet de mesurer des différences de fréquence extrêmement petites : une partie sur mille milliards dans le cas des énergies. Il partagea avec Robert Hofstadter le Prix Nobel de physique en 1961.

LEV DAVIDOVICH LANDAU (1908-1968)

Lauréat du prix Nobel en 1962

Rarement une vie fut si courte et en même temps si remplie. Lev Davidovich Landau peut être considéré comme le plus grand physicien théoricien soviétique et l'un des plus grands physiciens du XXe siècle. Il laisse derrière lui une œuvre remarquable à laquelle la physique du XXe siècle doit beaucoup. Il a inauguré les domaines du diamagnétisme et de l'antiferromagnétisme. Ses travaux sur l'hélium, la superfluidité et la supraconductivité font autorité. Il a laissé comme héritage aux étudiants et physiciens du monde entier son traité moderne de physique en sept volumes considéré comme un « classique » de la physique théorique. Landau est né à Bakou, au bord de la mer Caspienne (Azerbaijan), centre pétrolier par excellence, le 22 janvier 1908. Son père est ingénieur dans une grande compagnie pétrolière et sa mère est physiologiste et médecin.

Enfant prodige, il s'initie aux mathématiques les plus subtiles à 12 ans, et à 14 ans il est déjà immatriculé à l'Université de Bakou où il est étudiant dans deux facultés : physique mathématique et chimie. Après un séjour d'une année il trouve le niveau des études assez moyen et part en 1924 à Petrograd (Leningrad) où l'université a une excellente réputation pour les études scientifiques en général et pour la physique en particulier. On y trouve des futurs talents de la physique, entre autres Gamov, Bronstein et Ivanenko.

Il n'a pas encore 19 ans qu'il publie son premier article scientifique consacré à la mécanique quantique, un domaine encore nouveau en physique.

En 1928, il est diplômé de l'Université de Leningrad et obtient une bourse d'études pour préparer une thèse à l'Institut de physique et de technologie de Leningrad. Il publie un second article connu sous le nom de la densité matricielle, en même temps que Felix Bloch. Vers 1930 il effectue un voyage en Europe pour se perfectionner et compléter sa formation. En Allemagne il rencontre Einstein, à Zurich il travaille avec Pauli, en Angleterre il est reçu par Dirac et à Copenhague c'est Bohr qui l'accueille. Ce dernier dira de Landau « Il avait un talent exceptionnel pour aller aux racines des problèmes et avait une vue complète de tous les aspects d'une situation... ». Au fameux séminaire de Bohr à Copenhague, Landau est très actif et se fait vite apprécier et publie en 1930 avec Peierls des articles sur l'électrodynamique quantique. A Cambridge il publie un important travail sur la théorie des métaux. Son séjour en Europe est fructueux. Après son ouvrage très bien accueilli par la communauté scientifique *Le Diamagnétisme du gaz électronique*, il est coauteur avec Pauli d'un ouvrage « *Principes de la mécanique quantique relativiste* ».

Après son retour dans son pays il trouve Joffé, directeur de l'Institut de physique un peu dictateur dans ses méthodes de gestion. Il quitte Leningrad pour Kharkov, un centre rayonnant en Ukraine, surtout dans le domaine de la physique nucléaire. Nommé professeur, il occupe la chaire de physique théorique à l'Université qui attire des physiciens du monde entier. La *Physikalische Zeitschrift der Soviet Union* y voit le jour.

C'est à Kharkov que Landau créa ce que l'on appelle « La barrière de Landau » qui est une batterie de tests que tout physicien théoricien devait connaître. De son vivant on n'y compta qu'une quarantaine de physiciens qui avaient « réussi » cette barrière. En 1934, Landau est reçu docteur ès sciences physiques et mathématiques sans examen et sans devoir défendre sa thèse, fait tout à fait exceptionnel. C'était dans l'esprit de Landau. Son disciple et fidèle ami Evgenij Lifshitz disait toujours de lui « Dans toute idée mise sur le papier c'était avec mon stylo mais l'idée était de Landau ». L'année 1935 voit un nombre de travaux importants de Landau. Il est le premier à introduire l'antiferromagnétisme comme une phase spéciale du magnétisme. Il travaille sur la supraconductivité, introduit la tension de surface entre phases normales et supraconductrices. Il publie deux ouvrages sur la théorie des transitions de phase de deuxième espèce. Aujourd'hui cette théorie porte son nom. Elle a servi de point de départ au développement de la théorie macroscopique de la supraconductivité (avec Guinsbourg en 1950). L'équation connue « Guinsbourg-Landau » a suscité d'importants travaux sur les équations non linéaires.

Landau quitta Kharkov pour Moscou où plusieurs jeunes talents vont le suivre à l'Institut créé spécialement pour Kapitza qui avait tout à disposition pour faire de la bonne recherche.

En février 1937, Kapitza reçut une demande de Landau, c'est probablement la plus courte demande pour un emploi « je vous prie de m'accepter dans votre Institut comme collaborateur scientifique » 08/02/1937.

Kapitza n'a pas hésité un instant pour engager Landau dont-il connaissait la valeur scientifique. Landau y restera jusqu'à la fin de sa vie (1968).

La même année, il épousa Kora Dobrantséva (ou Drobanezna) qu'il avait connue à Kharkov et dont-il a eu un fils, en 1946, futur chercheur en chimie (Igor Landau).

A peine arrivé à Moscou, Landau s'attaque avec une efficacité exemplaire à plusieurs problèmes importants en physique : les transitions de phase, la théorie en cascade des électrons et surtout la théorie de la superfluidité de l'hélium II (1941-1944) émise par Kapitza en 1937. Ses travaux ont eu une répercussion très grande dans le domaine de la physique de la matière condensée.

Quelques années plus tard (1956-1958) Landau établira une théorie des liquides quantiques de Fermi, base de sa future théorie de l'hélium III liquide. On lui doit également des travaux sur la conservation de la parité CP. Ses recherches sur l'hélium liquides, les isotopes, ^{4}He et ^{3}He, ont permis de nombreuses expériences à travers les laboratoires du monde entier.

Ses travaux sur la théorie des champs (mécanique quantique relativiste), ses fameux diagrammes « *diagrammes de Landau* » datent des années cinquante.

Pendant la Seconde Guerre mondiale, Landau à participé activement à l'effort de guerre soviétique mais nous ignorons encore quelles ont été ses activités pendant cette période.

A la fin de la guerre il s'attaquera à d'autres problèmes de physique comme la théorie des plasmas qui trouva son application dans le contrôle des réactions thermonucléaires.

Lev Landau est également l'auteur d'une série de découvertes dans le développement des rayons cosmiques, de la diffusion proton-proton.

Enfin dans le domaine de l'enseignement Lev Landau restera dans l'histoire de la physique comme l'auteur d'un cours de physique théorique, ouvrage qu'il a commencé en 1938 avec la collaboration de E. Lifshits, publié en sept volumes et traduit en plusieurs langues (anglais, français, allemand, italien, polonais, japonais et chinois). Après son accident fatal (où Landau fut grièvement blessé dans un accident de voiture le 7 janvier 1962) trois autres volumes publiés sous la direction de Lifshits viendront compléter cet ouvrage plusieurs fois réédité.

Ce tragique accident va laisser Lev Landau dans le coma pendant six semaines. Les plus grands spécialistes en neurochirurgie du monde entier s'associent à leurs collègues soviétiques pour le sauver. Ils viennent de l'Est et de l'Ouest. Avec plus de vingt ans de retard, le Prix Nobel lui sera attribué en 1962 pour les travaux qu'il avait faits. Son accident ne lui a pas permis de le recevoir comme c'est la règle à Stockholm. Il délèguera sa femme et son fils à la réception du Prix. Il le recevra des mains de l'ambassadeur de Suède à Moscou. Sa vie est sauvée mais le monde a déjà perdu l'un de ses plus éminents savants. Sa santé n'ayant cessé de se dégrader après cet accident, une nouvelle opération est tentée, et Landau mourut le 1er avril 1968.

La carrière scientifique de Landau fut subitement suspendue. Les autorités soviétiques de l'époque firent arrêter Landau et le jetèrent en prison sous prétexte qu'il fut un espion au profit de l'Allemagne occidentale. En fait il s'agissait de luttes internes du parti communiste soviétique dont Landau a fait les frais. L'intervention de Niels Bohr et Piotr Kapitza auprès de Staline qui mesura l'effet catastrophique

que cela représentait pour la science, permit la libération de Landau quelques mois plus tard. Il n'a jamais été membre du parti communiste et a refusé de signer des pétitions quel que fût la nature ou le sujet. Après la guerre il n'a pas pu voyager à l'étranger, même pas dans les pays de l'Est, probablement pour éviter de donner prétexte au régime en place. Landau affichait toujours ses idées libérales et progressistes. Il était partisan d'une ouverture aux idées et au monde extérieur. Il n'était pas seulement le grand savant qui a marqué son siècle mais également un professeur qui a marqué des générations d'étudiants par son style, son talent, son côté chaleureux et proche de ses étudiants, sa disponibilité et sa façon d'être soi-même avec tout le monde de la même manière. Un comportement naturel et authentique, avec une intégrité intellectuelle exemplaire. Sur le plan religieux, Landau engagea de grands débats avec James Franck sur la religion et sa place dans la société. Il ne comprenait pas comment peut-on être à la fois scientifique et religieux. Cette pseudo-incompatibilité ne gênait nullement Franck mais dérangeait quelque peu Landau.

Landau fut membre de plusieurs prestigieuses académies ou sociétés savantes. Mentionnons quelques unes : la British physical Society (1959) et la Royal Society de Londres (1960), la U.S. National Academy of science et l'American Academy of Arts and Sciences, ainsi que la Société française de physique. Il fut docteur *honoris causa* des académies des sciences du Danemark, des Pays-Bas, des Etats-Unis. Il reçut également le prix Fritz London (Etats-Unis) en 1961 pour ses recherches sur les basses températures. La même année l'Allemagne occidentale lui décerna la médaille Max Planck.

Landau était membre titulaire de l'Académie des sciences de l'U.R.S.S. (depuis 1946). Il a reçu le prix d'Etat de l'Union Soviétique pour les années 1946, 1949 et 1953. En 1962, le prix Lénine lui fut attribué qu'il partagea avec Lifshits pour leur célèbre ouvrage. Il a été cité deux fois Héros du travail socialiste et deux fois Chevalier de l'Ordre de Lénine. Ses travaux très poussés dans les domaines les plus complexes et les plus difficiles de la physique lui ont valu le prix Nobel de Physique en 1962, (soit 16 ans avant son professeur Pyotr

Kapitza) « pour ses théories de pionnier sur la matière condensée, spécialement l'hélium liquide ». Landau a été également un excellent vulgarisateur de la science. A l'intention d'un grand public il publia deux ouvrages aussi captivants qu'intéressants traduits en plusieurs langues. « Qu'est-ce que la relativité ? » et « La Physique pour tous ».

EUGENE PAUL WIGNER (1902-1995)
Lauréat du prix Nobel en 1963

Nombreux sont les domaines de la physique où Eugene Paul Wigner a excellé. Ses contributions d'une importance fondamentale se trouvent en physique du solide, en physique mathématique, en mécanique quantique, en physique nucléaire, en physique des particules et dans d'autres champs de la physique. Son œuvre scientifique ne contient pas moins de cinq volumes, retraçant une longue vie (plus de 60 ans) au service de la science[1].

Wigner s'est également intéressé à tous les aspects de la science en interaction avec les problèmes philosophiques et épistémologiques et à ses rapports avec la société dans toutes ses composantes économique, politique et social.

D'origine juive, Eugene Paul Wigner est né en Hongrie, à Budapest, le 17 novembre 1902. Son père, Anthony Wigner et sa mère Elisabeth Wigner (née Eiborn) sont tous deux originaires d'une famille juive autrichienne. Anthony dirigeait une tannerie de cuir et Elisabeth était pianiste. Paul Wigner a deux sœurs, l'ainée Bertha, et la cadette Margit (qui rencontrera le fameux Dirac en 1934 et l'épousera en 1937).

Leur père, Anthony, s'est converti à l'église protestante luthérienne. Cette conversion est motivée par la haine viscérale manifestée par Anthony Wigner à l'égard des communistes et parmi ces derniers on compte un certain nombre de leaders qui sont juifs. C'est une époque dramatique pour la Hongrie. Anthony retourne à Vienne où il a encore quelques cousins, mais le climat politique s'est

---

[1] On trouvera à la bibliothèque du CERN tous les volumes concernant la vie et l'œuvre de Wigner. *The Collected Works of Eugene paul Wigner*, part A : The Scientific Papers ; part B : Historical, Philosophical, and Socio-Political Papers (Editeurs : A. par Arthur Wightman et B. par Jagdish Mehra).

détérioré. Après un bref séjour les Wigner retournent à Budapest.

Jusqu'à l'âge de dix ans, Eugene Paul Wigner reçoit une éducation à la maison qui lui est donnée par une gouvernante dévouée où la qualité de l'enseignement est excellente. C'est ici qu'il fera connaissance d'un autre génie, John von Neumann (1903 – 1957) déjà le meilleur de sa classe en mathématique.

En 1920, après avoir terminé ses études secondaires, Eugene Paul Wigner décide d'étudier la physique et la mathématique mais son père le dissuade : « Tu ne trouveras pas de travail, en physique, dans ce pays ».

Eugene Paul Wigner se dirige alors vers le diplôme d'ingénieur – chimiste à l'Université technique de Budapest. Après une année, il s'inscrit à Berlin « où les études en chimie sont meilleures ». Berlin semble lui offrir un environnement plus épanouissant pour ses études.

La *Technische Hochschule* de Berlin n'est pas très éloignée de l'Université où l'on peut rencontrer des noms prestigieux de la physique. Il y a là Einstein, Planck, von Laue, Nernst et d'autres encore. Wigner profite de cette ambiance pour suivre quelques cours en dehors de la chimie. Après son diplôme d'ingénieur – chimiste, il prépare une thèse de doctorat sur la formation et la désintégration des molécules sous la direction de Polanyi. Il obtient le titre de *docteur-ingénieur* en 1925.

A la même époque, un autre brillant physicien hongrois, Léo Szilard, demande à Einstein de donner un cours sur la mécanique statistique. Parmi les étudiants qui suivent ce cours se trouve Wigner qui est fasciné par Einstein : « Il avait des manières simples et encourageantes d'un ami davantage que d'un enseignant. Einstein m'invitait chez lui et nous ne discutions pas seulement de mécanique statistique, mais de tous les aspects de la physique et des questions sociales et politiques. Il écoutait attentivement... ».

Wigner lit beaucoup et tombe sur un article de Heisenberg sur la symétrie des atomes dans l'échange des électrons « article magnifique, mais mathématiquement pas très correct » dira –t-il.

En 1926, il quitte son travail d'ingénieur-chimiste et s'oriente vers la physique « plus intéressante que la chimie ». Invité à Berlin il est l'assistant du professeur Becker qui crée ce poste spécialement pour lui (le poste d'assistant n'existait pas encore). Là on lui pose un problème : comment se fait-il que dans un cristal les atomes sont souvent sur un axe de symétrie ou dans un plan de symétrie ? Wigner réfléchit au problème et se dit : « si on a un axe de symétrie, le potentiel a un maximum ou un minimum. Alors la probabilité que ce soit un minimum est grande ».

Il lit l'ouvrage classique de Heinrich Weber, *Lehrbuch der Algebra*, 3 vol. 1894, ce qui va lui donner des idées sur la théorie des groupes[1].

L'article de Heisenberg et la question de symétrie vont occuper son esprit. Il étudie les symétries dans le cas de trois électrons et réalise que le problème se compliquait avec quatre, cinq ou six électrons. Avec l'aide de von Neumann il publie un excellent article sur le spectre atomique et la symétrie de rotation (1928).

Après Berlin, Wigner est invité à Göttingen où il devient l'assistant de David Hilbert. Il retrouve Pascual Jordan, avec lequel il publie un important article concernant *le Principe d'exclusion* de Pauli, basé sur la théorie des groupes. Son séjour fut bref à Göttingen. Il est déçu de sa collaboration avec Hilbert qui a une santé fragile. Il retourne à Berlin où il est privat-docent à l'Ecole Polytechnique. De nombreux physiciens l'encouragent à écrire un ouvrage : *Théorie des groupes et ses applications à la mécanique quantique des atomes* (1931).

L'ouvrage de Wigner n'est pas le premier. Hermann Weyl (1885-1955) en avait déjà abordé ce sujet (1928), mais celui de Wigner trouve son application en physique, dans le cadre de la mécanique quantique du spectre atomique.

Toujours en 1928, Wigner rencontra un homme qui aura une grande influence sur lui, Edward Teller. Tous les quatre, Wigner, Szilard, von Neumann et Teller sont d'origine juive

---

[1] *Archives internationales d'histoire des sciences*, 1984, N° 34, p. 183.

et tous les quatre sont Hongrois, même génération : le plus âgé est Szilard (1898) et le plus jeune est Teller (1908).

La décennie 1920 – 1930 est bien remplie par Wigner.

C'est à Göttingen que Wigner établit la loi de la conservation de la parité. La parité décrit le comportement d'une grandeur par réflexion dans un miroir. Si la fonction d'onde est identique à elle-même après la réflexion, la parité est paire ; si elle prend une valeur opposée, la parité est impaire.

En 1930, il est invité comme professeur-associé à l'Université de Princeton avec un salaire de 500 dollars par mois, soit huit fois ce qu' il gagnait à Berlin. Il fut très étonné et crut d'abord à un télégramme envoyé par un de ses amis pour l'amuser mais ce n'était pas une fausse proposition. Von Neumann reçut la même proposition avec le même salaire. Wigner partagea sa vie entre Princeton et Berlin en passant un semestre dans chaque université, jusqu'à l'arrivée des nazis au pouvoir. Il reçut une lettre (1933) de l'Ecole Polytechnique de Berlin qui lui annonçait « vos relations avec l'Ecole Polytechnique sont terminées ».

Il venait de publier un article important en collaboration de F. Seitz sur la résolution du problème de la cohésion des métaux simples (*Approximation Wigner – Seitz*).

Il se réfugie a Princeton où il retrouve Eistein, Hermann Weyl et von Neumann.

La mécanique quantique est peu développée. Il fit venir ses parents qui après un bref séjour à Princeton, s'installent à New-York . « Ils n'ont jamais été heureux en Amérique ». Wigner lui-même confessera « Apres 60 ans en Amérique, je me sens encore plus Hongrois qu'Américain ».

A Princeton, Wigner n'a pas reçu la promotion qu'il espérait et quitte cette université pour occuper un poste offert à l'université du Wisconsin, à Madison. Il fit la connaissance d'une étudiante en physique qui suivait les cours de John van Vleck, Amelia Zipora Frank, originaire d'une famille juive plutôt traditionaliste. Ils se marièrent le 23 décembre 1936.Cet amour durera moins d'une année : une maladie incurable emportera la jeune femme le 16 août 1937.

A Madison, Wigner travaille surtout en physique nucléaire. Il propose un modèle de noyau fondé sur l'existence entre les nucléons d'une force indépendante de la charge et du spin (*Force de Wigner*). Il écrit un article sur la théorie des super-multiplets qui porte son nom.

Comme beaucoup d'autres physiciens de talent, Wigner se trouve embarqué dans le Projet Manhattan. Après son second mariage (1941) avec Annette Mary Wheeler, également physicienne et professeure au Collège Vassar de New York, Wigner et son épouse partent pour Chicago. Au Metallurgical Laboratory Wigner dirige une équipe d'une vingtaine de physiciens. Ses connaissances d'ingénieur – chimiste lui seront utiles.

A Chicago, les Wigner auront deux enfants. David né en 1942, mathématicien, qui a gardé peu de contact avec ses parents et qui s'est installé à Paris, et Martha née en1944, qui a créé une entreprise qui s'est bien développée. Contrairement au fils, la fille est restée très proche de ses parents. Les Wigner voyaient leur fille et ses enfants avec un immense plaisir.

Après Chicago, Wigner retourne à Princeton en septembre 1945 et reprend ses recherches avec force, en physique nucléaire où il a contribué à la résolution du problème de la réaction en chaîne.

Il travaille également sur la physique des particules élémentaires et étudie les problèmes de symétrie.

Eugene Paul Wigner inventa également une convention pour distinguer les baryons des autres particules, le « *nombre baryonique* » qui peut prendre trois valeurs : 1 pour les baryons, -1 pour les anti-baryons, et zéro pour les autres particules, leptons et bosons.

La loi de conservation du nombre baryonique dans toutes les réactions et désintégrations nucléaires est toujours vérifiée.

Plus tard, Wigner se retrouve au Clinton Laboratory, à Oak Ridge où il étudie les réactions nucléaires et travaille sur la mécanique quantique relativiste. Il s'intéresse également aux problèmes de sécurité.

Politiquement il était contre l'utilisation de la bombe atomique bien qu'il ait participé au Projet Manhattan. Aimant évoquer quelques souvenirs, Wigner raconte que le secret était la règle absolue dans la préparation de la bombe atomique. Tous ceux qui y travaillèrent devaient changer leur nom et leur prénom. Wigner s'appelait WAGNER et Fermi s'appelait FARMER. Lors d'un contrôle à un checkpoint un officier de la sécurité les arrête alors qu'ils étaient en voiture et demande à Wigner « votre nom ? » ce dernier répond : « Wigner, oh pardon ! Wagner » le garde le fixe dans les yeux et lui dit « vraiment c'est Wagner ? » Alors Fermi intervient avec un calme extraordinaire et lui répond : « si son nom n'est pas Wagner alors le mien n'est pas Farmer » et tout s'est bien passé.

Le test de la bombe eut lieu le 17 juillet 1945, à Alamogordo, soit trois semaines avant Hiroschima (6 Août 1945).

Wigner a été un personnage exceptionnel et sa vie a été encore plus exceptionnelle : il était engagé et impliqué dans toutes les composantes de la vie avec ses paradoxes. Né Juif, il rejette son judaïsme pour devenir Chrétien. N'ayant eu aucune « flamme » pour le christianisme il conserva son étincelle de judaïsme qui finira par se révéler et se réveiller en lui pendant les années noires de l'Europe. Américain il s'est toujours senti Européen. Marié trois fois, à chaque fois le bonheur n'a duré que quelques instants. Chimiste de formation il a fini comme l'un des meilleurs physiciens de sa génération. Pacifiste dans l'âme il a participé à l'effort de guerre en Amérique.

Il faut préciser que la vie n'a pas été tendre pour lui. Deux épouses qui décèdent jeunes : il s'est remarié une troisième fois en 1979 avec Eillen Hamilton, une veuve dont le mari était un ami et un collègue de Wigner. « A mon âge, disait-il, le mariage veut dire ne pas rester seul, trouver quelqu'un avec qui parler ».

Wigner a également subi le choc de deux suicides : le père qui mit fin à ses jours en 1949 et la mère qui n'a pu supporter le drame de son mari et qui a pris le même chemin.

Ce côté tragique de la vie l'a quelque part renforcé. Son œuvre scientifique a été monumentale. Doué d'une grande intelligence et travailleur infatigable. (Il a continué à travailler pendant encore une vingtaine d'années après avoir pris sa retraite de Princeton en 1971), il a laissé son nom à différentes formules ou méthodes en physique. On parle du coefficient *de Wigner, du théorème de Wigner – Eckart, Formule de Breit – Wigner, Méthode de Wigner – Seitz, Force de Wigner.*

Wigner a eu tous les honneurs qu'on pouvait lui rendre légitimement comme physicien. Le prix Nobel de physique en 1963 qu'il partagea avec Maria Goeppert-Mayer et J. Hans. D. Jensen lui fut attribué « pour sa contribution à la théorie atomique du noyau et des particules élémentaires, particulièrement à travers la découverte des principes de symétrie fondamentale ».

Ce prix lui permit de compter parmi les trente trois prix Nobel qui ont signé un appel au président Podgorny de l'ex – U.R.S.S pour qu'il permette à Andrei Sakharov de venir recevoir son prix Nobel de la paix à Stockholm.

En recevant son prix Nobel, Wigner déclara avec sa modestie « d'autres l'auraient mérité mieux que moi ». Il faudrait toute une page entière pour mentionner les nombreuses médailles qu'il a reçues, le nombre d'universités européennes et américaines qui lui ont décerné le titre de *docteur honoris-causa*, le nombre d'académies prestigieuses qui l'ont compté comme membre ordinaire ou honoraire.

Citons quelques unes : La médaille Max Planck (1961), la médaille nationale de la science (1969), la médaille Albert Einstein (1972), et la médaille Wigner créée spécialement pour lui par l'Université du Texas (Austin). Parmi les universités qui lui ont décerné un titre, il faut relever celles de Princeton, Wisconsin, Chicago, Washington, Pennsylvania, l'Université Notre Dame, Yeshiva University New York, Louvain, Rockefeller University et celle de l'Illinois.

Wigner est décédé à Princeton, le 1 janvier 1995, à l'âge de 92 ans.

Richard Feynman (1918-1988)
Lauréat du prix Nobel en 1965

Un mot qui convient le mieux à Feynman est celui de « génie ». Il fut le physicien le plus brillant, le plus influent et le plus iconoclaste des temps modernes. Très peu conformiste, personnalité originale à plusieurs égards, « un homme de spectacle », qui rayonnait aussi bien sur scène que devant ses équations. Figure scientifique légendaire, sa renommée et la richesse exceptionnelle de son œuvre tiennent non seulement à la nature de ses profondes contributions, à leur diversité mais au caractère exceptionnel de leur forme, à la conception particulière qu'avait Feynman de la physique. Il fut le maître incontesté du style intuitif, de la démarche heuristique, de cette inspiration « qui lui venait par éclairs » par opposition à la rigueur formelle, à la méthode axiomatique.

Feynman a brillé dans presque tous les domaines de la physique : de la superfluidité à la gravitation en passant par sa contribution fondatrice de l'électrodynamique quantique. Le Prix Nobel qui lui fut décerné aurait pu bien couronner au moins trois de ses travaux originaux. Il aurait pu le recevoir trois fois au moins : pour la superfluidité (l'étrange comportement de l'hélium), pour sa théorie de l'interaction faible, et pour sa théorie des « partons » (particules hypothétiques au sein du noyau de l'atome) qui ouvrirent la voie à la compréhension moderne des quarks. Architecte de la théorie quantique, jeune chef de groupe du projet Manhattan (fabrication de la bombe atomique) inventeur des diagrammes qui portent son nom et qui sont universellement admis. Ces diagrammes permettent de représenter l'évolution dans l'espace et dans le temps d'un processus physique dans lequel interviennent des particules. Ces diagrammes sont constitués par ce que l'on appelle des « propagateurs » représentant la trajectoire des particules, et des « vertex » représentant les événements ponctuels d'interaction. Feynman est le père de la *renormalisation* avec Julian Schwinger et Sin-Itiro Tomonaga[1].

En 1947 Lamb[2] et Retherford découvrirent un léger écart des niveaux d'énergie des électrons dans l'atome par rapport à ceux calculés d'après l'équation de Dirac. Bethe donna une interprétation de ce qu'on a appelé le « Lamb shift », Feynman, Schwinger et Tomonaga développèrent une procédure mathématique appelée *renormalisation* qui permet de gérer les infinis qui interviennent dans la théorie quantique des champs et d'expliquer ce « Lamb shift » que l'équation de Dirac qui contient des paramètres infinis dus au fait qu'un électron en mouvement émet un champ électromagnétique qui réintéragit avec son propre champ, n'expliquait pas. La *renormalisation* consiste à modifier les valeurs de référence pour éliminer les infinis.

Les diagrammes de Feynman ont rendu accessibles à un grand nombre de physiciens les calculs perturbatifs en théorie quantique des champs (développement en puissance de la constante de couplage).

Feynman ne fut pas seulement l'étoile qui a longtemps brillé dans le monde des physiciens mais aussi celui qui a le plus marqué plusieurs générations d'étudiants par ses talents de pédagogue et de conférencier hors pair. Son cours de physique pour le premier cycle universitaire est resté un grand classique. (Je me rappelle toujours, lorsque j'étais étudiant, de ce professeur qui nous disait au début de la

---

[1] Tomonaga, Sin-itiro (1906-1979). Physicien japonais et Prix Nobel de physique en 1965 qu'il partagea avec Feynman et Schwinger, il réussit à « renormaliser » la notion de charge et de masse à faible distance et réconcilier ainsi l'électromagnétisme classique avec la mécanique quantique.

Influencé par les travaux de Heisenberg et ancien assistant de Yukawa il publia en 1948 un article très remarqué « une formulation invariante et relativiste de la théorie quantique des champs ».

[2] Lamb W. Eugène (1913-). Physicien américain. Ses découvertes sur la structure fine du spectre de l'Hydrogène et de sa méthode de mesure de la fréquence des transitions atomiques ou moléculaires lui ont valu le Prix Nobel de physique en 1955. L'écart entre les deux sous-états de l'état fondamental de l'atome d'Hydrogène porte son nom « Lamb Shift ».

rentrée universitaire « achetez les livres que vous voulez mais ayez toujours dans votre bibliothèque le « *Cours de physique de Feynman* »). Feynman était également un excellent vulgarisateur. Il abordait les problèmes avec une clarté et une simplicité déconcertante. Dans ses conférences restées célèbres il abordait tous les sujets : la mécanique quantique, de la méthode scientifique, des relations entre science et religion, du rôle de la beauté particulièrement chez les femmes qui ont occupé une large place dans sa vie, de l'incertitude de nos connaissances. Il aimait dire que ce qui caractérise les bons scientifiques, c'est que, « quoi qu'ils fassent, ils ne sont pas aussi sûrs d'eux que la plupart des autres. Ils arrivent à vivre avec le doute installé en eux ; ils peuvent penser « peut-être... » et agir quand même, tout en sachant que ce n'est *que* « peut-être ».

Hors pair, Feynman l'est encore à un titre : seule sa conscience le guidait. Après avoir travaillé à Los Alamos et participé à la fabrication des armes nucléaires, il a refusé toute collaboration avec les autorités politiques et militaires. Son nom était banni au Pentagone. Sa ligne de conduite est restée la même jusqu'à la fin de sa vie. Ainsi en 1986 lorsqu'on l'appela à devenir membre de la commission d'enquête sur l'explosion de la navette spatiale *Challenger* il commença par repousser la bureaucratie pour découvrir les causes exactes du sinistre, la mauvaise étanchéité d'un joint défectueux. Il était l'ennemi de la convention, du charlatanisme et de l'hypocrisie.

Son côté naturel faisait qu'il avait une grande foi dans les vérités simples de la nature et était sceptique envers la sagesse officielle. Il était incapable de supporter la médiocrité tout en ayant une grande indulgence envers les médiocres.

Le témoignage d'un mathématicien de Cornell University illustre bien le génie de Feynman. Il disait à propos de Feynman « Il y a deux sortes de génies, les *ordinaires* et les *magiciens*. Pour les premiers, une fois que nous avons compris ce qu'ils ont fait, nous sommes certains que nous aurions pu en faire autant... Pour les seconds, même une fois qu'on a compris ce qu'ils ont fait, le processus par lequel ils y sont parvenus demeure complètement obscur... »

Qui était ce génie ? Feynman est né le 11 mai 1918 à New York City. Les grands-parents viennent de Minsk, en Biélorussie. Les parents de Feynman sont originaires de la grande banlieue de New-York, Far Rockaway, où le père de Richard, Melville Feynman, avait renoncé à un judaïsme orthodoxe au profit d'un paisible humanisme éthique qui convient mieux aux Américains de fraîche date dont tous les espoirs reposaient sur leurs enfants, même si le *Yiddish* était devenu une langue étrangère chez les Feynman. Ils se rendaient à la Synagogue et le jeune Richard suivit les cours d'instruction religieuse (« Bar-Mitzva ») et fit partie du groupe « *Chaâré Téfila* » (« Les portes de la prière ») qui organisait les activités postscolaires.

A Far Rockaway, les parents de Richard sont bien intégrés et participent activement à la vie juive de cette banlieue new-yorkaise fertile en futurs Prix Nobel, particulièrement en sciences. La religion demeure une constante dans l'éthique collective.

La mère de Richard, Lucille Feynman, fille d'un chapelier d'origine polonaise suivit des cours à l'Ethical Culture School, institution dont le message humaniste devait plus tard marquer un autre savant juif célèbre, J. Robert Oppenheimer, exerça une grande influence sur son fils en prenant une part active à la vie scolaire. Les principes sur lesquels elle éleva ses enfants étaient simples : être honnête, avoir des principes, étudier, mettre de l'argent de côté pour les temps difficiles et travailler dur. Ces principes étaient courants à cette époque où la vie était dure pour tout le monde. Après ses premières études, le jeune Richard posa sa candidature à plusieurs universités. Ses notes étaient excellentes en mathématique et physique, mais moins bonnes dans les autres disciplines.

Dans les années 30, le système universitaire américain avait établi des quotas limitant l'accès des Juifs à l'Université, et Richard dut payer une somme importante pour s'inscrire à l'examen d'entrée de Columbia University, dépense qu'il regretta longtemps après avoir été refusé. Mais le célèbre M.I.T. l'accepta. Feynman est heureux au M.I.T. où il rencontra trois des meilleurs physiciens américains. Sans perdre de temps il fournit un premier travail original sur la dispersion et deux ans plus tard il est le premier au concours *Putman*, le plus difficile et le plus prestigieux des Etats-Unis. L'Université de Harvard vient le chercher mais il refuse après avoir décidé d'aller à Princeton. En janvier 1939, le rectorat du M.I.T. avertit l'Université de Princeton « Feynman est le meilleur étudiant que nous ayons eu depuis 5 ans ».

Mais il se pose un autre problème qui n'a rien à voir avec la science mais dont l'origine relève de la pathologie antisémite : « Feynman est Juif... Nous n'avons rien contre les Juifs mais il faut les maintenir dans un nombre réduit car il est difficile de les placer ». Tous les arguments sont bons quand il s'agit d'exclure quelqu'un et les antisémites y recourent facilement à toutes les possibilités.

Ainsi en 1946, donc après la Shoah, Albert Spragne qui dirigeait la section de chimie à Harvard déclarait : « Nous savons parfaitement qu'il nous faut sauter les noms se terminant en « berg » ou en « stein » ».

Sur cette période assez triste, Feynman n'a jamais rien dit et ne se plaigna jamais malgré tous les refus qu'il a dû subir à cause de ses origines. (Par exemple les Laboratoires Bell lui refusèrent chaque été tous les emplois malgré toutes les recommandations). Diplômé du M.I.T. en 1939 et d'un doctorat à Princeton en 1942, Richard Feynman fut chargé des problèmes de la diffusion en physique, durant la Seconde Guerre. Les expériences de diffusion très inélastique ayant montré l'existence des quarks datent de 1968 mais les résultats ne furent vraiment concluants qu'en 1972 grâce aux travaux de Feynman et Björken par l'identification des quarks aux partons.

En 1958, Feynman et Gell-Mann montrèrent qu'une combinaison de l'interaction vectorielle V et de l'interaction axiale A, soit a A + bV donne pour a = -1 et b = 1, l'interaction faible illustrée par la célèbre formule V – A.

Pendant qu'il travailla à Los Alamos où toute l'élite américaine en physique était concentrée, Feynman facilita la vie des chercheurs par la puissance mathématique de son cerveau.

Après la Guerre, ayant perdu son épouse atteinte de tuberculose, Feynman se retrouva à Cornell University où il poursuivit ses travaux avec Hans Bethe sur l'électrodynamique quantique (QED).

Il poursuivit ses travaux dans ce domaine qui lui vaudront plus tard le Prix Nobel qu'il partagea avec Schwinger et Tomonaga. Tous les trois ont développé indépendamment les méthodes pour le calcul des interactions entre électrons, positrons (anti-électrons) et protons. Les trois approches furent fondamentalement les mêmes et le QED reste la meilleure théorie physique connue.

Feynman a peu publié (au total 37 publications) mais la fertilité de ses recherches dépasse ce qu'on pouvait espérer. Certains de ses travaux vers les années 50 méritent à eux seuls un Prix Nobel, par exemple sa théorie de la superfluidité de l'hélium ou son travail avec Gell-Mann sur l'interaction faible et enfin sa prédiction que le proton et le neutron ne sont pas des particules élémentaires. Nous savons aujourd'hui que ces deux particules sont composées de quarks (c'est à l'Université de Stanford en Californie, vers les années 60, que la première expérience fut tentée pour démontrer leur existence) et qu'un neutron et un proton interagissent par l'intermédiaire du meson. La cohésion du noyau est assurée par un échange constant entre les protons et les neutrons.

Feynman a surtout marqué la physique moderne par un style où le sens physique prend le pas sur la rigueur formelle et où la compréhension synthétique l'emporte sur l'aspect analytique.

Sur le plan humain, les traits du caractère de Feynman étaient sa simplicité, sa modestie et son extrême intégrité. Feynman a été membre de plusieurs académies des sciences dont la Royal Society de Londres et plusieurs médailles prestigieuses lui ont été décernées. Parmi celles-ci mentionnons la Médaille Albert Einstein (1954) et la Médaille Lawrence (1968). Richard Feynman était marié à Gweneth Howarth et avait deux enfants Carl et Michelle Catherine.

Richard Feynman est décédé le 15 février 1988 à Los Angeles. Julian Schwinger avec qui, il partagea le Prix Nobel écrivit son épitaphe : « un homme honnête, le plus grand intuitionniste de notre temps, un parfait exemple de ce que peut attendre tout individu osant sortir des sentiers battus ».

Deux livres immortalisent le nom de Richard Feynman, *Le cours de physique de Feynamn* et son ouvrage *La nature de la physique* (1980) où ses conférences à l'adresse d'un large public, ont été regroupées.

Ajoutons à ce portrait une petite note qui montre l'attachement que lui ont manifesté ses concitoyens : en 1996 le film *Infinity* projeté sur les écrans américains raconte en grande partie l'histoire d'amour vécue par Feynman avec une ravissante fille, Arline Greenbaum, qui était tout le contraire de Feynman. Malheureusement cet amour ne dura pas longtemps, celle-ci atteinte de la tuberculose mourut trois ans après son mariage.

JULIAN SCHWINGER (1918-1994)
Lauréat du prix Nobel en 1965

En même temps que Richard Feynman, Julian Schwinger reçut le Prix Nobel en 1965. Si le premier était intuitif et original le second était formel et laborieux. Les deux hommes ont eu des parcours aussi différents que leurs styles de vie.

Julian Seymour Schwinger est né le 12 février 1918 dans le quartier juif de Harlem. Il est le fils cadet d'un fabricant de vêtements prospère Benjamin Schwinger et de Bella (Rosenfeld) Schwinger.

Julian Schwinger s'intéressait à la science dès sa tendre enfance. Il cherchait partout des bouquins où sa curiosité pouvait se satisfaire intellectuellement. Il achetait de nombreux magazines et revues scientifiques. Inscrit à la Harris High School, établissement célèbre dans tout le pays, il entre en 1934 au City College de New York à l'âge de 16 ans. A cet âge déjà il publie ses premiers travaux en physique théorique qui attirent l'attention de grands physiciens de l'époque. Il entrait déjà dans l'arène des grands dans son domaine. Rien d'étonnant si l'on sait qu'il avait lu quelques articles sur la mécanique quantique dont l'auteur n'est autre que le célèbre physicien anglais Paul Dirac pendant que ses camarades de la High School jouaient.

L'année suivante, en 1935, il fait une publication dans la prestigieuse *Physical Review* un article fort intéressant en collaboration avec Otto Halpern « on the polarization of electrons by double scattering ».

Bien vite remarqué par Isidore Rabi qui aimait rappeler que sa « grande découverte fut celle de Schwinger », ce dernier l'encouragea pour aller à la Columbia University. La même année Schwinger publie avec Motz, il s'intéresse à la diffusion des neutrons. Avant d'avoir 19 ans Rabi le chargea de donner un cours en mécanique quantique. Les « papes » de la physique le connaissaient ou avaient lu ses travaux. Parmi eux Fermi, Teller, Bethe. Il publia avec certains d'entre eux (Teller, Oppenheimer, Rabi). En 1936 il est diplômé de Columbia à l'âge de 17 ans et docteur en physique à 20 ans.

Durant l'année académique 1939/40 il quitta New York City pour l'Université de Californie où il collabora aux travaux d'Oppenheimer à Berkeley. Pendant la Seconde Guerre mondiale il est enseignant à Purdue University où il est nommé professeur assistant en 1943.

A cette époque le « Rad. Lab. » est en pleine activité au M.I.T. Schwinger rejoint toute cette fameuse équipe où il travailla sur le radar et non sur le Projet Manhattan. Le but était de repérer les sous-marins allemands lorsqu'ils allaient à la Baie de Biscay pour se recharger.

A la fin de la guerre il est nommé professeur associé à l'Université de Harvard et en 1947 il est le plus jeune professeur que Harvard ait connu dans son existence. Ses recherches et son enseignement sont d'une qualité exceptionnelle. La communauté scientifique tout entière est sensible à son talent pédagogique et à la clarté de ses exposés et conférences.

Les travaux de Schwinger ont eu pour résultat l'élaboration de l'électrodynamique quantique. Celle-ci vit le jour vers les années 1940. Elle visait à intégrer l'électromagnétisme classique à la mécanique quantique et à la relativité restreinte.

Le développement de ce qu'on a appelé « la renormalisation » fut la grande aventure de la physique d'après-guerre et marqua également la fin du monopole européen de la physique, dont Schwinger fut le grand artisan. De quoi s'agit-il ? L'équation de Dirac permettait en principe, de calculer tous les niveaux d'énergie des électrons dans les atomes. A chaque atome correspond ce qu'on appelle son spectre atomique, c'est-à-dire un ensemble des fréquences des divers photons qu'il peut émettre après excitation. Mais la surprise fut grande en 1947 lorsque deux physiciens américains W. Lamb et R. Retherford excitèrent par des ondes hertziennes les atomes d'hydrogène par un jet atomique et observèrent un écart (« Lamb Shift ») entre les niveaux de l'atome d'hydrogène. Ecart non prévu par l'équation de Dirac.

Peu de temps après P. Kush[1] mesura le moment magnétique de l'électron et trouva une valeur différente de quelques millièmes de celle prévue par la théorie. Ces résultats furent présentés à la conférence de Shelter Island de 1947 qui réunissait l'élite des physiciens théoriciens américains. Dirac et Bohr faisaient une brève apparition. On pouvait rencontrer Bethe, Rabi, Teller, Wheeler, Fermi, Von Neumann[2] et d'autres célébrités. La discussion fut ouverte. L'équation fondamentale de Dirac contient des termes infinis dus au fait qu'un électron en mouvement émet un champ électromagnétique qui réagit avec son propre champ – un problème lié à l'effet qu'exerce sur l'électron le champ dont-il est lui-même la source.

Plusieurs solutions furent proposées. Les acteurs principaux furent Tomonaga, Feynman et Schwinger qui contournèrent cette difficulté (des valeurs infinies) à l'aide d'une « opération de renormalisation ». Schwinger montra comment l'anomalie du moment magnétique de l'électron venait, comme l'effet Lamb, de l'interaction de l'électron avec son propre champ et expliqua comment la « renormalisation » permettait de gérer les infinis qui interviennent dans la théorie quantique des champs. On peut alors calculer les phénomènes électromagnétiques à l'échelle microscopique à l'aide d'une méthode dite de perturbations. L'électrodynamique quantique (appelée QED Quantum Electro-Dynamics) est devenue ainsi un outil précieux et exemplaire, considérée comme un modèle de théorie de champ.

---

[1] Kush, Polykarp (1911-1993). Physicien américain, il obtint le Prix Nobel de physique en 1955 (avec Lamb) pour sa détermination précise du moment magnétique de l'électron.

Il enseigna la physique pendant de nombreuses années aux non scientifiques, c'était un excellent vulgarisateur de la physique.

[2] Neumann, John von, (1903-1957). Mathématicien américain d'origine hongroise, s'est spécialisé dans la théorie des ensembles, la théorie des jeux et des calculateurs électroniques.

Dès 1930, il travailla au traitement de l'information à programme enregistré, méthode utilisée dans les ordinateurs. En 1944, il publia en collaboration de l'économiste américain, Morgenstern, *Theory of Games and Economic Behavior*.

Schwinger devait tenir une conférence sur cette théorie qui attira une foule de physiciens à New York dont plusieurs restèrent dans le couloir d'où ils entendirent des applaudissements frénétiques.

Il faut préciser que l'électrodynamique quantique avait pour premiers « architectes » Dirac, Heisenberg, Pauli, Bethe, et d'autres encore comme Weisskopf qui trouva pour résultat une quantité infinie (1932). Dyson montra l'identité profonde des approches de Feynman et Schwinger. Cependant la solution aux problèmes posés fut donnée par les lauréats du Prix Nobel 1965.

Schwinger a eu le bonheur de voir quelques-uns de ses anciens étudiants devenir à leur tour Prix Nobel de Physique. C'est le cas notamment de Glashow dont il dirigea la thèse à Harvard (1954-58) et de Gell-Mann son ancien étudiant de Cambridge. Il a dirigé plus de septante (70) thèses de doctorat et suivit plus de vingt post-doctorants.

Comme professeur, ses cours étaient bien préparés, les explications claires, utilisant rarement ses notes il aimait faire réfléchir ses auditeurs. Il était également un bon vulgarisateur de la science. Il avait ainsi présenté toute une série d'émissions scientifiques à la télévision britannique dans le cadre de l'Université populaire dont il fit un livre qui fut publié en 1986 sous le titre « Einstein's Legacy : The Unity of Space and Time » (traduit en français par la collection « *Pour la Science* »). Schwinger a reçu pour ses travaux de nombreuses distinctions parmi lesquelles il faut mentionner le premier Prix Einstein (1951), la National Medal de la science (1964). Il fut docteur *honoris causa* de nombreuses universités : Purdue (1961), Harvard (1962). Il est également membre du Comité du *Bulletin of the Atomic Scientists* et on lui doit 231 publications et quatre ouvrages publiés entre 1968 et 1970. Julian Schwinger était marié à Clarice Carrol en 1947 et décéda à Los Angeles le 16 juillet 1994 à l'âge de 76 ans.

Hans Albrecht Bethe (1906-)
Lauréat du prix Nobel en 1967

Hans Albrecht Bethe a été l'artisan, l'acteur et le témoin des grands moments de la physique du XXe siècle. Il représente probablement un exemple unique de longévité scientifique, soit environ les deux tiers d'un siècle : une période qui commence avec la publication de sa thèse de doctorat en 1928 et qui continue en 1995 par une publication sur les mécanismes d'explosion des supernovae.

Nombreux sont les domaines de la physique où ses contributions ont été marquantes : en mécanique quantique, en physique atomique et nucléaire, en astrophysique où il est connu pour le cycle de réaction thermonucléaire à l'origine de l'énergie rayonnée par les étoiles ; celles-ci transforment l'hydrogène en hélium et en noyaux lourds par une série d'étapes constituant le « *cycle de Bethe* ». Bethe s'est également penché sur le problème complexe des armes nucléaires et de leurs conséquences pour l'humanité, avec un grand courage.

Hans Albrecht Bethe est né à Strasbourg le 2 juillet 1906. Il est le fils unique de Albrecht Théodore Julius, Privat-docent à la faculté de médecine de cette ville, et d'Anna Bethe née Kuhn. Sa mère étant juive, cela lui vaudra d'être exclu de l'université de Tübingen par les lois anti-juives promulguées par les nazis.

Hans Bethe commença ses études secondaires à Strasbourg. Il est très doué en mathématique. À l'age de sept ans, il savait déjà calculer à l'aide de puissances de 2 et 3. En 1912, ses parents quittent Strasbourg pour s'installer à Kiel, en Allemagne, où son père devient titulaire de la chaire de physiologie à l'Université de cette ville.

Trois ans plus tard, son père déménage à Francfort où il crée le département de physiologie à l'Université. La situation économique est dramatique en Allemagne et les Bethe ont d'énormes difficultés. Le jeune Hans est obligé de travailler comme répétiteur pour compléter son maigre budget tout en suivant sa scolarité au Lycée Goethe. Toujours doué pour la mathématique mais ses goûts pendant les dernières années au Lycée vont pour la physique. En 1924, il est immatriculé à l'Université de Francfort pour le premier cycle et termine ses études à l'Université de Munich. C'est ici qu'il présente sa thèse de doctorat en 1928 sur l'étude de la diffraction des électrons dans les solides cristallins. Son directeur de thèse est Arnold Sommerfeld. L'année suivante il retourne à Francfort ou il est assistant. Après un semestre, Bethe est à Stuttgart où il est l'assistant de Paul Ewald qui dirige le centre international des rayons X.

En 1929, Sommerfeld le rappelle à Munich. Bethe est nommé privat-docent et travaille sur la théorie électronique des métaux. Il obtient une bourse de la Fondation Rockefeller pour aller à Cambridge, chez Rutherford, où il étudie le comportement des particules dans un champ magnétique. Ce travail est très important pour l'étude des rayons cosmiques. Après Cambridge, Bethe passe deux années (1930-1932) chez Enrico Fermi qui l'introduira chez les pionniers de la physique nucléaire.

L'arrivée des nazis au pouvoir (1933) fait que Bethe, comme tous les savants juifs, est démis de ses fonctions. Hans Geiger[1] qui suivait les cours de Bethe et qui est devenu son ami s'est soudainement distancé de Bethe pendant les années sombres contrairement à Sommerfeld qui continuait en 1933 à aider les scientifiques juifs à trouver un travail.

Ce fut le cas de Bethe qui, avec l'appui de Sommerfeld, trouve un poste de chargé de cours à Manchester puis à Bristol (1933 – 1934).

En 1935, l'Université Cornell (Ithaca, New York) lui offre une place de « maître-assistant » du directeur du département de physique avec un salaire de 3000 dollars par année. Bethe « pouvait se considérer riche ». Deux ans après il est

---

[1] Hans Geiger (1882-1945) Professeur de physique théorique et inventeur du compteur qui porte son nom (1913).

nommé « Full professor » et il enseigne surtout la physique théorique qui était peu développée à l'Université Cornell.

À cette époque, il publie trois articles fondamentaux dans la *Review of Modern Physics* où il fait le point de tout ce qui a été entrepris dans le domaine des connaissances de la structure des noyaux des atomes. C'est la *Bible de Bethe* qui restera un classique pour toute une génération d'étudiants et de chercheurs.

Nous sommes en 1938, Edward Teller et Georges Gamow organisent une conférence sur l'astrophysique pour discuter de la constitution interne des étoiles et invitent Bethe. Teller est devenu un ami de Bethe et encourage ce dernier à travailler sur ce sujet. On ne connaissait encore aucune théorie capable d'expliquer l'origine des énergies fabuleuses mises en jeu dans les astres.

Dans le cas du soleil par exemple, on estime que sa masse diminue de quatre millions de tonnes par seconde ! (Il pourra briller pendant encore cinq milliards d'années...). C'est Bethe qui va élucider les cycles des réactions nucléaires dont le soleil tire l'énergie dont nous bénéficions, par la fusion de 4 protons et 2 électrons se transformant en fin de cycle en un noyau d'hélium. C'est le cycle de carbone dominant pour les étoiles dont la masse est supérieure à celle du soleil. C'est toujours Bethe qui donna le cycle de l'hydrogène valable pour les étoiles de masse inférieure ou égale à celle du Soleil.

La découverte faite par Bethe en 1938 lui vaudra le prix Nobel de physique en 1967. Logiquement ce prix aurait pu être partagé avec Carl Friedrich Weizsäcker qui proposa lui aussi la solution au problème posé. Les deux savants ont travaillé indépendamment chacun de son côté, mais le passé de Weiszäcker avec les nazis l'a certainement desservi.

Il faut préciser que Bethe aurait pu avoir au moins deux fois le prix Nobel pour d'autres contributions à la physique.

Lorsqu'on pose la question à Bethe sur ce qui a le plus compté dans son œuvre scientifique il n'hésite pas à répondre : « l'article de 1930 pour calculer les interactions électrons-atome à l'aide de la toute nouvelle mécanique quantique ».

En 1939, Bethe fait la connaissance de Rose Ewald, la fille du professeur qui l'a accueilli dans son laboratoire. Elle est étudiante au Smith Collège, elle venait d'émigrer en Amérique. Ils se marièrent la même année. La mère de Rose, juive également, quittera l'Allemagne pour rejoindre sa fille à New Rochelle, près de New York. Hans et Rose Bethe auront un garçon, David, et une fille, Monica.

Pendant la Seconde Guerre mondiale, Bethe était persuadé que les Etats-Unis n'auraient pas d'autre choix et que leur entrée en guerre était inévitable. Il veut participer à l'effort de guerre de son pays d'adoption, mais il devra attendre jusqu'en 1941, date de sa naturalisation américaine.

Devenu citoyen américain, Bethe travailla sur la protection des blindages et sur le développement du radar au M.I.T, et parallèlement il menait une étude sur la théorie des ondes de choc. Il fut appelé par Oppenheimer qui dirigeait le Projet Manhattan. Bethe avait 37 ans, Oppenheimer 39 ans. La moyenne d'âge des hommes qui travaillaient à ce projet était de 37 ans. C'est ici que Bethe rencontra le jeune Feynman, son cadet de 12 ans. Bethe considérait Feynman comme l'un des plus brillants physiciens qu'il ait connus. Ils travaillèrent ensemble et se retrouveront plus tard les deux à Cornell pour développer l'électrodynamique quantique. On connaît en physique la formule « Bethe-Feynman ». Quant à Oppenheimer les deux hommes se connaissaient déjà. Bethe l'avait rencontré en Allemagne en 1929. Dans le groupe de Bethe qui prépare la bombe atomique il y a bien sûr Enrico Fermi et Teller. Bethe étudie les réacteurs nucléaires.

En mars 1943, il est nommé directeur à la Division théorique du laboratoire de Los Alamos. Ce poste important Teller espérait l'obtenir. Il ne pardonnera jamais à Bethe cette nomination. Silvan S. Schweber de l'Université Brandeis qui était l'étudiant puis le biographe de Bethe, note que l'intégrité du caractère de Bethe et la richesse de son œuvre scientifique font de lui l'un des physiciens les plus admirés du XXe siècle, ajoutant qu'il n'a jamais rencontré quelqu'un qui ait dit du mal de Bethe à l'exception de... Teller.

Après avoir travaillé sur le mécanisme de l'implosion qui permettra la mise à feu de la bombe, il se sépare de son groupe après la guerre. Pour Bethe il devenait évident que Teller qui continuait à travailler sur la bombe à Hydrogène, prépare la catastrophe pour l'humanité entière, et cela sans renforcer la sécurité des Etats-Unis.

Il y avait un problème de conscience qui s'est posé à Bethe comme à d'autres savants après le drame japonais.

Pour Teller, le problème était différent : en pleine guerre froide avec l'ex.-U.R.S.S et sa dictature, il fallait à tout prix gagner la course aux armements nucléaires.

Bethe est un pacifiste de la première heure et il n'a jamais cessé de l'être. Il milita avec de nombreux savants dans le mouvement Pughwash composé de scientifiques de l'Est et de l'Ouest pour que soit signé en 1963 le traité mettant fin aux essais nucléaires dans l'atmosphère. C'est toujours lui qui dissuada les responsables américains de ne pas se lancer dans leur Initiative de Défense Stratégique (*« Guerre des étoiles »*). L'I.D.S fut abandonnée après la chute du mur de Berlin.

A l'occasion du cinquantième anniversaire de la destruction de Hiroshima, Bethe lança un appel solennel en faveur du désarmement et du démantèlement des armes nucléaires ainsi qu'à l'arrêt de toutes armes au pouvoir de destruction massive comme les armes chimiques et biologiques.

Conseiller du président américain pour les affaires scientifiques il fut très actif dans la discussion sur le désarmement tenue à Genève en 1958 où il représentait son pays.

Mentionnons encore dans son œuvre scientifique la fameuse formule Bethe-Bloch qui décrit à l'aide de la mécanique quantique, comment les particules chargées perdent leur énergie en traversant la matière.

En 1947, Bethe donna une interprétation de l'effet appelé « Lamb Shift » comme un effet de l'interaction de l'élection avec le champs de radiation. Il calcula l'énergie propre de l'électron lié dans l'atome qui est différente de celle de l'élection libre. Le calcul de Bethe permit plus tard le développement de la renormalisation de l'électrodynamique quantique grâce aux travaux de Feynman, Tomonaga et Schiwinger.

Ajoutons une note du caractère de Bethe : le physicien George Gamow nomma « Big Squeeze » le moment de la création de l'univers. Cette théorie fut présentée dans un article de la « *Physical Review* » le 1er Avril 1948 accompagnée d'une lettre signée pour Gamow qui avait la collaboration de Ralph Alpher. Gamow ajouta la signature de Bethe qui n'avait pas contribué à cette théorie, afin de pouvoir prononcer en anglais « théorie de α, β, γ » Bethe qui avait un excellent caractère apprécia.

Après avoir pris sa retraite de Cornell en 1975, Hans Bethe continue à travailler jusqu'à un âge fort avancé. On ne peut citer toutes les distinctions dont il fut l'objet. A part le prix Nobel de physique qui lui fut décerné en 1967 « pour ses contributions à la théorie des réactions nucléaires, spécialement ses découvertes concernant la production d'énergie des étoiles », Bethe a reçu plusieurs médailles et prix : Médaille du Mérite (1946), Médaille de l'Académie nationale de sciences (1947), Médaille Max Planck (1955). Prix Enrico Fermi (1961), National Medal of Science (1976) et le Vannevar Bush Award (1985). En 1995, l'Université de sa ville natale, Université Louis Pasteur, a décerné le titre de docteur *honoris causa* à Hans Bethe « qui sut concilier une activité de recherche extrêmement brillante et féconde, et un engagement de citoyen en accord avec sa conscience. »

MURRAY GELL-MANN (1929-)
Lauréat du prix Nobel en 1969

Fils d'immigrants autrichiens, certains physiciens voyaient en lui le digne successeur d'Einstein. Né le 15 septembre 1929 à New York City le jeune Murray est déjà célèbre à l'âge de 14 ans. Ses camarades de classe de l'école de l'Upper West side de New York l'avaient élu « enfant prodige ». Il est en effet admis à l'Université de Yale à l'âge exceptionnel de 15 ans. Il reçoit son BSc en mathématiques en 1948. Il posa sa candidature à diverses universités. Harvard ne le prendrait que s'il payait plein tarif, et Princeton n'avait pas l'intention de le prendre du tout. Il posa sa candidature au MIT sans trop d'espoir. Au MIT c'est Victor Weisskopf qui lui offre une place. Les deux hommes ne se sont jamais rencontrés auparavant. Trois ans plus tard Gell-Mann obtient son doctorat et part pour une année à l'Institute for Advanced Studies de Princeton University. En 1952, il part pour l'Université de Chicago où il est nommé instructeur à l'Institut d'études de physique nucléaire. Enrico Fermi est là et Gell-Mann travaille sous sa direction. Il enseigne pendant deux ans comme professeur-adjoint avant de rejoindre l'équipe de *Caltech* à Passadena où il est nommé professeur associé de physique théorique à la chaire de. R.A. Millikan.

Vers les années 30, le concept de l'atome était relativement succinct et se limitait à de simples protons et électrons. Les choses vont se compliquer avec le neutron et d'autres particules. Vers les années 50, une nouvelle famille de particules instables fait son apparition. D'abord au sommet de la White Mountain en Californie, où l'on trouva à 3000 m. d'altitude des rayons cosmiques 40 fois plus nombreux qu'au niveau de la mer, puis dans les accélérateurs à haute énergie.

Il y avait un chaos dans le monde des particules après la découverte des mésons qui avaient une masse intermédiaire entre le proton et l'électron. Les scientifiques cherchaient à étudier l'énigme des mésons-k (Kaons) et autres particules telles que la lambda, la sigma et la ksi. Toutes ces particules avaient une propriété inhabituelle : elles disparaissaient au bout d'un temps infinitésimal, de l'ordre de 10^{-23} seconde. Autre spécificité : ces particules se désintégraient de différentes façons, mais il y avait toujours des protons ou des neutrons produits dans la désintégration. On les appela les hypérons. Par exemple on avait :

$$\Lambda \rightarrow p + \Pi^-$$
$$\Sigma^+ \rightarrow p + \Pi^\circ$$

Un autre paradoxe : la lambda Λ était relativement facile à produire, mais sa désintégration se faisait lentement contrairement à la théorie admise en mécanique quantique. Abraham Pais et K. Nishijima observèrent indépendamment que les processus de création et de désintégration n'étaient pas l'inverse d'un de l'autre comme on l'avait cru. La production du (Λ) se fait : $\Pi^- + p \rightarrow \Lambda + K^\circ$ (la production est toujours associée à un Kaon) tandis que la désintégration était : $\Lambda \rightarrow p + \Pi^-$ (la désintégration ne fait pas intervenir de Kaon).

La création de ces particules un peu particulières était du type de l'interaction forte et leur désintégration du type de l'interaction faible.

En 1953 dans l'espoir de mettre un peu d'ordre dans cette jungle de particules et expliquer les divers phénomènes apparents, Gell-Mann et, indépendamment, T. Nakano et K. Nishijima, postulèrent l'existence d'un nouveau nombre quantique appelé le nombre d'étrangeté (« L'étrangeté »). Tout comme la charge électrique, l'étrangeté devait être conservée au cours d'une réaction faisant intervenir l'interaction forte (ou interaction électromagnétique). C'est pourquoi les particules les plus légères ne pouvaient se désintégrer que sous l'interaction faible et pouvaient ainsi survivre un temps relativement long. Ce nombre d'étrangeté devait être différent selon les particules. Il pouvait être 0 ; ± 1 ; ± 2 etc.

Cette loi de la conservation de l'étrangeté a donné une base théorique importante à la théorie développée par Gell-Mann en 1955.

Pour plusieurs découvertes importantes Gell-Mann a fait faire un pas décisif dans le domaine des particules en même temps que d'autres physiciens, mais indépendamment, avec Nakaro et Nishijima pour l'étrangeté, avec l'Israëlien Yuval Néeman pour la voie octuple, et avec l'Américain George Zweig pour l'idée des quarks. Le travail de Gell-Mann est donné dans une publication préliminaire du 20 janvier 1961. Celle de Néeman parut trois semaines plus tard le 13 février 1961. Yuval Neéman est un ancien officier de l'armée israélienne qui, en temps de paix, fut envoyé à Londres comme attaché militaire à l'ambassade d'Israël où il profite de son temps libre pour suivre des cours de physique et de mathématiques à l'*Imperial College* de Londres où il eut comme professeur le fameux physicien pakistanais et futur Prix Nobel Abdus Salam (1926 – 1996). Plus tard Néeman est nommé Président de l'Université de Tel-Aviv créée en 1956 et dont il fut un des fondateurs.. Président de la Commission de la Défense puis Ministre de la recherche scientifique du gouvernement Begin, il se trouve ainsi récompensé pour son appui à la droite israélienne où il était à la tête du parti politique « Tehya ». Il est également président de la Commission de l'énergie atomique.

Brillant mathématicien, Néeman imagina une relation entre les groupes de particules élémentaires connus expérimentalement et la théorie des groupes en mathématiques.

Murray Gell-Mann et Yuval Néeman appliquèrent les symétries mathématiques à la trentaine de particules connues et découvraient séparément que ces particules à interactions fortes (hadrons) obéissaient à une règle qui permettait leur classification et qui fut baptisée « la voie octuple » (qui désignait primitivement l'énoncé des huit vertus fondamentales du bouddhisme) à l'aide de la symétrie unitaire SU(3), schéma qui a permis d'ordonner considérablement le monde foisonnant des particules fondamentales, un peu comme l'avait fait un siècle avant lui le chimiste russe Mendeleïev (1834-1907) pour la classification périodique des éléments chimiques qui a laissé quelques cases vides dans son tableau qui devaient correspondre à des éléments inconnus dont il pouvait prévoir les propriétés (cas confirmés par la découverte du gallium, du scandium et du germanium).

Le schéma adopté par Gell-Mann et Néeman était d'une grande cohérence. Les régularités observées étaient tellement claires qu'elles permettaient de prévoir les particules manquantes, prévisions confirmées par les expériences ultérieures. En particulier par la découverte de la particule nommée « Omega moins » (Ω^-) en 1964 et qui a été prédite par cette « voie octuple ». Celle-ci fut observée par Samios dans une chambre à bulles à Brookhaven. Sa masse avait exactement la valeur prédite. Cette découverte fondamentale confirma la symétrie SU (3) (Spécial Unitaire) ensemble des matrices unitaires à trois lignes et trois colonnes dont le déterminant est égal à + 1 et la relation entre la masse des différents membres d'une même multiplet.

En 1963, Gell-Mann et Zweig, proposèrent une hypothèse révolutionnaire. Le tableau alors embrouillé de particules devenait singulièrement clair si l'on suppose que les hadrons sont en réalité une combinaison de trois éléments de base appelés « quarks » (Gelle-Mann s'est inspiré du livre de James Joyce « Finnegans Wake » publié en 1939 où une phrase l'avait marqué « Three quarks for Master Mark ») ces quarks les physiciens les avaient cherchés partout, des cailloux lunaires aux cascades de rayons cosmiques, mais en vain.

L'hypothèse des quarks est des plus séduisantes : elle rend compte de beaucoup de choses, par exemple, les masses, les moments magnétiques. Feynman qui, par principe, refusait de recommander des collègues pour le Prix Nobel, dérogea à cette règle en 1977 et donna paisiblement les noms de Gell-Mann (qui l'avait déjà eu en 1969) et de Zweig pour leur invention des quarks.

Entre 1967 et 1970 plusieurs expériences sont menées au SLAC en Californie et en Allemagne dans le même esprit, celui de sonder le cœur du noyau, le proton.

Dans ces expériences, des électrons n'appartenant pas à la famille des hadrons et restant insensibles à l'interaction forte avaient rencontré à l'intérieur des protons les fameux quarks.

En pénétrant dans les protons les électrons les font littéralement « exploser » en gerbes de particules variées parmi lesquelles on trouvait des hadrons mais pas un seul quark. Cette impossibilité de trouver des quarks à l'état libre, expérimentalement toujours constatée, est désignée « confinement » par les physiciens.

Une autre propriété des quarks est leur liberté dans le proton. Ils sont libres à courte distance, la force qui les lie est faible et s'affaiblit à mesure que l'on s'en rapproche ; c'est la « liberté asymptotique » dans le jargon des physiciens. En augmentant cette distance entre eux la force s'accroît et ils ne peuvent plus quitter le proton : c'est le confinement.

Un autre problème posé par les quarks est le fractionnement de leur impulsion : si le proton est composé de 3 quarks, chacun d'eux aurait le tiers de l'impulsion. Cependant les mesures ont montré que celle-ci était inférieure au tiers de cette impulsion. De là on peut en déduire qu'il existe en plus des trois quarks (qui tous réunis ne possèdent que la moitié de l'impulsion des protons) des gluons qui possèdent l'autre moitié.

Les gluons ont pour fonction de « coller » entre eux les quarks. Ce sont eux qui « transportent » l'interaction forte entre les quarks. Le proton se composerait donc de trois quarks de base (quarks « de valence » pour les spécialistes) d'autres quarks et des gluons, particules « virtuelles ». Il suffit de six quarks pour construire les hadrons de la nature, essentiellement les protons et les neutrons. Gell-Mann leur a attribué des lettres : u (up) d (down) s (strange) c (charm) b (bottom) et t (top) qui exprimaient une autre propriété : la saveur. Les quarks portaient une charge électrique fractionnelle du proton + $\frac{2}{3}$ pour les u (up) et - $\frac{1}{3}$ pour les d (down). Les résultats de ces charges et la découverte de la particule (Oméga moins) posèrent des problèmes : les trois quarks étranges qui formaient cette particule étaient apparemment identiques violant ainsi le principe d'exclusion de Pauli (qui dit que deux quarks ne pouvaient être dans le même état). Pour sortir de cette impasse on ajouta un nombre quantique supplémentaire aux quarks appelé *couleur* qui pouvait avoir trois valeurs (rouge, vert et bleu). Précisons tout de suite que la couleur dont on parle ici n'a rien à voir avec les couleurs du vocabulaire habituel.

Le travail de Gell-Mann a été caractérisé par son originalité. A tous ceux qui se plaignaient à lui pour dire qu'ils n'ont jamais vu de quarks il leur répondait « le modèle concret des quarks ? C'est bon pour les crétins ». En fait, lui-même était très embarrassé. Il a créé des mots adaptés aux nouveaux concepts : eightfoldway, quark, chromodynamique.

Il avait le style opposé à celui de Feynman. Pour Gell-Mann l'accent doit être mis sur la rigueur mathématique même si celle-ci s'exerce aux dépens de la compréhensibilité, alors que Feynman aimait les modèles vagues, un peu « exotiques » car pour lui « un certain degré d'ambiguïté et d'imprécision est essentiel à la communication... ». Les deux hommes étaient le produit de deux cultures différentes. Gell-Mann s'intéressait à tout : de l'archéologie à la linguistique en passant par la psychologie et l'histoire et avait un profond mépris pour les autres sciences en dehors de la physique, Feynman au contraire considère que la science toute entière est son domaine, mais demeure farouchement ignorant de tout le reste. L'un de leurs collègues qui avait l'habitude de les observer remarqua : « le masque de Murray était celui de l'homme de grande culture, celui de Dick (Richard) était « Mr Natural » un gars de la campagne capable de voir à travers les choses ce que les petits malins citadins ne voyaient pas ».

A côté de toutes ses activités scientifiques Gell-Mann joua un grand rôle dans l'élaboration de la politique scientifique américaine. Il fut également un conseiller scientifique très écouté du Président Nixon. Il participa également à la création d'un centre de recherches sur les systèmes complexes à Santa Fe (Nouveau Mexique) et passa une grande partie de son temps à voyager et exercer les nombreuses langues qu'il parlait couramment. Marié en 1955 à Margaret Dow dont-il a eu une fille, Elisabeth, et un garçon, Nicholas.

Denis Gabor (1900-1979)
Lauréat du prix Nobel en 1971

Denis Gabor est né le 5 janvier 1900 à Budapest. Il est l'aîné de Bertalan Gabor, directeur d'une compagnie, et de sa femme Adrienne. Sa longue vie de physicien commença à l'âge de 15 ans où il manifesta déjà un certain penchant vers la physique, en suivant les leçons de Chwolson. Il fut fasciné par la théorie du microscope de Abbe et par la méthode de la photographie en couleur de Gabriel Lippmann qui influença sa carrière trente ans plus tard. Il commença très tôt à monter ses propres expériences avec son frère cadet Georges dans le laboratoire qu'ils montèrent dans leur propre maison familiale.

A l'entrée à l'Université il préféra les études d'ingénieur à celles de physicien. C'est qu'à cette époque la physique en Hongrie est une forme de luxe qu'il ne pouvait se permettre, au total une demi-douzaine de chaires pour tout le pays, et Gabor se sentait modeste pour y accéder. Après un début à l'Université technique de Budapest, il entra à la Technische Hochschule de Berlin où il reçut son diplôme en 1924. Après quelques années d'assistanat il prépara une thèse pour le titre de docteur-ingénieur, en section d'électricité, qu'il obtint en 1927 et fut employé comme chercheur à l'Association allemande de recherche dans les Hautes Tensions. Bien qu'il travailla comme ingénieur électricien, il faisait souvent la navette entre la Technische Hochschule et l'Université de Berlin où la physique était à son apogée. Il y a là Einstein bien sûr mais aussi Planck, Nernst, von Laue et d'autres illustres noms de ce niveau. La physique appliquée est son principal domaine d'activité. Sa thèse de doctorat fut le développement de l'un des tout premiers oscillographes à rayons cathodiques. En 1927, il rejoint le groupe Siemens & Halske où il réalisa sa première invention : la lampe à haute pression à quartz de mercure avec vapeur super chaude utilisée depuis dans des millions de lampes pour l'éclairage publique. Gabor qui avait beaucoup d'humour dit de cette période de recherches sur la lampe à mercure qu'elle lui a appris ce que c'était l'exercice de chercher une chose pour en trouver une autre. En fait, il voulait une lampe au cadmium mais il a découvert une lampe à mercure.

Denis Gabor, esprit éclectique et pénétrant, a apporté des contributions décisives dans divers domaines. En théorie de l'information, où il a montré la possibilité de comprimer les bandes de fréquences et ouvert la voie à la mise au point des techniques modernes utilisées en particulier dans la télévision-couleurs. En microscopie électronique et enfin en optique physique où Gabor a ouvert un nouveau chapitre, celui de l'holographie dont les applications sont d'un très grand intérêt. L'holographie permet la photographie sans objectif et à trois dimensions !

A la prise du pouvoir par les nazis, il quitta l'Allemagne pour la Hongrie où il séjourna très peu de temps. Il se réfugia finalement en Angleterre. C'est l'époque de la dépression et en 1934 il était quasiment impossible à des étrangers d'obtenir un travail en Angleterre. Il fut finalement engagé par British Thomson-Houston Co., à Rugby de 1934 à 1938. Naturalisé britannique Gabor travailla chez Thomson-Houston dans les laboratoires de recherches jusqu'en 1948. Les années d'après-guerre furent fructueuses : il s'intéressa à la théorie de la communication et mit sur pied les bases de l'holographie qui fera sa réputation.

Selon l'optique géométrique, l'image idéale d'un point devrait être un point. En fait, même en éliminant toutes les aberrations d'origine instrumentale, l'image d'un point sera toujours une tâche due à la diffraction de la lumière.

Les noircissements locaux plus ou moins accusés des différents points d'un cliché photographique reproduisent des intensités relatives des ondes lumineuses provenant des points homologues de l'objet photographié. Aucune indication par contre n'est donnée sur leurs phases respectives, qui contiennent une « information » véhiculée par chacune de ces ondes, puisque leur valeur à l'arrivée sur le cliché dépendent des distances auxquelles se trouvent leurs points sources. Il en résulte que le *relief* de l'objet photographié n'est pas reproduit. L'holographie qui vient de deux mots grec « holos » (« tout ») et signifie reproduction intégrale) est une technique (proposée par Gabor en 1948) qui a pour but de recueillir plus complètement l'information véhiculée et d'assurer ainsi la reproduction fidèle de l'objet, en relief dans les trois dimensions.

Son principe consiste à éclairer l'objet au moyen d'une source S bien définie, monochromatique et cohérente, puis à recevoir sur toute la surface de l'émulsion photographique les faisceaux divergents diffusés par chacun des points de l'objet, et, *simultanément* un faisceau provenant directement de la source S, appelé « Faisceau de référence ». Chacun des faisceaux diffusés interfère avec ce faisceau de référence, et, compte tenu de leurs intensités et de leurs différences de phase, il en résulte un système de franges réparties sur toute la surface de l'émulsion. Finalement, la superposition des franges correspondant à chacun des points de l'objet s'inscrit dans l'émulsion sous forme de noircissements locaux formant un système complexe de réseaux enchevêtrés. Après développement on obtient un cliché appelé hologramme.

L'observation d'un hologramme se fait en l'éclairant à nouveau au moyen d'une source cohérente.

Imaginée par Gabor il a fallu une douzaine d'années pour donner lieu à des réalisations intéressantes grâce à l'utilisation des lasers, vers 1960, comme sources lumineuses de grande cohérence. L'holographie a été également adaptée à la photographie en couleurs, et diverses applications de l'holographie sont à l'étude. Par exemple on démontre qu'en choisissant une source de rayons X (λ de l'ordre de 10^{-10} m) pour la prise de vues et une source de rayons lumineux (λ de l'ordre de 10^{-6} m) pour l'observation, il serait possible de « voir », en relief, une image agrandie.

Dans la conservation des informations : certains cristaux comme $LiNbO_2$ conservent la figure d'interférence sous forme de modification locales de l'indice de réfraction. On peut stocker jusqu'à 1000 hologrammes par cm^3.

Une autre application de l'holographie est la mesure des déplacements et déformations par interférométrie. Par exemple on déforme légèrement l'objet après une première exposition, puis on réalise une deuxième exposition sans déplacer l'hologramme. Après développement et remise en place, l'hologramme restitue dans l'espace deux images proches l'une de l'autre, mais légèrement différentes. Issues de la même source lumineuse, ces images peuvent interférer car elles sont cohérentes, on retrouve alors sur l'objet, des franges d'interférence représentant les lignes d'égale déformation de celui-ci. La précision de mesure des déformations atteint le dixième du micromètre (de l'ordre de 10^{-7}m.).

L'holographie a fourni à l'informatique un moyen puissant d'enregistrement, de traitement et de décodage des informations, en particulier par utilisation du filtrage optique complexe. Elle permet également d'étudier des corps opaques diffusants ou des corps transparents, pour mettre en évidence les dilatations ou vibrations subies.

L'holographie permet à l'informatique de stocker des informations à deux ou trois dimensions (cartes radar de haute définition) réaliser des hologrammes synthétiques obtenus par ordinateurs.

On lui doit plus d'une centaine d'inventions d'une grande originalité touchant plusieurs domaines de la physique. Au début de 1949, Gabor rejoint *l'Imperial College* of Science & Technology à Londres, d'abord comme chargé d'enseignement en électronique puis plus tard comme professeur de physique appliquée jusqu'à sa retraite en 1967. Durant cette période de plus de vingt ans, Gabor en collaboration de ses jeunes doctorants s'attaquèrent à de nombreux problèmes non résolus de la physique de ces années : paradoxe de Langmuir, interaction d'électrons, décharge dans un gaz, ionisation, microscope holographique, tube de télévision, théorie des plasmas, théorie du magnétron, théorie de la fusion.

A sa retraite il est resté membre de l'*Imperial College* comme Senior Research Fellow et est devenu membre du Comité scientifique des laboratoires CBS à Stanford. Tout en continuant à collaborer avec plusieurs institutions scientifiques, Denis Gabor s'est tourné vers l'écriture où ses thèmes de prédilection sont axés sur l'avenir de la civilisation et ses rapports avec la science et la technologie. Ses convictions sont exprimées dans ses trois ouvrages « *Inventing the Future* » (1963) « *Innovations* » (1970) et « *The Mature Society* » (1972). Denis Gabor a été honoré par de nombreuses Universités et Institutions scientifiques, parmi lesquelles *Fellow de la Royal Society* (1956), Commandeur de l'Ordre de l'Empire britannique (1970). Il a reçu la Médaille Albert Michelson de l'Institut Franklin (Philadelphia, 1968), la Médaille Rumford de la Royal Society (1968), le Prix Cristoforo Colombo Gênes, 1967 et le Prix Holweck de la Société Française de physique (Paris, 1971). Il est également membre honoraire de l'Académie des sciences de Hongrie depuis 1964.

Gabor épousa en 1936 Marjorie Louise Butler. Il décéda à Londres le 8 février 1979.

Denis Gabor ne fut pas seulement un savant de tout premier ordre et un excellent technicien, il était également un grand humaniste. Remarquable polyglotte, il a su établir des multiples contacts internationaux sur le plan scientifique, susciter des coopérations et animer des équipes de chercheurs particulièrement fructueux. Selon l'un de ses proches et fidèles collaborateurs à Paris (André Maréchal) « Il appartient indiscutablement à la catégorie des scientifiques aux larges horizons qui savent à l'occasion se préoccuper de problèmes généraux ».

BRIAN DAVID JOSEPHSON (1940-   )
Lauréat du prix Nobel en 1973

Brian Josephson est né à Cardiff, dans le pays de Galles, le 4 janvier 1940. Il est le fils d'Abraham et Mimi Josephson. Après sa scolarité au Cardiff High School, il entra au Trinity College de Cambridge. A 33 ans il reçut le Prix Nobel de physique ce qui le classe parmi les plus jeunes lauréats.

Il reçut son B.A. en 1960 et son doctorat en 1964. Son directeur de thèse était Philip Anderson (qui a eu le prix Nobel en 1977 pour ses études sur la structure électronique des systèmes magnétiques désordonnés).

Toute sa carrière a été faite à Cambridge où il fut nommé professeur de physique en 1974, à part deux années (1965 et 1966) où il fut nommé professeur assistant à l'Université de l'Illinois.

En 1962, Josephson démontra quelques nouvelles connections entre la théorie de l'état solide et les résultats obtenus sur la supraconductivité dans le Mond Laboratory de Cambridge.

Les premières recherches de Josephson portèrent sur l'effet Mössbauer qui est une émission sans recul de rayons γ à partir d'un cristal. Il a trouvé qu'une toute petite différence de température entre l'émetteur et le détecteur dans les expériences utilisant l'effet Mössbauer pouvait avoir des effets significatifs sur le résultat de ces expériences.

Effet tunnel : d'origine purement quantique, peut se comprendre dans la mécanique ondulatoire. Dans ce modèle on associe à chaque particule une onde dont λ est donnée par la relation de Broglie. Lorsque la particule rencontre une barrière de potentiel de hauteur supérieure à son énergie cinétique incidente, la mécanique classique prévoit qu'elle est réfléchie et rebrousse chemin.

En mécanique ondulatoire, l'onde associée ne disparaît pas d'un coup : son amplitude décroît rapidement dans la barrière. Le carré de cette amplitude représente la probabilité de présence de la particule à l'endroit considéré. Si la barrière est trop mince 1 à 2 nanomètres (10^{-9} m) l'amplitude de l'onde à la sortie bien que petite n'est pas nulle, et la particule a une probabilité finie de se retrouver de l'autre côté de la barrière, d'où le nom de l'effet tunnel.

Les semiconducteurs à basse température et très purs sont isolants. La conduction électrique apparaît lorsqu'on les dope avec des impuretés (du type n ou p). Parmi ceux qui ont contribué à ces travaux, citons Leo Esaki[1] qui travailla dans la société Sony au Japon (1958) étudiant les courants passant dans des jonctions semi conductrices de germanium a montré qu'une telle barrière pourrait être franchie par effet tunnel si elle était suffisamment mince. L'effet tunnel se manifeste par l'apparition d'un courant supplémentaire à basse tension. Un tel dispositif représente une résistance négative (le courant tunnel décroît quand la tension augmente au delà d'un certain seuil) et peut donc être utilisé comme oscillateur ou amplificateur.

Quant à Ivar Giaever[2] il fit avancer ces recherches en 1960. Giaever a utilisé l'effet tunnel à partir d'un supraconducteur pour mettre en évidence expérimentalement le couplage des électrons par paires et mesurer l'énergie de liaison d'une telle paire d'après la théorie développée par Bardeen, Cooper et Schrieffer. Les électrons s'unissent pour

---

[1] Esaki, Léo (1925-). Physicien américain d'origine japonaise, il obtint le premier, en 1957, l'effet « tunnel » des électrons dans un semiconducteur. Installé aux Etats-Unis il travailla pour IBM dès 1962. Prix Nobel de physique en 1973 qu'il partagea avec Ivar Giaever et Brian Josephson.

[2] Giaever, Ivan (1929-). Physicien américain d'origine norvégienne, il mit en évidence grâce à « *l'effet tunnel* » le couplage des électrons par paires dans la supraconductivité en mesurant son énergie. Il vérifia l'effet Josephson en 1958.

Prix Nobel en 1973, les applications de sa découverte permirent de grands progrès dans la compréhension de la supraconductivité (phénomène expliqué par la théorie BCS : Bardeen, Cooper et Schrieffer).

former des paires, en dessous d'une certaine température critique.

L'idée de Giaever est particulièrement simple : pour extraire un électron d'un supraconducteur et lui faire passer la barrière isolante par effet tunnel, il faut d'abord lui fournir l'énergie nécessaire pour briser cette paire et le libérer. Le courant par effet tunnel n'apparaîtra qu'à partir d'une certaine valeur de tension que détermine l'énergie de cohésion de la paire.

A partir de là, Brian Josephson qui a commencé à s'intéresser à l'effet Mössbauer, a trouvé que de très petites différences de température dans l'émetteur et le détecteur, dans les expériences utilisées par Mössbauer il pourrait y avoir quelques effets signifiants dans d'autres expériences. Il va développer toute une théorie qui va nous permettre de comprendre la nature profonde de la supraconductivité et donner un sens à la fonction d'onde. La densité des particules est donnée par le carré de l'amplitude de cette onde. Cette fonction possède une phase qui décrit la cohérence spatiale du phénomène. Grâce à cette notion de phase de la fonction d'onde, Josephson prévoit plusieurs effets qui tous se sont révélés justes lors des vérifications expérimentales.

Si deux supraconducteurs sont faiblement couplés, par exemple par une barrière tunnel que les paires peuvent franchir sans se dissocier, un courant peut passer sans qu'il y ait une diffusion de potentiel électrique entre les deux métaux. Ce courant de paires implique une relation entre les phases des ondes associées à ces paires de part et d'autre de la barrière. Cette relation est modifiée par la présence d'un champ magnétique du fait que les paires sont chargées. C'est l'effet Josephson continu. Au delà d'un certain courant critique, dépendant du champ magnétique une différence de potentiel V apparaît. La différence d'énergie des paires de part et d'autre de la barrière est alors de 2eV. Cette transition entre deux états quantiques s'accompagne de photons dont la fréquence ν est donnée par la relation de Planck : $2eV = h\nu$. On voit que cette relation est absolument indépendante de la nature des métaux et de la barrière (seules deux constantes universelles interviennent). Ce dispositif devient un véritable émetteur d'ondes électromagnétiques c'est *l'effet Josephson alternatif.* Josephson n'a pas pu détecter lui-même ces deux effets mais deux de ses collègues, Philip Warien Anderson et J.M. Rowell ont vérifié *l'effet continu,* alors que c'est S. Shapiro qui en a vérifié *l'effet alternatif.*

Si une jonction Josephson est soumise à un rayonnement électromagnétique à hyperfréquence, ce rayonnement interagit avec le courant alternatif interne, et l'on observe des composantes continues du courant pour des valeurs de tension multiples de $\frac{h\nu}{2e}$.

Josephson découvre l'ensemble de ces résultats à l'âge de 22 ans pendant qu'il était « graduate student » à l'Université de Cambridge. Prudent et modeste, il a intitulé sa communication « nouveaux effets possibles » qui par la suite ont été vérifiés par la communauté des physiciens. Une fois acquis ces résultats ont fourni de nombreuses applications et donné naissance à une nouvelle technologie.

- Mesure de très faibles champs magnétiques comme ceux produits par le cœur et le cerveau.
- Détermination exacte de la constante universelle e/h (Université de Pennsylvanie). (e : charge de l'électron découverte par Milikan en 1911 et h la constante de Planck déterminée par Max Planck en 1900).
- Détection du rayonnement infrarouge lointain émis par des objets célestes.
- Fabrication de magnétomètres ultra-sensibles capables de détecter des anomalies géophysiques dans le champ magnétique de la Terre ou même l'anomalie causée par la présence de sous-marins. Les effets Josephson ont également des applications dans le domaine du développement de l'intelligence artificielle.
- Les résultats obtenus par Josephson ont été utilisés par IBM pour la conception des circuits d'ordinateurs, ce qui a fait dire à un parlementaire dans le journal *The Times* que c'est une idée née au Royaume Uni mais exploitée à l'étranger.

Si Léo Esaki et Ivar Giaever avec lesquels Josephson a partagé le Prix Nobel ont choisi l'industrie électronique, Brian Josephson, quant à lui, a préféré rester au Cavendish Laboratory de Cambridge cet autre temple de la physique où le talent de brillants physiciens s'exerce depuis des générations.

Une autre caractéristique de Josephson est qu'il est devenu un adepte de la philosophie de la méditation transcendante et il est devenu un fidèle de Maharishi Mahesh Yogi où il passe presque 2 heures par jour en plus de ses hobbies tels que la photographie, le ski et des études d'astronomie.

Josephson s'est marié à Carol Anne Oliver en 1976 avec laquelle il a une fille Miranda- Louise.

Il est lauréat de plusieurs médailles et prix scientifiques prestigieux parmi lesquels la Médaille Hughes de la Société royale de Londres, New Scientist Award (1969) Research Corporation Award (1969) Fritz London Award (1970).

BEN ROY MOTTELSON (1926-   )
Lauréat du prix Nobel en 1975

Le Prix Nobel décerné à Ben Roy Mottelson qu'il partagea avec Aage Bohr couronne plus d'un quart de siècle de collaboration. C'est en effet en 1950 que Aage Bohr, qui est professeur invité à Columbia University, envoie à la « *Physical Review* » un article où il développa ses idées qui conduiront à ce qu'on appellera plus tard le modèle unifié du noyau. Trois ans plus tard Bohr et Mottelson, signent un long article de 171 pages qu'ils envoient à la Société royale danoise, section scientifique pour publication.

Vers le milieu du siècle on parlait de la structure en couches des noyaux. Rien dans le modèle de la goutte liquide ne permettait d'expliquer pourquoi les « nombres magiques » (2, 8, 20, 50, 82 et 126 pour les neutrons) jouent un rôle particulier. Vingt ans auparavant on avait essayé de trouver un modèle nucléaire du même type de celui donné par Niels Bohr pour le modèle atomique.

En 1949, Maria Goeppert-Mayer[1], à Chicago, et l'équipe dirigée par J.H. D. Jensen qui comprenait Haxel et Suess en Allemagne, indépendamment proposèrent de résoudre le problème en introduisant le « couplage spin orbite » des nucléons et retrouvèrent les nombres magiques comme nombre de nucléons caractérisant les couches saturées. Ce

---

[1] Goeppert-Mayer, Maria (1906-1972). Physicienne américaine d'origine allemande. Prix Nobel de physique en 1963. Elle observe dans certains noyaux particulièrement stables un nombre bien déterminé de protons ou de neutrons (nombres magiques 50, 82 et 126).

Ces nombres magiques correspondraient à des couches saturées du noyau. Elle est l'auteur, avec Jensen, du traité sur la structure en couche du noyau atomique (1955). Seule femme Prix Nobel de physique après Marie Curie, elle a enseigné dans plusieurs universités et collabora avec plusieurs Prix Nobel de physique et de chimie.

modèle expliquait pourquoi le modèle de la goutte liquide n'était pas satisfaisant. Ce modèle a eu un très grand succès pour rendre compte de propriétés des noyaux, en particulier pour les noyaux de A impair et ceux dont le nombre de masse A est voisin d'un des nombres magiques mais il restait des données inexpliquées telles que le moment quadripolaire plus élevé que celui prévu par le modèle en couches quand le nombre de nucléons n'était pas proche d'un nombre magique.

C'est alors que Bohr et Rainwater suggérèrent une correction du modèle en couches qui doit être *déformé* pour des noyaux de ce type.

Mottelson et Bohr développèrent (en 1953) un modèle de noyau dans lequel les nucléons peuvent se comporter de façon individuelle, avec des degrés de liberté, mais qui sont suffisamment liés pour que l'ensemble du noyau présente des mouvements globaux. Ainsi ils ont pu déterminer que certains niveaux d'excitation du noyau sont liés aux mouvements de rotation ou de vibration du noyau. Cette description est connue sous le nom de *modèle unifié*.

Ben R. Mottelson est né à Chicago (Illinois) le 9 juillet 1926. Il est le second des trois enfants de Goodman Mottelson, ingénieur, et Georgia Mottelson, née Blum. On discute librement et parfois passionnément de science, de politique et d'éthique chez les Mottelson.

Après avoir suivi ses études secondaires à la « *Grange High School* » il est diplômé en 1943 et immédiatement envoyé par l'U.S. Navy à Purdue University qui formait des officiers et là il prépara son Bachelor of Science en 1947. Il quitta Purdue University pour préparer une thèse de doctorat à l'Université de Harvard sous la direction de Julian Schwinger en physique nucléaire, qu'il termina en 1950.

Entre 1950 et 1953 il se trouve à l'Institut Niels Bohr de Copenhague grâce à une bourse de « post doc » qui lui fut offerte par l'Université de Harvard pour la première année, et par la Commission américaine de l'énergie atomique pour deux autres années.

Le célèbre Institut de Copenhague offre des possibilités extraordinaires pour tous les talents de la physique. Cette tradition que Niels Bohr a honorée s'est poursuivie avec son fils Aage et Mottelson qui ont poursuivi leurs recherches et travaillèrent plusieurs années à l'établissement d'une œuvre monumentale sous la forme d'un traité devenu classique « *Nuclear Structure* » en deux volumes (Addison-Wesley, 1969). Le climat qui règne dans cet Institut est si favorable à la physique que Mottelson y restera encore longtemps. Le CERN (Genève) financera ses recherches de 1953 à 1957. Il est bientôt professeur à l'institut NORDITA (Institut nordique de physique atomique théorique) nouvellement créé tout juste à côté du fameux Institut Niels Bohr, et dont il deviendra directeur en 1981.

Avec Aage Bohr[1], Mottelson forme un duo de physiciens brillants dont la collaboration si fructueuse a été d'une longévité exceptionnelle et qui a fait de Copenhague un centre où la physique aussi bien théorique qu'expérimentale a atteint un niveau où tous les talents continuent de s'exercer. Les deux hommes se complétaient, se respectaient et s'estimaient mutuellement.

Mottelson dont le regard est malicieux, est toujours un peu « agité », débordant d'activités, s'intéressant à d'autres sujets en dehors de la physique, reconnu par ses collègues comme un excellent professeur et un homme capable de parler intelligemment sur n'importe quel sujet.

Mottelson a épousé Nancy Jane Reno en 1948 avec laquelle il a eu deux garçons et une fille. Il optera pour la nationalité danoise en 1971. Son épouse, malade, décédera quelques jours avant qu'il reçoive le Prix Nobel.

---

[1] Bohr, Aage (1922-). Physicien danois il est le fils d'un autre Prix Nobel (Niels Bohr). Il travailla longtemps sous la direction de son père et lui succéda à la tête de l'Institut qui porte son nom. Il est l'artisan, avec Ben Mottelson du « *modèle unifié* » du noyau de l'atome. Prix Nobel de physique en 1975 qu'il partagea avec J. Rainwater et Ben Mottelson.

ARNO A. PENZIAS (1933-)
Lauréat du prix Nobel en 1978

Comme il l'a fait remarquer lui-même, Arno Penzias est né « le même jour où la Gestapo fut formée, le 26 avril 1933 ». Son père bien que né en Allemagne, était citoyen polonais. Les Penzias venaient de trois pays différents à travers trois générations. Sa mère et sa famille étaient Allemands depuis plusieurs générations. Sa mère s'était convertie au judaïsme avant d'épouser son père. Ce dernier avait un petit magasin de cuir qu'il revendait à des fabricants de chaussures. Tout enfant, Penzias ne trouvait rien d'anormal au fait d'être juif. Lui et son frère cadet (un an de moins) furent envoyés à l'Ecole juive et aucun antisémitisme ne fut directement manifesté dans la vie quotidienne à leur égard.

Mais le jeune Penzias va bientôt être marqué à jamais par l'hostilité de l'environnement à son égard par le simple fait d'être juif.

C'est l'époque où les Juifs n'avaient pas le droit d'aller faire leurs courses dans les magasins sauf à des heures précises. Une voisine de sa mère, épouse d'un S.S., faisait de temps en temps quelques courses pour les Penzias. « Nous les S.S., dit-elle à sa mère, nous ne voulons aucun mal aux enfants ».

A la fin de 1938, les Allemands commencèrent à déporter les Juifs comme les Penzias qui n'avaient pas le passeport allemand. Quant au gouvernement polonais, la seule chose sur laquelle il était totalement d'accord avec les nazis, fut sa haine des Juifs.

Ainsi le 1er novembre 1938, tous les passeports polonais furent déclarés invalides exceptés ceux qui étaient renouvelables par les consulats. Les consulats venaient de recevoir des instructions précises « ne pas renouveler les passeports des Juifs ».

C'est ainsi que tous les Juifs polonais en Allemagne étaient rassemblés et mis dans un train pour être déportés.

L'assassinat d'un diplomate allemand à Paris le 7 novembre 1938 par le jeune Hershel Grynszpan (17 ans) dont les parents ont été déportés va accélérer le programme nazi d'extermination des Juifs.

Le père de Penzias avait un délai de 6 mois pour partir. Après ce délai il devait être déporté à Dachau, le premier camp de concentration, près de Munich. Les enfants pouvaient encore quitter l'Allemagne. Il y avait des départs pour l'Angleterre. Au printemps 1939 Arno Penzias et son frère sont mis dans un train pour l'Angleterre. Arno avait 6 ans et la dernière recommandation de sa mère fut : « Prends soin de ton frère, tu est le plus grand. Garde bien les deux valises et ne va avec personne dans le train ». C'était un vrai cauchemar raconte Penzias.

Les deux enfants furent rejoints par leur père et quelques mois après par leur mère qui avait de la peine à obtenir ses papiers.

Le premier mot en anglais que Penzias apprit fut « *Affidavit* ». Il signifiait toute une aventure. Trouver un visa pour les U.S.A : et pour cela il fallait que quelqu'un en Amérique se porte garant de vous. Le visa permettait de quitter l'Allemagne et de se réfugier aux Etats-Unis.

En décembre 1939, les Penzias s'embarquèrent pour l'Amérique pour sauver leurs vies. Leur installation ne fut pas facile. Le père d'Arno parlait mal l'anglais et avait trouvé un travail de manœuvre. Ils avaient loué une chambre meublée dans le Bronx. Plus tard son père prit la conciergerie de l'immeuble, il devait ramasser les poubelles et mettre des réserves de charbon pour l'hiver.

Arno fréquenta une demi-douzaine d'écoles dans le Bronx. En février 1947, Penzias entra à Brooklyn, au Technical High School où il s'est fait des amis pour la première fois.

Le choix de la chimie s'est imposé à lui bien que l'électronique l'attirait au plus haut point. Ce qui comptait pour Penzias c'était de sortir de la misère, et pour cela il savait qu'il ne fallait pas faire des études littéraires ou artistiques. Les artistes et les écrivains étaient pauvres. Son but était d'aller au Collège. Fin 1951, Penzias entrait au City College de New-York. Après un semestre il réalisa que la chimie n'était pas sa voie. Il fallait trop mémoriser. Il prit un cours de mathématique pour lequel il ne se sentait pas « particulièrement doué » et un cours de physique qui le passionna. A cette époque la physique n'était pas à la mode, c'était avant les « Spoutnik » et les physiciens avaient la réputation d'être « des étudiants brillants mais un peu bizarres ».

Naturalisés américains les Penzias avaient changé leurs prénoms. Son frère Gunter est devenu Jim et Arno devenu Allen. Une anecdote que Penzias aimait raconter avait pour sujet celle qui deviendra sa future épouse (1954). Celle-ci avait un ami qui s'appelait Al. Pour éviter toute confusion Penzias reprit son prénom d'origine Arno et parfois en le rencontrant quelqu'un lui disait « Tu n'es pas Al ».

Après avoir été gradué en 1954 du City College de New-York il passa à Fort Devens dans le Massachusetts. Il prit conseil auprès d'un professeur « est-ce qu'un physicien peut faire ce qu'un ingénieur fait » la réponse était « un physicien peut faire ce qu'un ingénieur fait et même mieux » (réponse un peu prétentieuse de la part de ce professeur). Il postula pour le M.I.T. mais n'a pas été accepté. Il décida d'aller à Columbia University mais celle-ci ne lui donna pas de bourse comme assistant. Finalement, tenant compte de son expérience acquise au *Signal Corps*, le « Lab. Rad. » de Columbia l'accepta.

L'activité scientifique à Columbia est intense. Il y a un des hommes de premier plan, Rabi a eu le Prix Nobel en 1944, et Polykarp Kush en 1955. Tsung Dao[1] Lee en 1957 et Charles Townes en 1964.

Juste avant l'arrivée des Penzias, Townes et ses étudiants venaient d'inventer le maser (Microwave Amplification by Stimulated Emission of Radiation). En 1957, Penzias demanda à Townes s'il pouvait préparer une thèse de doctorat sous sa

---

[1] Lee, Tsung Dao (1926-). Physicien américain d'origine chinoise. Il partagea le Prix Nobel de physique avec un autre physicien d'origine chinoise, Chen Yang, en 1957, pour leurs travaux sur la non-conservation de la parité dans les interactions faibles.

direction. Il construisit le second maser destiné à fonctionner avec une longueur d'onde de 21 cm. (le premier maser fut construit dans les laboratoires Bell). Le choix de cette longueur d'onde était motivé par le fait que l'atome d'Hydrogène émet des ondes radio de cette longueur et Penzias voulait s'en servir de ce maser pour la détection de l'Hydrogène dans l'espace.

Penzias transporta son maser au Naval Research Laboratory au Maryland qui possédait une antenne parfaite pour la détection des signaux radioastronomiques. Penzias possédait deux qualités qu'il aimait rappeler lui-même. Une capacité à organiser les choses sur un plan mécanique et une certaine capacité à accepter la souffrance et à résister.

Penzias eut son doctorat en 1961. Il avait un an plus tôt visité les laboratoires de recherche radio de Bell à Crawford Hill en compagnie d'autres chercheurs et de Townes. Il s'intéressa à ces travaux et demanda si on lui permettait de faire un séjour temporaire. Le directeur du laboratoire lui proposa un poste permanent. Penzias retourna, après sa thèse, à Crawford Hill. En ce moment, au Laboratoire de Bell, l'antenne construite posait énormément de problèmes. Ils avaient créé chez Bell une commission de trente membres pour résoudre ces problèmes. Penzias est arrivé à la première réunion et a dit « j'ai des solutions pour ces problèmes ». Il proposa de placer un deuxième récepteur dans l'antenne qui sera pointé en direction d'une source connue naturelle de radiation, quelque chose comme une étoile qui a explosé. En comparant la position de l'étoile avec la position donnée par la table astronomique, il pouvait maintenant dire de combien l'erreur était donnée par le télescope. La commission, sitôt qu'elle a pris connaissance des propositions de Penzias, fut dissoute et chargea Penzias de s'en occuper de tout le travail. Quelque temps après, Penzias avait assez des affaires des satellites de communication et retourna vers sa passion, c'est-à-dire la radioastronomie.

En 1963, Robert Wilson est arrivé chez Bell, et il partageait son temps entre la recherche et un poste de radioastronomie. L'antenne qui servait pour les satellites Telstar (le premier satellite de communication et de télévision transatlantique) était désormais utilisée à plein temps pour la radioastronomie. Ainsi tout un programme d'expériences fut mis en marche qui devait aboutir à la découverte en 1965 du rayonnement cosmologique. Le rayonnement micro-onde correspond aux photons qui se sont échappés de la matière quand l'Univers est devenu transparent alors que les atomes se formaient. Cela s'est passé 300.000 ans après le Big Bang. La longueur d'onde des photons a depuis augmenté par un facteur mille, en suivant l'expansion de l'Univers. La température est passée de quelques milliers de degrés à quelques degrés. Vers les années 70, Penzias et son équipe trouvèrent une douzaine de molécules interstellaires. Ainsi ils ouvrirent la voie d'un champ merveilleux sur le plan scientifique. En 1972, Arthur Crawford dirigeait le département de recherche radio à Crawford Hill, il décida de se retirer. Les qualités de scientifique et de leader de Penzias ont fait qu'il remplaça Crawford.

De 1972 à 1979 Penzias occupa différents postes de haute responsabilité et en 1979 il est le Directeur exécutif des laboratoires de recherche et communication de Bell.

Il partagea en 1978 le Prix Nobel de physique avec Robert Wilson et Pyotr Kapitza. Leur mérite : la découverte du rayonnement cosmologique universel à 3K et son explication.

L'histoire commence avant 1960, une des antennes de télécommunication spatiale, dite en « cornet » utilisée pour l'observation du satellite ECHO détectait un excès de bruit mystérieux qu'on ne pouvait attribuer aux appareils de mesure.

Penzias et Wilson reprirent ces observations et montrèrent que cet excès de bruit était isotrope, non polarisé et qu'il ne pouvait pas être imputé à l'atmosphère terrestre. Ils sont allés jusqu'à nettoyer les saletés laissées par deux pigeons qui se nichaient dans leurs appareils, et se rendirent compte que ce rayonnement micro-onde provenait de l'espace. Rendant compte de leurs travaux à Robert Dicke, à Princeton, en 1964, qui avait prédit dans ses travaux l'existence d'un rayonnement cosmologique à 10 K. Ce rayonnement serait dans la logique du Big Bang. Ce rayonnement serait le reste de la boule de feu initiale, dont la température était de 10^{10}K et qui donna naissance à notre univers, il y a quelque quinze milliards d'années. Cet univers extrêmement compact à l'origine et qui a travers une explosion cosmique (« Big-bang ») dont la température était de quelque dix milliards de degrés. Les deux équipes, celle de Dicke et celle de Penzias publièrent leurs travaux dans l'*Astrophysical Journal* de 1965. L'excès de signal reçu correspondait en fait à l'intensité d'un corps noir à 3,5 +/- 1K (3,5K – 269,5°C). Cette découverte fit sensation dans le monde scientifique (et le *New York Times* annonçait à la une la découverte de Penzias) et plusieurs dizaines de mesures ont été menées depuis le sol ainsi qu'en ballon ou en fusée. Ces mesures ont confirmé avec une précision remarquable que le rayonnement universel est celui d'un corps noir à 2,8K. L'interprétation la plus simple donnée est qu'il s'agit du résidu de la boule de feu existant à l'origine de l'univers selon la théorie de l'expansion de l'univers dont ce rayonnement en est l'un des piliers. Cette découverte permit à Penzias et Wilson d'avoir les crédits nécessaires pour poursuivre leurs travaux dans les laboratoires Bell Telephone.

En 1970, utilisant un récepteur destiné initialement aux télécommunication dans le domaine des ondes millimétriques sur l'antenne de l'observatoire nationale de Kitt Peak en Arizona, Penzias et Wilson découvrirent plus de huit molécules en une semaine.

Grâce à Penzias et à Wilson une nouvelle ère fut inaugurée en radioastronomie. Ils ont ouvert la voie dans des domaines très prometteurs en physique : cosmologie, étude des isotopes et histoire nucléosynthétique de la galaxie, chimie interstellaire, formation des étoiles. Penzias a marqué des générations d'étudiants. Lui et Wilson ont dispensé un enseignement de qualité qui a motivé de jeunes talents. Ils étaient également d'une extrême générosité. Ils ont toujours aidé ceux qui s'adressaient à eux, chacun selon ses sensibilités (Penzias pour la liberté des dissidents en Union Soviétique et Wilson pour l'équipe de Volley-ball) Pierre Encrenaz qui fut leur assistant à Princeton et qui dirigea le laboratoire de radioastronomie millimétrique de l'Ecole Normale supérieure de Paris raconte à leur propos une anecdote qui illustre la parfaite amitié entre Penzias et Wilson et en même temps leur collaboration parfaite. C'était en août 1976, sur le lac d'Annecy : ils avaient tous deux loué un voilier. Penzias à la voile et Wilson à la barre, le voilier se retourna lentement (c'était leur première expérience en voilier). Chacun accusa l'autre d'incompétence en matière de navigation. Ils décidèrent de changer de rôle : Penzias à la barre et Wilson à la voile. Nouveau dessalage. On les vit rentrer à la pagaie, chacun changeant de rôle jusqu'à l'arrivée.

Les travaux de Penzias ont permis à la radioastronomie un pas de géant. L'étude des molécules interstellaires est très précieux pour les astronomes. Ces molécules émettent la plupart de leurs raies observables dans le domaine des ondes millimétriques. Penzias n'a pas clos ce chapitre important de la science. Récemment on a pu constater que ce rayonnement n'était pas isotropique comme on le pensait, mais qu'il y dépendait de l'orientation qu'on choisissait, ce qui a permis aux chercheurs d'interpréter ce résultat comme un effet du mouvement de la Terre et du système solaire relatif au champ de ce rayonnement. Ainsi la distribution de l'intensité du rayonnement dans l'univers reflète la distribution de la matière dans ce même univers.

Concernant le Prix Nobel, la première réaction que Penzias a eue fut de se poser la question non pas de juger ce prix ou pas mais ce qu'il en ferait. Il prit la décision de quitter Stockholm pour Moscou où il renda visite au distingué et dissident scientifique (informaticien) de l'ex-U.R.S.S., Viktor Brailovsky dans l'appartement que ce dernier occupait avec son épouse Irina, et où se réunissaient régulièrement une trentaine de scientifique dissidents. Brailovsky devait être arrêté le 1er novembre 1980 et emprisonné pour avoir « diffamé l'union soviétique ». En décembre 1981, Penzias est retourné à Murray Hill, dans le New Jersey.

Penzias est docteur *honoris causa* de l'observatoire de Paris (1976) et membre de plusieurs sociétés savantes. Il a reçu la Médaille Henry Draper de l'Académie nationale des sciences des Etats-Unis (1977) et la Médaille Herschel, de la Société royale d'astronomie (1977).

Arno Penzias est également l'auteur d'un ouvrage *Ideas and Information* (Norton, 1989) qui a reçu un excellent accueil dans le monde scientifique et fut traduit en plusieurs langues. Mais le plus important pour Penzias comme il le dit lui-même, c'est « son amour pour sa famille, pour son épouse Anne, et pour ses trois enfants et ses petits-enfants ». Penzias est l'exemple d'un grand savant et d'un grand homme au sens le plus noble.

Piotr Leonidovich Kapitza (1894-1984)
Lauréat du prix Nobel en 1978

Piotr Leonidovich KAPITZA fut une figure légendaire aussi bien au Cavendish Laboratory de Cambridge où il travailla avec Lord Rutherford vers les années 20 que plus tard à Moscou vers les années 30 et jusqu'à la fin de sa longue et fructueuse vie.

Kapitza est né le 8 juillet 1894 à Kronstadt, près de Saint-Petersbourg (qui deviendra Petrograd et après 1924 Leningrad). Son père, ancien colonel (plus tard général) Leonid Petrovich Kapitza était ingénieur de formation et sa mère Olga Ieronimovna était une spécialiste de littérature pour enfants qui a beaucoup travaillé dans le théâtre et la recherche du folklore à Saint-Petersbourg jusqu'à sa mort en 1937. Elle créa des clubs pour jeunes écrivains et artistes dont plusieurs devinrent célèbres. Son père Ivanovich Stebnitski fut un géographe de réputation mondiale et membre correspondant de l'Académie impériale des sciences et un grand voyageur.

Après ses études primaires il s'orienta dans un gymnase en section classique mais dut abandonner moins d'une année plus tard pour cause de résultats scolaires très faibles. Il fut exclu de cette école et dut se réorienter vers une section scientifique. Pour l'anecdote précisons que 70 ans plus tard il retourna à Kroustdalt pour inaugurer la statue qui lui était érigée lorsqu'il fut décoré héros du parti travailliste, juste en face de l'école d'où il fut exclu...

En 1912 il fit ses études à l'Institut polytechnique de Leningrad (où heureusement pour lui il n'y avait ni grec ni latin). La guerre commença et ses études sont interrompues pendant 2 ans où il servit comme chauffeur d'ambulance sur le front polonais. Démobilisé il retourne à l'Institut Polytechnique où il finit ses études en 1918. L'année suivante il est nommé professeur jusqu'en 1921 où il part à Cambridge. La petite histoire veut que Piotr Leonidovich Kapitza ait forcé, après un refus, la décision de Rutherford en faisant remarquer que son arrivée provoquerait une augmentation inférieure à 10% du nombre des élèves de Lord Rutherford et que ce pourcentage était inférieure à la précision de ses mesures expérimentales. Le 12 juillet 1921, après plusieurs difficultés d'obtenir un visa (la Russie soviétique était isolée, ni la France, ni l'Allemagne ni la Hollande ne souhaitaient recevoir un jeune qui aurait pu avoir un passé d'agitateur) il est enfin à Cambridge où il espère passer un semestre, il y restera 13 années ! Le « Crocodile » (ainsi Kapitza surnommait Rutherford) était très satisfait de son travail.

Sa première expérience eut lieu en 1923 où il plaça une chambre à brouillard dans un champ magnétique intense et observa la particule α, et l'année suivante il développa des méthodes qui lui permirent de produire des champs magnétiques intenses. A cause de la très grande chaleur dégagée par les courants intenses créant ces champs, ils ne peuvent être produits que pendant des temps très courts. Il est arrivé ainsi a obtenir des champs de 320 kilogauss dans un volume de $2cm^3$ pendant 3 millièmes de seconde, une performance qu'on n'a pas surpassée pendant trente ans ! Kapitza les utilisa dans des expériences de physique atomique (effet Zeeman et Paschen-Back), pour l'étude de la magnétisation de diverses substances et l'étude de la magnétorésistance principalement du bismuth où il découvrit que la résistance croissait linéairement avec le champ lorsque celui-ci devenait intense. Cette étude fut étendue à de nombreux autres corps. Il développa, grâce à ces champs intenses, ses recherches sur la magnétostriction. Au cœur de ces expériences figure un instrument ingénieux qui peut être utilisé comme une balance de mesure des forces ou comme un extensomètre.

Un autre champ d'action des recherches de Kapitza fut celui de la liquéfaction de l'hélium. Elu membre de la Royal Society en 1929, il est encouragé par la prestigieuse société savante à poursuivre ses travaux. Celle-ci lui fait construire le Mond Laboratory où seront développés ses travaux sur les champs magnétiques intenses mais aussi au laboratoire de cryogénie où il fit une analyse critique des méthodes utilisées à cette époque et proposa un appareil original pour la liquéfaction de l'hydrogène basé sur le principe adiabatique.

En l'espace d'une douzaine d'années P.L. Kapitza a déjà une impressionnante expérience scientifique et il est une figure illustre dans le monde scientifique. Chercheur à Cambridge de 1923 à 1926, il est directeur-adjoint du département des recherches magnétiques du Laboratoire Cavendish entre 1924 et 1932. Messel Research Professor de la Royal Society de 1930 à 1934, directeur du Mond Laboratory de 1930 à 1934 également, et enfin le fondateur et l'éditeur avec R.H. Fowler de l'International Series of Monographs en physique (Oxford, Clarenton Press). En 1934, il retourne à Moscou où il dirige l'Institut des problèmes physiques où il va poursuivre ses travaux sur les champs magnétiques intenses, les basses températures en physique et en cryogénie. Sur ordre de Staline, alors que Kapitza participe à un Congrès en URSS (1934) son passeport est saisi. Le gouvernement soviétique le contraint à rester désormais en URSS pour assurer la direction de l'Institut Vavilov de physique de l'Académie des sciences de l'URSS (1935) et rachète intégralement le Mond Laboratory pour le faire transporter à Moscou. Installé dans son pays, Kapitza développe ses recherches et en 1939 il développe une nouvelle méthode de liquéfaction de l'air. Il mena également toute une série d'expériences pour l'étude des propriétés de l'hélium liquide qui devaient apporter une contribution fondamentale dans la connaissance de l'hélium IV.

Tandis que la viscosité d'un liquide augmente lorsque sa température s'abaisse, la viscosité de l'hélium liquide (très faible, environ mille fois plus faible que celle de l'eau) décroît au contraire lorsque la température s'abaisse. « *Superfluide* » nom qu'il a lui-même suggéré pour cette phase de l'hélium liquide qu'on obtient en dessous de 2,19 °K[1] (2,17). L'hélium fut mit en évidence vers les années 1870 par l'observation de raies inconnues dans le spectre d'émission du Soleil et les

[1] Point Lambda.

Anglais Frankland et Lockyer le baptisèrent hélium d'après le mot grec *hélios* (soleil). L'hélium présente des propriétés remarquables. Kamerlingh Onnes a réussi la première liquéfaction de l'hélium en 1908. Sous pression normale il bout vers 4,2 K. C'est le seul corps qui peut arriver liquide au voisinage immédiat du zéro absolu, sans se solidifier préalablement. On peut obtenir de l'hélium solide, mais seulement à des pressions supérieures à 25 atm.

En 1938, Kapitza montre que la viscosité de l'hélium est en-dessous de toute valeur mesurable. Puis dans une série d'expositions ingénieuses il démontre que, lorsque l'hélium 4 est placé dans des capillaires, la chaleur est transportée par convection et non par diffusion, ce qui donne une grande conductivité thermique qui fait de l'hélium 4 superfluide un supraconducteur thermique. Ces travaux furent à la base de la théorie de Landau (Prix Nobel 1962).

Piotr Leonidovich Kapitza prouva également que l'entropie du superfluide est nulle.

Un autre domaine qui suscita l'intérêt de Kapitza après la guerre fut la production à grande puissance d'ondes électromagnétiques de haute fréquence, mais les résultats de ces travaux n'ont été publiés que très tardivement.

Il construit également un appareil permettant la liquéfaction de grandes quantités d'oxygène, utilisé dans l'industrie de l'acier pendant la Seconde Guerre Mondiale.

Nombreux sont les domaines où Kapitza s'est distingué, notamment en physique nucléaire, dans la matière condensée et en hydrodynamique. Mais il a refusé de participer à la construction de la bombe atomique et c'est la raison de son arrestation de 1945 à 1953. A la mort de Staline, Kapitza a repris ses fonctions de directeur de l'Institut Vavilov où il a largement contribué au succès des efforts des Soviétiques dans l'envoi de satellites dans l'espace.

Les services rendus à la nation lui ont été reconnus. Il reçut les prix les plus prestigieux qu'on puisse décerner à un scientifique : deux prix Staline en physique (1941 et 1943), six fois l'*Ordre de Lénine*, les médailles d'or de Faraday (1942) et de Franklin (1944), la Médaille Frédéric Joliot – Curie pour la paix (1959) et les plus prestigieuses médailles étrangères (Angleterre, Danemark, Pologne, France, Yougoslavie).

Vers les dernières années de sa vie, Kapitza s'est consacré à une réflexion sur le rôle de la science dans la société et son influence comme facteur de paix et de progrès.

Les droits de l'homme sont devenus prioritaires pour Kapitza. Il profita de sa statue de héros national en Union Soviétique pour protester contre l'arrestation de Lev Landau lorsque ce dernier fut arrêté et accusé d'être un espion allemand en 1938. Il protesta et avertit les autorités que sans Landau il ne pourrait poursuivre ses travaux scientifiques. En 1970, Kapitza et André Sakharov furent parmi les 20 signataires d'une lettre ouverte dénonçant l'arrestation et la détention de leur collègue biologiste Zhores Medvedev. « C'était un penseur libre dans un pays où la liberté de pensée était difficile à imaginer ». Kapitza n'a pas vécu qu'avec la science. Il aime les grandes promenades en campagne, la fréquentation d'amis artistes ou écrivains comme Tolstoï, Prokofiev, Ivanov, Koutodiev etc. qui ont gardé un merveilleux souvenir de leurs promenades avec « Piotr » au bord de la Moskva. Kapitza et sa femme Anna Alekseevna Krylova, la fille de l'Académicien A.N. Krylov, avaient deux enfants, Serge et André, qui furent également des scientifiques.

Depuis 1957 Kapitza est membre du Présidium de l'Académie des sciences de U.R.S.S.. Il collectionna les titres de *docteur honoris causa* de nombreuses universités (Sorbonne, Columbia, New-Delhi, Lausanne (1973), Oslo).

Membre de plusieurs académies des sciences (France, Angleterre, Allemagne, Pologne, Suède, Hollande, Finlande, Inde et U.S.A.) il décède le 8 avril 1984 à Moscou.

STEVEN WEINBERG (1933-   )
Lauréat du prix Nobel en 1979

Au cours de l'histoire de la physique, plusieurs tentatives d'une compréhension unifiée de la nature furent entreprises. Newton au XVIIe siècle pour la mécanique, Maxwel au XIXe pour l'optique et les théories de l'électricité et du magnétisme, et Einstein, durant les trente dernières années de sa vie a cherché vainement une « théorie unifiée des champs » qui engloberait la relativité générale et la théorie de l'électromagnétisme.

Au début des années 60, le but visé était d'unifier l'électromagnétisme et les forces faibles. Les travaux menés indépendamment par Weinberg, Salam et Glashow allèrent dans ce sens.

Steven Weinberg est né le 3 mai 1933 à New York City. Il est le fils de Frédérick Weinberg et d'Eva Israël Weinberg. Son père, fonctionnaire à la Cour de justice de New York, l'encourage à suivre des études scientifiques. Son intérêt pour la science se manifeste assez tôt dans le foyer familial et plus tard dans la fameuse école *Bronx High School of Science* où plusieurs futurs Prix Nobel feront leur première scolarité. A peine âgé de 16 ans, il choisit la physique et obtint son premier diplôme en 1950.

Quelques années plus tard il est à Cornell University avec son ami Glashow, il obtint son B.A. en 1954 et prit le chemin de Copenhague où il passa une année à l'Institut de physique théorique (Institut Niels Bohr). Là il fit quelques recherches sous la direction de brillants physiciens comme Gunner Kallen et retourna dans son pays d'origine pour préparer une thèse de doctorat en physique à Princeton sous la direction de Samuel Treiman, dans l'application de la théorie de la renormalisation aux effets des interactions fortes dans le processus d'interaction faible.

Après son doctorat en 1957 obtenu à Princeton University il travailla à Columbia University de 1957 à 1959 et à Berkeley (Université de Californie) de 1959 à 1966. Ses domaines de recherche pendant cette période touchent à plusieurs activités : graphes de Feynman, brisure de symétrie, théorie de la diffusion, interactions faibles. Entre 1960 et 1962 il s'intéressa à l'astrophysique, à la gravitation et publia un livre qui fait autorité en la matière, intitulé *Gravitation and Cosmology* : principles and applications of the general theory of relativity (Wiley, 1972).

Après Berkeley, Steven Weinberg part pour Harvard où il est nommé chargé de cours. Weisskopf qui dirige le département de physique du MIT s'intéresse à ses travaux. Il le fait venir et c'est pendant son séjour au MIT en 1967 que les recherches de Weinberg sont orientées dans la direction de l'unification des interactions électromagnétiques et faibles.

Le procédé de renormalisation marchait pour les photons (car leur masse est nulle). Dans le cas des bosons la renormalisation devenait impossible, des quantités infinies devenant irréductibles. C'est là que Weinberg et Salam élaborèrent séparément une théorie qui permettait de contourner cette difficulté en éliminant ces quantités infinies. Ils ont montré que l'on pouvait expliquer la masse non nulle des bosons dans une théorie renormalisable.

Mais il faut attendre pour le prouver et c'est en 1971 qu'un étudiant hollandais Gerhard't Hooft le fait en montrant qu'il y avait bien renormalisation. Les travaux de Weinberg et Salam résultèrent dans la théorie électrofaible. Elle prévoit l'existence de quatre bosons (du nom du physicien indien S. Bose) deux chargés : W^+ et W^- (de masse ≅ 80 Gev) et deux neutres : le photon et le $Z°$ (de masse 89 Gev) ce dernier responsable des courants neutres (Cf. D. Cline, C. Rubbia et S. Van der Meer dans « *Pour la Science* », Mai 1982). Leur modèle en est l'expression la plus simple, ne faisant intervenir qu'un seul paramètre, appelé angle de Weinberg. (O_w) qui exprime le taux du mélange de l'interférence entre interactions faible et électromagnétique permettant ainsi de calculer les masses des divers bosons. L'année 1974 marque une date importante dans l'histoire de la physique des particules. C'est la découverte de J/ψ. Les physiciens ont alors à leur disposition deux outils efficaces : la théorie électrofaible sous forme de modèle de Weinberg – Salam, et la théorie des quarks et la chromodynamique quantique. Une conséquence de ce modèle fut la mise en évidence sur le plan expérimental des bosons W et Z°, et des bosons de Higgs (dont on connaît peu de choses) et la prédiction de l'existence de courants neutres, c'est-à-dire des réactions sans échange de charges : $\gamma_\pi + \bar{\mathbf{e}} \rightarrow \gamma_\gamma + \bar{\mathbf{e}}$, et $\gamma_\pi + \mathbf{p} \rightarrow \gamma_\pi$ + hadrons qui furent découverts en 1973 et annoncés officiellement à la conférence internationale qui eut lieu à Aix-en-Provence.

Cette même année Steven Weinberg retourne à Harvard où il devient titulaire de la chaire de physique devenue vacante suite au départ de Julian Schwinger. Weinberg est alors Professeur à la chaire Higgins de physique et Senior Scientist à l'observatoire d'astronomie.

En 1982, Weinberg quitte Harvard pour le département de physique et d'astronomie de l'Université du Texas à Austin. Weinberg a publié plus de 150 articles scientifiques. En 1978, une étude publiée par l'Institute for scientific information portant sur la période de 1961 à 1976 pour les articles publiés, donna le nom de Weinberg comme le scientifique le plus cité au monde.

Weinberg n'est pas un physicien qui se limite à la physique des particules, c'est un philosophe des sciences, un historien et un excellent vulgarisateur de la science. C'est dans ce sens qu'il livra au grand public son ouvrage à grand succès *The First Three Minutes* (1977)[1] traduit dans plus de quinze langues où il décrit les premiers instants qui suivirent le Big-Bang. Son intérêt pour les questions touchant à la science et ses rapports avec la société lui est venu des discussions qu'il a eues avec Thomas Khun qu'il a côtoyé vers les années 1980 lorsqu'ils étaient tous les deux professeurs au Massachusetts Institute of Technology. Weinberg n'était pas toujours d'accord avec l'auteur de *La Structure de*

---

[1] En français « Les trois premières minutes de l'Univers », Seuil, Paris, 1979.

révolutions scientifiques (traduit en vingt-cinq langues et vendu à plus d'un million d'exemplaires) (Cf. *La Recherche,* mars 1999).

La liste des prix et des médailles et des doctorats *honoris causa* est impressionnante. Des Etats-Unis à l'Europe en passant par Israël les distinctions pleuvent. Weinberg est sans doute le seul physicien membre de l'American Medieval Academy.

Weinberg est toujours à la recherche de l'unification de théories. On lui doit « *Le Rêve d'une théorie ultime* », (Odile Jacob, Paris, 1997). Steven Weinberg a également été membre de la division Jason de l'Institute for Defense Analyses des Etats-Unis.

Marié le 6 juillet 1954 à Louise Golwasser professeur de droit, il est le père d'une fille, Elisabeth.

SHELDON L. GLASHOW (1932-   )
Lauréat du prix Nobel en 1979

Les travaux de Glashow, de Weinberg et de Salam ont considérablement développé la connaissance du monde des particules. Ces travaux sont intimement liés et c'est pourquoi nous les traiterons ensemble.

La physique des années 60 était caractérisée par une approche « phénoménologique » qui essayait de décrire le monde des particules et leurs propriétés.

La théorie mathématique des groupes de transformation permettait une certaine classification. Les propriétés des particules confirmaient la symétrie SU (3) et le modèle des quarks de Gell-Mann et Zweig.

L'idée d'un rapprochement entre les interactions faibles et électromagnétiques faisait son chemin. Glashow envisagea dès 1960 une théorie unifiée des champs faibles et électromagnétiques, qui préfigura celle que devaient développer plus tard, d'une manière indépendante, Salam et Weinberg. Cette idée fut le rêve des physiciens de chaque génération. Einstein lui-même a consacré une grande partie de sa vie à chercher une théorie capable d'unifier les quatre forces fondamentales de la nature (Force de gravitation, force nucléaire faible, force électromagnétique et force nucléaire forte).

En 1956, Schwinger appliqua la symétrie de Jauge à la fois à l'interaction électromagnétique et à l'interaction faible. Il pensait que ces deux forces avaient un rapport. C'est son étudiant Glashow qui s'intéressa à un problème et qui proposa dès 1961 une théorie reliant les deux forces. Il postula l'existence de bosons transmettant l'interaction faible par analogie avec les photons transmettant l'interaction électromagnétique. De tels bosons devaient avoir une masse élevée. Trois particules intermédiaires transportant cette force faible furent désignées : W^+, W^- et une particule neutre le Z°

qui intervient dans les *courants neutres*, qui conservent la charge électrique. Ces particules (W et Z) sont cent fois plus lourdes que le proton.

Pour tenir compte de quantités infinies qui apparaissent dans l'étude de l'action d'une charge électrique ponctuelle sur elle-même on a utilisé un procédé mathématique appelé « *Renormalisation* » qui permettait d'éliminer ces quantités infinies. Cette méthode efficace dans le cas de photons (masse nulle) ne marchait pas dans celui de bosons (particules lourdes). Weinberg et Salam vinrent au secours de ce problème et proposèrent une solution qui ne fut pas acceptée d'emblée car elle ne semblait pas « renormalisable ». Un nouveau concept intervint dit mécanisme de Higgs qui fut résolut en 1971 par Gerhard Hooft. Le mécanisme de Higgs, utilisé pour rendre renormalisable la théorie fait lui aussi à son tour intervenir le boson de Higgs.

Sheldon Lee Glashow est né le 5 décembre 1932 à New York City, à Manhattan. Il est le fils d'immigrants russes Lewis Gluchovski et Bella Gluchovski née Rubin qui quittent leur ville Bobruisk pour s'installer à New York au début du siècle. L'Amérique leur offre tout ce que la Russie tsariste refusait aux Juifs. Les Gluchovski changèrent leur nom en Glashow. Les débuts sont difficiles et les Glashow doivent lutter durement pour réussir leur intégration. Son père, plombier de profession n'a qu'un seul but : assurer à ses enfants une bonne éducation et des études universitaires. Ses efforts ne seront pas vains, les trois enfants trouveront leur chemin. L'aîné, Samuel, de 18 ans plus âgé que Sheldon est dentiste, le second, Jules, de 14 ans plus âgé est médecin, le dernier, Sheldon, sera Prix Nobel de physique en 1979.

Sheldon est passionné par la science. Il monte des expériences de physique dès son enfance avec l'aide de son frère aîné, dans une petite chambre aménagée en laboratoire. Au Bronx High School of science il rencontre Steven Weinberg celui-là même avec qui il partagera son Prix Nobel, et Gerald (Gary) Feinberg. Les mathématiques le passionnent au point où il va apprendre l'analyse avec son camarade de classe Dan Greenberg.

Dans le but d'atteindre son objectif, devenir physicien, il s'inscrit en automne 1950 à Cornell University où il rencontre des amis talentueux : toujours Steven Weinberg et le brillant mathématicien Daniel Kleitman.

Sitôt diplômés de Cornell University les chemins de Glashow et Weinberg vont diverger mais pour une courte période seulement. Weinberg ira à Princeton et Glashow à Harvard pour préparer une thèse de doctorat sous la direction de Julian Schwinger qui avait déjà douze doctorants sous ses ailes en ce moment. Son sujet de thèse est « The Vector Meson in Elementary Particle Decays » qui allait dans le sens de l'unification entre la force électromagnétique et la force nucléaire faible. Bénéficiant d'une bourse d'études « postdoctorat » il espère se rendre à l'Institut Lebedev de Moscou ou Igor Tamm (Prix Nobel 1958) aurait été heureux de l'accueillir. Les difficultés faites par les autorités soviétiques pour délivrer un visa qui ne viendra jamais font que Glashow se dirige vers l'Institut Bohr à Copenhague et parallèlement fit quelques séjours au CERN. A quelque chose malheur est bon. Il profite de ces années, de 1958 à 1960, pour découvrir la structure. SU (2) x U (1) de la théorie électrofaible.

A son retour de Copenhague il s'intéressa au « charme » avec Bjorken en 1964. Il partait de l'idée déjà élaborée en 1960 que les deux familles des particules n'étaient pas symétriques. On avait bien trois quarks (haut, bas, étrange) la famille des leptons contenait quatre membres (électron et muon et leurs deux neutrinos associés). Glashow suggéra alors l'existence d'un quatrième quark qu'il appela « charme » car il ajoutait une charmante symétrie. Cette propriété servit de base à la recherche et à la découverte des particules J/ψ par Samuel Ting et Burton Richter (P.N). Cette découverte donna une assise expérimentale aux théories de Glashow, Weinberg et Salam et confirmait ainsi le modèle des quarks.

Le quatrième quark de Glashow permit d'expliquer l'échange d'un boson Z° neutre sans changement de saveur des particules lors d'une interaction faible par courant neutre (ce qui n'est pas le cas lors d'échanges de bosons W^+ et W^-).

En 1974, Glashow s'intéressa à la grande unification (GUT) faisant intervenir des particules « X » trop lourdes (20 millionièmes du gramme). La force unifiée régna pendant 10^{-34} seconde après la création de l'univers.

Sur le plan universitaire, Sheldon Lee Glashow a été très mobile. Après son M.A. à Harvard suivi d'un doctorat, il fut encouragé à venir à « Caltech » par Gell-Mann qui le rencontra au Congrès de Rochester en 1960. Il quitta « Caltech » pour Stanford University où il obtint un poste de professeur assistant en 1961/62.

Il retourne à Harvard en 1966 où il est resté plusieurs années (1966-1982) interrompues par des séjours au CERN (Genève), à l'Université de Marseille (1970), M.I.T. (1974) Brookhaven, Texas University et University of Houston (1982). Il s'installa à l'Université de Boston depuis 1984. Il est à Berkeley depuis deux ans.

Glashow est marié à Joan Shitley Alexander avec laquelle il a eu quatre enfants.

Depuis qu'il a reçu le Prix Nobel en 1979 pour sa contribution à la compréhension de la théorie de l'unification de la force électromagnétique et la force nucléaire faible, Glashow essaie d'aller plus loin pour trouver une unification de la force électrofaible et de la force forte.

Glashow a reçu également pour ses travaux la Médaille Robert J. Oppenheimer (1977), le Prix George Ledlie (1978) et le Prix Castiglione di Silica (1983)

Steinberger, Lederman et Schwartz
Lauréats du prix Nobel en 1988

C'est en 1962 que furent publiés les résultats d'une expérience pour laquelle Jack Steinberger, Léon Lederman et Melvin Schwartz reçurent le Prix Nobel de physique en 1988. On annonçait l'observation de neutrinos énergétiques et l'existence de deux types de neutrinos.

Le neutrino est une particule qui a intrigué les physiciens pendant plus d'un demi siècle. Elle commence autour de 1930 avec Wolfang Pauli (1900-1958) qui émit l'hypothèse qu'au cours de la désintégration bêta deux particules sont émises : l'électron et une particule inconnue qu'il appela « neutrino » après la découverte du neutron en 1932. Fermi tint compte de l'existence du neutrino dans sa théorie de la radioactivité bêta (1933).

Difficile à détecter, le neutrino peut traverser toute la terre sans être arrêté. Les neutrinos ont été observés pour la première fois en 1955 par Cowan et Reines dans le réacteur de Savannah River. Mais l'expérience couronnée par le Prix Nobel fut réalisée dans les années 1960 et dont les résultats furent l'existence des neutrinos pour expliquer la radioactivité β des noyaux, c'est au neutrino qui accompagnait toujours un électron qu'on avait recours. Dans les rayons cosmiques on avait détecté une particule, le méson Π, qui se désintègre en donnant un muon η associé à une particule inconnue : un neutrino.

Une autre question : les deux neutrinos étaient-ils une seule et même particule. Les physiciens cherchaient à savoir si le neutrino des désintégrations β et celui des désintégrations du méson Π étaient identiques. Par exemple B. Pontecorvo, physicien italien qui travaillait en Union Soviétique soutenait qu'il existait un neutrino associé à l'électron et un neutrino différent associé au muon.

Une expérience fort ingénieuse fut montée. Pour la première fois on construisit un véritable faisceau de neutrinos de haute énergie à l'aide du nouveau synchrotron à protons du laboratoire national de Brookhaven : des protons (de 30 Gev) accélérés frappent une cible de béryllium produisant une multitude de mésons Π qui se désintègrent en émettant des muons et des neutrinos. A leur tour, les neutrinos vont interagir. Mais comment détecter ces neutrinos dont la probabilité d'interaction est faible et qui étaient accompagnés d'autres particules qui n'avaient aucune difficulté à interagir. Il fallait stopper toutes les autres particules susceptibles de « masquer » les interactions entre un neutrino et un proton, événements infiniment rares. On construisit pour cela un blindage d'une largeur de 13,5 m. d'acier, récupéré dans une décharge navale, qui stoppait toute les autres particules sauf les neutrinos qui pouvaient le traverser sans perte notable.

Derrière ce bloc d'acier, se trouvait un nouveau détecteur de 10 tonnes, composé d'une centaine de plaques d'aluminium de 2,5 cm d'épaisseur. De rares collisions entre les neutrinos et les noyaux d'Aluminium devaient produire des muons ou des électrons qui provoqueraient des étincelles entre les plaques sous haute tension.

L'expérience produisit 29 événements montrant sans ambiguïté un muon issu d'une interaction de neutrinos du faisceau. En revanche, aucun événement ne signifiait la présence d'un électron. La conclusion s'imposait : il existait dans la nature deux neutrinos différents, l'un produit avec l'électron et engendrant un électron, l'autre produit avec le muon et engendrant un muon.

Les neutrinos nés d'une désintégration de pions en muons, produisaient des muons. Il existait donc un autre neutrino : le neutrino muonique.

Un concept nouveau fut introduit, celui de « charge leptonique ». Autrement dit, l'électron, ses deux « frères » plus lourds γ ς (le tau découvert en 1975 par M. Perl est 3500 fois plus lourd que l'électron) et ses trois cousins neutres γ_e, γ_γ, γ_ς forment la famille des *leptons* (du grec « petit » ou « délicat ») qui subissent tous l'interaction faible. On les note toujours en couple : (e, γ_e) (γ,γ_γ) (ς, γ_ς) chacun de ces couples a une charge leptonique qui se conserve lors des réactions, comme la charge électrique.

Steinberger, Lederman et Schwartz reçurent le Prix Nobel en 1988 qui couronna les travaux qu'ils avaient fait vingt-sept ans auparavant. Ce qui fit dire à Jack Steinberger « Deux choses sont nécessaires pour obtenir un Prix Nobel en physique : réaliser une expérience intéressante quand vous êtes jeune et vivre assez longtemps ».

Après cette fameuse expérience, les trois lauréats du Prix Nobel vont vivre chacun un destin différent, prenant des chemins divergents, mais tous avec un destin prospère et merveilleux qui se révèlent à travers leurs courtes biographies.

JACK STEINBERGER (1921-)

La première chose qui frappe chez cet homme c'est son regard plein de sérénité qui relativise les événements. Personnalité chaleureuse tout en étant réservée. Son humour ne fait qu'ajouter de la sympathie pour ce physicien exceptionnel qui s'intéresse également à ce qui se passe en dehors de son laboratoire avec une forme d'humilité. Jack Steinberger formera avec Léon M. Lederman et Melvin Schwartz une équipe qui marquera de son empreinte l'histoire de certaines expériences décisives en physique des particules.

Jack Steinberger est né le 25 mai 1921 à Bad Kissingen, en Allemagne. Son père, Ludwig Lazarus Steinberger est un canteur (« Hazan ») dans la synagogue de la petite communauté juive où il était un éducateur et enseignant d'études juives depuis l'âge de 18 ans jusqu'en 1938 lorsqu'il dut quitter l'Allemagne. Sa mère, Berta May Steinberger née à Nuremberg bénéficia d'une éducation secondaire de bon niveau ce qui lui permettra plus tard de compléter le budget familial en donnant des cours privés d'anglais et de français et servir parfois de guide touristique. Jack Steinberger a vécu dans un milieu modeste. La vie qu'il partagea avec ses deux frères était simple. L'Allemagne est en pleine dépression et assurer une bonne éducation aux enfants n'était pas facile, le régime nazi commença déjà son sinistre programme. Jack et son frère quittèrent l'Allemagne en 1934 et émigrèrent aux Etats-Unis, à Chicago, dans l'Illinois où ils furent accueillis par la famille Faroll, un broker de céréales.

Jack Steingerger s'orienta vers des études d'ingénieur chimiste à l'Institut technologique de l'Illinois à Chicago, où il suivra plus tard les cours d'Enrico Fermi.

Ce fut une période florissante dans le domaine de la physique des particules. Plusieurs d'entre elles furent découvertes et marquèrent la transition des rayons cosmiques aux accélérateurs. Nous sommes en 1942, Steinberger venait d'avoir son premier diplôme de chimie à l'Université de Chicago. Engagé dans le Signal Corps, c'est ici qu'il fera connaissance avec le monde de la physique enseignée par des jeunes professeurs dont l'âge ne dépassait guère celui de leurs étudiants. Après avoir suivi les premiers cours il fut engagé non dans le service actif classique mais au *Radiation Lab.* du M.I.T. qui comptait quelque trois milles employés dont un millier de physiciens venus de tous les coins des Etats-Unis et d'Europe et qui comprenait quelques talents de haut niveau comme Julian Schwinger, Edouard Purcell, Isidore I. Rabi, Louis Alvarez et quelques autres chercheurs intégrés au groupe des antennes où sa première réalisation au Radiation Lab. fut une petite antenne de réception pour détecter le radar des vaisseaux japonais, cela vers la fin de la guerre.

Sur le plan politique Steinberger comme la plupart de ses jeunes collègues était de gauche. L'Allemagne nazie et l'Italie fasciste étaient unies dans leur diabolique programme. La Guerre d'Espagne devenait pour tous les résistants une cause sacrée. Steinberger rejoint l'Union des travailleurs scientifiques à Cambridge (Massachussetts).

Plus tard le Mc. Carthysme sévit à tous les niveaux. Les scientifiques n'y échappent pas. Steinberger est un visiteur régulier du fameux laboratoire national de Brookhaven. Mais quelle ne fut sa surprise lorsqu'on annula soudainement son autorisation de séjour dans ce laboratoire sans explication aucune.

Cette porte fermée, Steinberger ne se découragea pas. Grâce à l'appui d'un ami de Columbia University il postula pour un poste de consultant à la « Navy » mais sans succès : le F.B.I. qui surveillait tout le monde au « Rad. Lab. » Lui reprocha ses relations avec un professeur respectable et qui était un excellent scientifique mais dont les sympathies avec les Marxistes ne plaisaient pas au F.B.I. C'était l'époque de la chasse aux sorcières. Seule Harvard échappait à cette folie.

Après la défaite allemande au printemps de 1945, la pression sur les laboratoires sensibles américains fut relativement lâchée et Steinberger fut envoyé en service actif. Quelques mois plus tard ce fut le terrible drame qui s'abat sur Hiroshima et Nagasaki. Steinberger reprend ses études, bénéficiant des possibilités accordées par le Gouvernement américain aux GI's poursuivant leurs études, en obtenant son diplôme de Bachelor en chimie à l'Université de Chicago qui était une université réputée en physique et où de grands talents comme Fermi étaient professeurs et qui a eu une grande influence sur Steinberger et lui donna le goût de la physique. Fermi était aimé de ses étudiants comme professeur et comme personnalité rayonnante. Les cours de Teller et de Zacharias étaient également appréciés. La sélection en physique était sévère. Un échec à un examen ne pouvait être refait, mais malgré ce règlement, Steinberger fut exceptionnellement autorisé à refaire son examen une seconde fois qu'il réussit.

Pour sa thèse de doctorat Steinberger suivit ces cours de Fermi et s'intéressa aux rayons cosmiques. Après quelques expériences il publia ses premiers résultats dans *Physical Review* en juin 1948, qui montrèrent que l'énergie d'un électron était beaucoup plus petite que la moitié de l'énergie d'un muon. Pour montrer la précision statistique, il était décidé de faire les expériences sur le sommet du Mont Evans, la plus haute montagne des Etats-Unis à plus de 4000 m d'altitude.

Quelque temps après la découverte faite par Conversi, le fameux Bruno Pontecorvo publia une lettre dans la *Physical Review* montrant l'équivalence du muon négatif et le taux nucléaire de capture d'électrons. Les années 1948-49 marquèrent le passage de Steinberger à l'*Institute for Advanced Study* où il est le disciple d'Oppenheimer. L'environnement est idéal pour des recherches. Le « Top » des mathématiciens et physiciens se trouve là. Parmi ces illustres savants on peut citer les noms de Goedel, Weyl et Von Neumann pour les mathématiques, et Einstein, Oppenheimer, Paczek, Pais, Uhlenbeck[1] et Yukawa[2] pour la physique. Oppenheimer était le patron de l'Institut. Einstein n'avait pratiquement pas de contact avec ces étudiants. Une fois il est venu assister à un séminaire donné par son vieil ami Max Von Laue, l'un des rares physiciens, peut-être le seul à s'opposer ouvertement au régime nazi. Steinberger ne pouvait approcher Einstein car ses connaissances sur la relativité étaient réduites et il ne savait pas de quoi ils auraient parlé ? L'année 1948 fut bien chargée pour Steinberger, à la fois sur le plan professionnel et sur le plan privé. Occupé à publier sa thèse et père d'un second enfant. C'était également une rencontre utile avec des hommes comme Wheeler et Tiommo de l'Université de Princeton qui ont utilisé les résultats de Steinberger sur la désintégration du muon en formulant l'interaction universelle de Fermi et Freeman Dyson que Steinberger admirait et qui est devenu l'un de ses plus proches amis.

Deux hommes, deux grands physiciens de haut niveau, deux personnalités différentes ont influencé la vie de Steinberger. Fermi qu'il décrit comme une personnalité directe,

---

[1] Uhlenbeck, George Eugene (1900-1988). Physicien américain d'origine néerlandaise, il est l'auteur de nombreux travaux en physique théorique, notamment la théorie du spin de l'électron (1925) avec Goudsmit.

[2] Yukawa, Hideki (1907-1981). Brillant physicien japonais il devint professeur à l'Université de Kyôto après de longs séjours aux U.S.A.

En 1949, il reçoit le prix Nobel de physique pour ses travaux sur les mésons et la théorie quantique des champs.

C'est en 1935 qu'il prédit que l'interaction entre nucléons pouvait être considérée comme un échange de quantons intermédiaires : les mésons. Tenant compte des relations de Heisenberg et de la distance sur laquelle agissent les forces nucléaires (de l'ordre des dimensions du noyau : 10^{-15} m) Yukawa précisa la masse et la durée de vie de ces quantons. La découverte du méson (ou pion) l'année suivante devait confirmer la prédiction (par les travaux de Carl Anderson et Blackett sur les rayons cosmiques).

simple, modeste et sans complication, qui n'avait pas besoin d'affirmer sa grandeur professionnelle ou autre, et qui avait tout concentré sur la physique, ayant peu d'intérêt pour la culture artistique ou humaine et pour les relations extérieures à part sa famille et ses amis.

Oppenheimer était d'une autre éducation, avec une personnalité imposante, d'une grande culture et un sens de responsabilité sociale, plus engagé. Ce dernier, lors d'une interview au « Time magazine » cita le nom de Steinberger parmi les dix jeunes physiciens prometteurs aux Etats-Unis. Le passage à Berkeley en 1949/50 fut également profitable à Steinberger. La prestigieuse université était bien équipée et le *Rad.Lab* né et dirigé par E.O. Lawrence offrait d'énormes possibilités avec son cyclotron de 340 Mev le plus puissant à l'époque. Le pion venait d'être découvert à Bristol en 1947 et plusieurs travaux lui étaient consacrés. Quand Steinberger venait d'arriver à Berkeley plusieurs expériences étaient en route concernant les pions, la mesure de leur masse et la détermination de la production des sections efficaces des pions sur différents matériaux.

A la même époque le synchrotron de 330 Mev inventé et construit par Mac-Millan fut opérationnel et offrait l'exploitation d'autres champs en physique des particules et Steinberger construisit un appareil de mesure de pions positifs. Et les expériences se succédaient. C'était, il y a un demi-siècle environ. Les expériences en physique des particules sont devenues de plus en plus difficiles. De nos jours, cinq ans représentent un délai relativement court pour le projet d'une expérience qui soit élaborée et plusieurs années sont nécessaires pour recueillir les résultats et les analyser.

Pour Steinberger cette époque était florissante. Plusieurs questions restaient sans réponse en physique de particules, les ressources et les opportunités étaient assez larges au *Rad.Lab.*. C'était une chance d'être à la bonne place au bon moment. Mais ce côté positif avait sa face ombrée, liée à la période de la guerre froide dont les conséquences se faisaient sentir dans toute l'Amérique, en particulier à Berkeley, où un climat mal sain régnait. Les autorités académiques exigeaient de chaque collaborateur d'adhérer à une charte (« *Non-*

Communist Oath ») établie par l'Université de Californie et une reconnaissance personnelle de non appartenance au parti Communiste ou à d'autres organisations dont la liste était longue déclarées comme « subversives », cela à l'initiative probablement de l'Etat de Californie.

Comme cela arrive souvent cette « charte » divisa le monde scientifique sans rien contribuer à la moindre action positive. Ceux qui soutenaient cette « Charte » parmi lesquels figuraient Lawrence et Alvarez s'opposaient à ceux qui contestaient cette démarche et qui voyaient en elle une restriction des libertés très chères naturellement au milieu académique. Parmi les opposants à la « Charte » il y avait Wick, Serber et Panofsky. Enfin comme toujours dans pareille situation il y avait des gens sans convictions dans les deux camps mais qui regrettaient les virulentes divisions et animosités créées au sein de la Faculté suite à cette « Charte », dont le Président du département. Cette chasse aux sorcières était invivable pour beaucoup de monde dont Steinberger faisait partie. Pour Louis Alvarez, une prétendue cinquième colonne constituée de sympathisants communistes fut une « fixation ». Une anecdote illustre ce climat irresponsable de cette période : après une expérience où Panofsky et Steller purent observer les pions neutres, Steinberger utilisa un détecteur du cyclotron pour mesurer les pions neutres produits par les protons. A peine eut-il terminé ses mesures il fut prié par Alvarez de quitter le laboratoire, sans aucune justification. Steinberger n'était pas naïf pour ne pas trouver la cause de ce renvoi dans sa divergence de vues politiquement avec Alvarez. C'est cette même intolérance politique qui refusa la nomination de Steinberger dans ce même département, malgré le soutien fort de deux grands savants comme Mac Millan et Emilio Segrè.

Aussi lorsque Steinberger convaincu qu'il n'avait aucun espoir à Berkeley, il accepta un poste à Columbia où un cyclotron comparable à celui de Berkeley était en construction. Il décida de continuer à travailler en été. Quelle ne fut sa surprise lorsqu'un matin du 30 juin il trouva sur son bureau une note lui signifiant de quitter le laboratoire le même jour puisqu'il n'avait pas signé la fameuse « charte ».

Il était le seul à recevoir une telle note. Le refus de signer cette charte a coûté cher à plusieurs illustres physiciens. Steinberger a quitté Berkeley pour Columbia, d'autres ont perdu leur influence et certains leur travail et tout ce qu'ils ont construit pendant des années. Le geste de Steinberger était insignifiant sur le plan général puisqu'il n'avait plus de poste à Berkeley, mais pour les autres ce fut un grand sacrifice mais Steinberger n'a jamais cessé pour cela de les admirer et de les respecter pour avoir dit « non » lorsque le vent souffle en direction du « oui ». Une fois de plus des scientifiques de qualité devaient se soumettre au fanatisme de certains politiciens sous peine de perdre tout ce qu'ils ont construit.

Steinberger quitta Columbia où il était professeur jusqu'en 1968, pour venir au CERN, à Genève, où il fut directeur, administrateur et chercheur. Il se retira des affaires administratives en 1986 pour se consacrer davantage à ses recherches et à ses expériences sur les particules élémentaires à l'aide du Large Electron-Position Collider. La même année (1986) Steinberger fut nommé professeur à l'Université de Pise et c'est là qu'il apprit qu'il était lauréat du Prix Nobel de physique en 1988. Une année riche en reconnaissance pour ses travaux car il reçut également, entre autres médailles, la National Medal of Science des Etats-Unis.

Il épousa en secondes noces Cynthia Eve Alff avec laquelle il eut trois garçons, Joseph, Richard et John, et une fille, Julia Karen.

Inlassablement Jack Steinberger poursuit ses recherches au CERN où ses avis sont écoutés avec attention.

MARTIN SCHWARTZ (1932-)

Melvin Schwartz est né à New York City le 2 novembre 1932, Fils de Harry et de Hanna Shulman Schwartz. Ses parents qui ont dû lutter dans des conditions économiques difficiles lui ont donné comme ressort dans la vie un sens illimité de l'optimisme et un certain goût pour les études.

Son intérêt pour la physique commence à 12 ans lorsqu'il entra dans la fameuse Bronx High School of Science en 1944. Les quatre années passées dans cette école ont été « parmi les plus stimulantes et excitantes » de sa vie selon ses propres termes.

A cette époque Schwartz rêvait de devenir physicien théoricien. Il vise Columbia University à New York. Vers les années 1950 le département de physique de cette Université était le plus prestigieux en Amérique. En 1953, Melvin Schwartz obtint son B.S. en mathématique et physique et quelques mois après il se maria avec Marilyn Fenster qui lui donnera deux filles, Diane et Betty Lynne, et un garçon, David.

L'ambiance à Columbia est très bonne pour des jeunes de talent. Il y a Rabi avec une demi-douzaine de futurs Prix Nobel et Jack Steinberger que Schwartz qualifie de « meilleur physicien expérimental et meilleur professeur ». Son goût pour la physique des particules lui viendra de son ami Jack. Il commence sa thèse de doctorat sous sa direction. Quel plaisir pour un professeur que de voir son étudiant devenir un brillant physicien, un ami et de plus partager avec lui le Prix Nobel. L'histoire réserve quelques fois de délicieuses surprises.

Melvin Schwartz se souviendra toujours de quatre personnes qui ont compté le plus dans sa vie : son épouse sans laquelle « il n'aurait pas réussi » dit-il, son maître Jack Steinberger, son ami T.D. Lee qui a été « l'inspirateur de l'expérience » qui leur valut le Prix Nobel et enfin Léon Ledermann qui « a servi d'étincelle pour la physique des hautes énergies en Amérique » et dont Schwartz est fier d'avoir été son collaborateur.

Schwartz obtint son doctorat de physique en 1959 et rejoint la faculté à Columbia. C'est pendant une pause café de novembre 1959, au Laboratoire Pupin de Columbia qu'il discuta avec un groupe de physiciens le problème de l'interaction faible, l'une des quatre forces fondamentales de la nature. Son ami Tsung-Dao Lee, brillant physicien théoricien invita ses collègues à mettre en évidence l'existence de l'interaction faible. Le challenge était à la hauteur des espoirs émis. Schwartz dira plus tard « sans aucun espoir ». Mais vingt quatre heures après, comme une étincelle qui jaillit, l'idée du neutrino lui vient en tête par une intuition extraordinaire. Il discuta avec Steinberger et Ledermann. Tous les trois constituèrent une méthode utilisant un faisceau de neutrinos comme décrits dans notre introduction sur Steinberger et obtinrent des résultats qui confirmèrent l'existence des deux types de neutrinos.

Lorsque le neutrino a été découvert les physiciens pensaient à un seul type de neutrino sous forme de l'électron neutrino. Mais Gerald Feinberg, physicien à Columbia envisagea dès 1958 l'existence d'un deuxième neutrino associé au méson mu (muon). L'expérience de Schwartz, Steinberger et Lederman était également désignée pour déterminer la validité de l'hypothèse de Feinberg.

Mise en route en septembre 1961, environ 10^{14} neutrinos furent produits en 1962, dans lesquels une cinquantaine d'interactions avec la matière furent observés confirmant l'existence d'un neutrino muon distinct de l'électron neutrino. L'hypothèse de Feinberg était à présent confirmée. Cette expérience qui fut couronnée par le Prix Nobel de physique ouvra également la voie à d'autres recherches.

En 1966, Schwartz décida de quitter Columbia après avoir passé dix-sept ans, pour aller à Stanford où un nouvel accélérateur linéaire fut mis à sa disposition pour ses recherches. Il y resta jusqu'en 1979. A la recherche d'un autre « challenge » Schwartz quitta l'Université pour créer sa propre entreprise « *Digital Pathways, Inc.* » spécialisée dans la sécurité des ordinateurs. Ce fut une nouvelle aventure pour lui qui considérait la vie elle-même comme une merveilleuse aventure.

Retournant à ses premières amours qui sont le monde académique, l'enseignement et la recherche, Schwartz devient en 1991 directeur associé au département des hautes énergies et de physique nucléaire à Brookhaven. Melvin Schwartz est un excellent professeur, très apprécié par ses étudiants. Membre de l'Académie nationale des sciences et de la Société américaine de physique, celle-ci lui décerna en 1964 le Prix Hughes.

Schwartz a également produit d'excellents ouvrages d'électromagnétisme et d'électrodynamique. Pour la petite histoire il faut noter que le Prix Nobel qui a couronné cette fameuse expérience est arrivé avec un retard de plus de 26 ans. Avec son humour habituel Melvin Schwartz, ayant appris la bonne nouvelle eut ce commentaire « c'est un Prix Nobel qui a eu le temps de mûrir ».

LEDERMAN (1922-)

Léon M. Lederman est né le 15 juillet 1922 de parents émigrés à New York City, dont l'environnement culturel et sportif offrait toutes les possibilités. Lederman est d'origine modeste. Son père Maurice travaillait dans un salon de nettoyage et était d'une grande curiosité intellectuelle.

Léon commença ses études primaires à Broadway pour finir avec un doctorat obtenu en 1951 à l'Université de Columbia. C'est un long chemin fait de rencontres dues parfois au hasard de la vie que Léon va parcourir. Après ses études secondaires au City College de New York il est diplômé en chimie. Sous l'influence de physiciens comme Isaac Halpern et l'un de ses camarades d'études Matin J. Klein, Lederman se tourna vers la physique. Diplômé en physique en 1943 il passera trois ans de service militaire au Signal Corps avant de commencer une thèse de doctorat en 1946 à Columbia University présidée alors par Isaac I. Rabi.

Le département de physique de Columbia promet quelques espoirs avec la construction d'un synchro-cyclotron de 385 Mev et Lederman fut chargé de la construction d'une chambre à bulles de Wilson. Plusieurs visiteurs sont invités par Rabi pour développer le nouveau domaine de recherches effectuées à Columbia. Prendront part à ce développement quelques brillants talents en physique comme Gilberto Bernardini de Rome et John Tinlot du MIT. Plus tard ce sera le tour de Jack Steinberger de Berkeley. Après sa thèse de doctorat Lederman poursuivra ses travaux dans le domaine inauguré par Bernardini.

Nommé Professeur en 1958, il ira passer son année sabbatique à Genève, au CERN où il dirigea le groupe de l'expérience « g.2 ». Cette collaboration durera 19 ans avec de grands physiciens tels que Picasso, Charpak, Zichichi, Farley, Sens et d'autres.

Lederman deviendra directeur du *Nevis Labs* en 1961 et gardera cette fonction jusqu'en 1978. Bien que souvent invité dans plusieurs laboratoires dans différents pays, l'essentiel de ses recherches fut mené aux Laboratoires de Nevis, Brookhaven, CERN et au Fermilab.

Lederman a formé plusieurs générations de jeunes étudiants à Columbia. Parmi ses cinquante doctorants, plusieurs deviendront professeurs et certains occuperont de hauts postes dans la recherche et l'industrie.

En 1977, Léon Ledermann découvrit une nouvelle particule qu'il appela upsilon et en conclut l'existence d'un cinquième quark (le quark b pour bottom ou beauty) et en 1979 il est promu directeur du Fermi National Accelerator Laboratory où il dirigera la construction et l'utilisation du plus grand accélérateur au monde à cette époque.

Marié en premières noces il aura deux filles et un garçon avec sa première épouse. Il se retira avec sa seconde épouse Ellen dans l'Illinois où il travaille au Fermilab Laboratory à Batavia, tout en gardant chevaux, poulaillers, et aimant la vie en plein air. Sur un autre plan Lederman s'est engagé dans la vulgarisation scientifique destinée à un large public dans un but d'éclairer les débats sur la science. Il encouragea également la collaboration scientifique avec l'Amérique du Sud et s'intéressa d'une manière active dans le cadre de l'Académie de l'Illinois, aux enfants doués dans les sciences.

Des fonds de recherche lui ont été attribués par diverses fondations pour la science (Ford, Guggenheim, Adams etc.). Il a également reçu plusieurs prix et médailles pour ses travaux (National Medal of Science – 1965 et le Prix Wolf en physique – 1982).

Lederman s'est retiré du Fermilab en 1989 pour joindre le département de physique de l'Université de Chicago où il est professeur. L'enseignement des sciences lui tient à cœur. Il a ainsi participé à la réforme de l'enseignement des mathématiques dans les écoles secondaires qui touche plus de 20.000

professeurs de branches scientifiques dans le secondaire de Chicago. En 1991, Léon Lederman fut élu président de l'Américan Association for the Advancement of Science.

Il est également docteur *honoris causa* de plusieurs universités européennes et sud-américaines ainsi que de plusieurs institutions et académies scientifiques de l'Illinois, il a écrit une forme d'autobiographie dans son ouvrage traduit en français « Une sacrée particule » (*The god particule*). Plusieurs périodes ont jalonné la vie scientifique de Lederman. Son premier travail concernait les pions qui ont explosé dans le monde de la physique juste après la seconde Guerre Mondiale. Plus tard il se tourna vers le monde des muons pour étudier leurs propriétés et se poser quelques questions sur leur curieuse similitude avec les électrons. Lederman essaya de trouver une réponse aux questions de Feynman « Pourquoi le muon a un poids ? » ou celle de Rabi « Qui ordonne quoi ? ». Enfin une courte période où il travailla sur les kaons neutres avant d'arriver aux expériences de collisions avec des protons avec la plus haute énergie possible, dans laquelle les leptons sont produits. Cette dernière phase commença en 1968 et se prolongea jusqu'aux années 1980.

Ajoutons un autre trait de caractère de Léon Ledermann : il est connu également comme un excellent raconteur d'histoires drôles qui détendent l'atmosphère souvent austère du monde de la physique et qui font beaucoup de bien aussi bien dans la vie professionnelle que privée.

JÉRÔME I. FRIEDMAN (1930-)
Lauréat du prix Nobel en 1990

Le prix Nobel attribué à Jérôme I. Friedman, Henry W. Kendall et Richard E. Taylor en 1990 récompense la mise en évidence de l'existence des quarks vers les années septante. Déjà en 1964, Gell-Man et Zweig avaient formulé indépendamment l'existence de nouvelles particules appelées quarks qui seraient les constituants de tous les hadrons. Friedman et son équipe vont vérifier cette hypothèse par leurs expériences menées dans les années 1970 sur la diffusion fortement inélastique des électrons par des protons ou neutrons liés.

Jérôme I. Friedman est né le 28 mars 1930 à Chicago, il est le cadet des deux fils de Selig et Lillian Warsaw Friedman, des immigrants de Russie. Le père de Jérôme est arrivé aux Etats-Unis en 1913 où il a servi dans l'artillerie de l'*U.S. Army* pendant la Première Guerre mondiale. Après la guerre il est engagé comme employé dans la fabrique de machines à coudre Singer qu'il quitta quelques années plus tard pour créer sa propre entreprise. Sa mère Lillian, arrivée en 1914, travailla comme ouvrière jusqu'à son mariage avec Selig Friedman. L'intégration des Friedman ne fut pas facile. Venu de milieu modeste ils durent lutter quotidiennement, mais la culture était un stimulant pour toute la famille. Le père de Jérôme est un amoureux des livres et sa mère qui avait une voix magnifique aimait la musique et l'opéra. Les Friedman se privèrent de beaucoup de choses pour assurer une excellente éducation à leurs enfants.

Jérôme Friedman fit sa scolarité primaire et secondaire à Chicago. Très doué pour le dessin et la peinture il garda toujours un grand intérêt pour la science, en particulier pour la physique où il fut fortement influencé par la lecture d'un petit ouvrage sur la relativité d'Einstein. Au grand désespoir de son professeur de dessin qui souhaitait pour Jérôme des études artistiques, il préféra étudier la physique à l'Université de Chicago connue pour la qualité de son enseignement et pour la présence du fameux Enrico Fermi. Fort heureusement pour lui, Friedman a pu bénéficier d'une bourse d'études complète que les moyens financiers de ses parents ne pouvaient assurer. Etudiant en physique vers la fin 1940 il a eu le grand privilège de travailler avec Fermi et Valentine Telegdi. Il reçut son B.S. en physique en 1950 et trois ans plus tard son Master's degree et décide de faire son doctorat sous la direction de Fermi. Il y a là d'éminents chercheurs et visiteurs qui viennent travailler ou s'associer à des projets avec Fermi et des conditions de travail exceptionnelles. Un climat stimulant pour tout jeune chercheur règne dans ce département de physique. Le décès prématuré de Fermi (1954) fut une immense perte pour tout le monde, en particulier pour Friedman qui préparait sa thèse sur la polarisation du proton pour déterminer si cette polarisation résultait de la diffusion élastique ou inélastique.

Il finit son doctorat sous la direction de John Marshall qu'il obtient en 1956 et continua ses recherches sur l'interaction faible dans le département de physique de Chicago, dans le laboratoire dirigé par Telegdi.

Friedman quitta Chicago pour l'Université de Stanford où il fut nommé « research associate » dans le laboratoire de physique des hautes énergies. Robert Hofstadter est directeur à cette époque. Il est l'un des derniers physiciens à rechercher la structure la plus intime de la matière. On croyait encore réduire la constitution d'un atome aux trois particules fondamentales (proton, neutron et électron) qui expliquait quelques phénomènes observés. L'invention d'accélérateurs de particules vers les années 1930 va rendre cette conception caduque. Gell-Man, comme nous l'avons dit, postula l'existence de quarks que personne n'avait observés. Les travaux de Hofstadter grâce au SLAC (Stanford Linear Accelerator Center) ont déjà confirmé que le proton avait une structure non ponctuelle, n'était pas qu'une balle « floue », ceci grâce à la diffusion d'électrons. Certains chercheurs pensaient que le travail de Hofstadter était achevé. Nous sommes en 1963 lorsque Friedman avec ses collègues Kendall et Taylor décidèrent d'utiliser la capacité de l'accélérateur de Sanford (20 Gev) construit sous la direction de Panofsky qui fournissait un faisceau d'électrons capable d'explorer l'intérieur des noyaux atomiques permettant une vue plus claire des protons et des neutrons.

La diffusion des électrons est provoquée par l'interaction de leur charge électrique avec les charges et courants électriques présents au sein du noyau.

Quand la diffusion est « *élastique* » on « voit » le noyau dans son ensemble (on peut mesurer son rayon et sa distribution de charge).

Mais les électrons peuvent interagir directement avec les nucléons à l'intérieur du noyau et permettre ainsi de « voir » comment ils y sont arrangés, c'est la diffusion « inélastique » profonde. Ils voulaient à l'origine vérifier si les particules observées dans d'autres expériences pouvaient être produites par des électrons. Ils utilisèrent comme cible de l'hydrogène liquide. Sur le conseil du physicien théoricien James Bjorken ils éloignèrent leurs détecteurs de la ligne du faisceau des électrons pour rechercher ceux qui s'en écartaient violemment et constatèrent à leur grande surprise qu'il y avait dix fois plus d'électrons que prévu. C'était une répétition de l'expérience de Rutherford qui avait en 1911 fait rebondir des particules alpha (en fait des noyaux d'hélium) sur des atomes d'or des noyaux lourds et denses, qui prouvèrent que la quasi totalité de la masse de l'atome était concentrée dans un tout petit noyau chargé positivement.

Feynman de passage au SLAC montra qu'il y avait comme de petits grains durs dans les protons qu'il nomma « partons ». Les résultats expérimentaux furent annoncés au Congrès de Vienne en 1968. En 1974, une expérience utilisant un faisceau de neutrinos montra que les « partons » de Feynman portaient des charges fractionnaires groupés par trois dans le proton. Gelle-Man avait déjà obtenu le Prix Nobel pour sa découverte du quark. L'expérience de Kendall, Taylor et Friedman donna une information plus précise que celle de Hofstadter sur la structure intime du noyau et la structure interne de ses constituants, l'existence des quarks et des « gluons » qui sont les médiateurs de la force dite

« interaction forte », un peu comme les photons sont les médiateurs pour la force électromagnétique (on admet aujourd'hui qu'il existe huit types de gluons en chromodynamique quantique).

Friedman et son équipe ont également trouvé que dans certaines conditions expérimentales, les « partons » de Feynman se déplacent librement à l'intérieur du proton comme si aucune force ne les liait entre eux. Cet effet a été quelques années plus tard baptisé « liberté asymptotique ». Ce fut le point de départ de la théorie de l'interaction forte vers les années 1990.

Jérôme Friedman a rempli plusieurs fonctions. De chercheur il est devenu professeur au M.I.T. (Boston) en 1960. Vingt ans plus tard il devint directeur du laboratoire de physique nucléaire du MIT et président du département de physique de 1983 à 1988. Parallèlement à ses recherches, Friedman s'est occupé de plusieurs activités administratives et de politique scientifique des Etats-Unis. Il a notamment présidé pendant des années le Comité scientifique pour la construction du S.S.C. (Superconducting Super Collider).

Parmi les nombreuses distinctions attribuées à Friedman mentionnons le Prix W.K.H. Panofsky que lui a décerné la Société de physique américaine en 1989, qu'il partagea avec ses deux collègues Kendall et Taylor.

En 1956, Friedman épousa Tania Letetsky-Baranovsky qui a été pour lui un support constant dans sa vie de physicien voyageant entre les deux côtes des Etats-Unis et avec laquelle il a eu quatre enfants : Ellena, Joel, Martin et Sandra.

Apprenant par un appel téléphonique de sa femme qu'il avait reçu le Prix Nobel, Friedman s'exclama « c'est tellement incroyable que je croyais que je dormais encore et que c'était une partie de mon rêve ».

GEORGES CHARPAK (1924-)
Lauréat du prix Nobel en 1992

Rarement un homme a consacré autant d'années de sa vie à traquer des particules. Les instruments qu'il a mis au point ont permis à de nombreux physiciens d'observer et d'enregistrer ce qui se passe dans ces « collisions » qui ne durent qu'une fraction de seconde, et de « trier » quelques événements parmi des milliards qui leur paraissent intéressants.

La fabrication et le perfectionnement de ces instruments ont valu plusieurs prix Nobel à leurs inventeurs dont Charpak est le dernier en date.

Après la chambre à brouillard de Wilson (Prix Nobel 1927) qui enregistre la trace du passage d'une particule chargée dans une vapeur, c'est au tour de Blackett[1] (Prix Nobel 1948) de perfectionner la chambre de Wilson dans le but était l'étude du rayonnement cosmique. Deux ans plus tard Powell (Prix Nobel 1950) mit au point un dispositif photographique simple capable d'enregistrer des rayons cosmiques. En 1952 Glaser (Prix Nobel 1960) non satisfait de la chambre à brouillard et des émulsions photographiques apporte une contribution décisive à ces instruments en créant une nouvelle technique : la chambre à bulles. Celle-ci sera encore perfectionnée par Alvarez (Prix Nobel 1968).

Tous ces instruments étaient d'une grande efficacité mais ils avaient leur limite. La naissance d'accélérateurs de plus en plus performants et la multitude de particules à détecter

---

[1] Blackett, Patrick (1897-1974). Physicien anglais, il fut l'assistant de Rutherford à Cambridge. Ses travaux portent sur les rayons cosmiques. Il confirma l'existence de l'électron positif (positron) en observant des trajectoires en gerbe. Il est également l'auteur d'une théorie sur le champ magnétique terrestre. Prix Nobel de physique en 1948, il s'afficha clairement contre le développement des armes nucléaires.

rendaient ces instruments peu performants. Pour Charpak, la construction des instruments, leur amélioration et leur utilisation est une longue histoire d'amour qui commence comme toutes les histoires d'amour assez tôt.

Déjà lorsqu'il était au laboratoire de chimie nucléaire du Collège de France dirigé par Frédéric Joliot (Prix Nobel de chimie en 1935), Charpak est frappé par la pauvreté de l'équipement de ce laboratoire où il fallait fabriquer soi-même ses propres instruments pour mener à bien certaines expériences. Cette obligation a joué comme il le dit « un rôle formateur » dans sa carrière.

L'idée géniale de Charpak fut de mettre au point une chambre proportionnelle multifils qui permit de remédier à la situation qu'on observait en 1968. A cette époque déjà Charpak cherchait le moyen de localiser les signaux électriques des étincelles sans avoir à photographier celles-ci. En cherchant à comprendre ce qui se passe lors de l'ionisation des gaz entre deux électrodes et le phénomène des réactions électroniques en chaîne, la formation des étincelles, l'effet des champs électriques localisés sur des électrons et des ions et la formation du signal.

Quelques techniques existaient déjà. Certains tubes classiques utilisaient un fil d'anode fin placé sur l'axe d'une cathode cylindrique. Le tube était rempli d'un gaz approprié. La particule chargée le traverse, ionise ce gaz et les électrons libérés vont sur l'anode, produisant davantage d'électrons dans leur passage, ce qui forme une « avalanche » d'électrons. Mais ce n'était guère pratique de construire des détecteurs de grande surface. C'est alors qu'intervient Charpak qui contourne cette difficulté en construisant de grandes plaques de minces fils tendus verticalement et horizontalement entre deux plans cathodiques distants de 1mm qui se conduisent chacun comme un détecteur proportionnel. Le principe étant que le plan de fils jouant le rôle d'anodes est placé entre les deux plans-cathode. Lorsqu'une particule passe à travers ce dispositif soumis à une différence de potentiel électrique, elle ionise des atomes du gaz ambiant au voisinage du fil-anode le plus proche. Les électrons ainsi libérés sont attirés vers l'anode et leur nombre est multiplié par un facteur d'environ un million sous l'effet du champ intense régnant au voisinage du fil-anode.

Ce sont ces avalanches d'électrons, semblables à celles qu'on observe dans un compteur Geiger. Le tube inventé en 1928 par Geiger et Müller est constitué d'un cylindre relié à la terre et d'un fil axial anode porté à un potentiel (1000 v par exemple) par rapport au cylindre. Le gaz du tube est sous pression réduite (argon + un peu d'alcool) les particules entrant dans ce tube déclenchent des avalanches d'ions qui sont enregistrées et qui permettent grâce aux nombreux fils, de reconstituer avec précision la trajectoire de la particule. Avec une géométrie améliorée et des champs plus élevés de la chambre proportionnelle multifils (MWPC), les électrons d'ionisation se déplacent plus rapidement et plus uniformément, de sorte que la résolution temporelle s'améliore pour atteindre quelque 25 nanosecondes. Ces détecteurs sont d'une rapidité extraordinaire car ils permettent de faire de la détection en temps réel, alors qu'auparavant une analyse détaillée des clichés photographiques était nécessaire. Et surtout, ce système peut être relié à de puissants ordinateurs qui font le tri dans des milliards d'événements dont seulement quelques centaines intéressent les physiciens, du fait que la particule laisse sa trace directement sous forme de signaux électriques. L'invention de Georges Charpak a permis un saut technologique d'une très grande importance. Ces chambres et leurs dérivées ont permis d'écrire les plus belles pages de l'histoire du CERN où Charpak a travaillé trente trois ans. Sans ces détecteurs on imagine mal ce que serait devenue la physique des particules où les collisions sont fort nombreuses mais les événements intéressants rares. D'autres Prix Nobel ont utilisé la technologie de Charpak pour leurs découvertes. C'est le cas notamment de Richter et Ting (Prix Nobel 1976) pour leur découverte de la particule J/Ψ, de Rubbia et Van deer Meer (Prix Nobel 1984) pour leur découverte des bosons W^{+}, W^{-} et Z°. De nombreuses équipes a travers le monde essaient de comprendre grâce à l'invention de ces détecteurs le comportement de la matière à une échelle de 10^{-17} m. et ce qu'elle était juste après le « Big Bang ».

Charpak ne va pas limiter ses détecteurs à la recherche des particules. A partir des années 70 il envisage les applications des détecteurs à la médecine et à la biologie. Leur utilisation s'est avérée d'une grande importance. La précision et la rapidité de réponse de ces détecteurs permettent un balayage plus rapide et des doses de radiation plus faibles. A l'Hôpital Saint-Vincent-de-Paul, à Paris, le département de radiologie a baptisé ce dispositif « Système Charpak » qui permet de réduire jusqu'à cent fois la dose d'exposition du patient aux rayons X tout en augmentant la quantité d'informations contenues dans l'image et son acquisition numérique d'emblée. La chambre proportionnelle multifils se présente à l'extérieur comme un boîtier en aluminium d'environ 50cm de largeur, sur lequel est fixé un petit manomètre permettant de contrôler la pression du gaz (mélange de Xénon et de CO_2). A l'intérieur de cette boîte se trouvent des fils de cuivre de 10 microns de diamètre, tendus comme une trame de tissage. Chacun de ces fils de 5cm de long et distant de ses voisins de 1,2mm, est relié à un amplificateur, un élément de sélection et un compteur. Lors de l'examen du patient, le faisceau de rayons X finement colmaté balaye la région à examiner. Le détecteur enregistre une ligne toutes les 30 millisecondes. L'avantage également est d'irradier uniquement la région anatomique nécessaire. Un autre avantage précieux c'est le comptage unitaire des photons qui permet une numérisation directe de l'information à sa sortie du détecteur.

L'Hôpital cantonal universitaire de Genève a réalisé la radiographie d'un rein de rat cent fois plus rapidement que par les méthodes classiques, et l'Institut Pasteur est enchanté du système Charpak.

L'invention de Charpak sera d'une grande utilité pour les futurs programmes du CERN. « Les travaux de recherche et développement en cours sur les détecteurs pour le LHC [Large Hadron Collider] nous apporteront également des retombées précieuses » affirme Charpak. Avec la collaboration de Léon Lederman et Yanis Giomataris, Charpak et son équipe ont imaginé un système purement optique qui permettait de sélectionner, en quelques milliardièmes de seconde, des quarks « botton » (découverts en 1977). Ses recherches s'inscrivent dans ce qu'il appelle la « masse cachée » de l'Univers.

Georges [Grisha] Charpak est né le 1er août 1924 dans une région proche de Tchernobyl, Pripet, en Pologne. Sa naissance est enregistrée à Dobrovica, cette ville dont les trois-quarts de la population étaient juifs et où « naître juif y était un handicap ».

Il est le fils de Hannah Szapiro et de Motele Charpak. La situation de ses parents est extrêmement modeste, ils vivent presque dans la précarité mais ils sont dotés d'un courage exceptionnel qui leur permettra de traverser toutes les difficultés que la vie leur réserve. Après un bref séjour de deux ans en « Terre promise » en 1926, à Haïfa où le jeune Charpak entend parler l'hébreu et l'arabe en jouant avec ses camarades, il retourne avec sa famille en Pologne où il devra apprendre le polonais pour entrer à l'école. A cinq ans il a appris déjà quatre langues (yiddish, russe, arabe, polonais).

Nouveau déracinement, la famille quitte la Pologne pour la France ; Georges a 7 ans lorsqu'ils arrivent à Paris. La France est alors une terre de refuge pour de nombreux juifs polonais de l'époque. G. Charpak poursuivra ses études primaires et ira au Lycée Saint-Louis à Paris. Pendant la guerre, il entre dans la Résistance française et il est arrêté pendant l'été 1943, emprisonné à Montpellier, jugé et condamné par les autorités de Vichy à deux ans de prison pour activités antinationales. Il a à peine 19 ans. Il est envoyé le 18 juin 1944 au camp de concentration de Dachau où il passe une année.

De cette période, Georges Charpak refuse de parler. Le silence semble être la seule réponse à ce qui ne peut être ni défini, ni décrit. Il renvoie ses lecteurs à Primo Levi et à ses écrits. Une seule phrase qui ne concerne que le voyage en train pour Dachau donne une idée de l'horreur vécue par ces hommes parqués et enfermés dans des wagons. Après trois jours et trois nuits dans le train, ces hommes glissèrent une botte à l'extérieur pour recueillir un peu d'eau de pluie lors d'un orage, afin que certains d'entre eu ne soient pas déshydratés. Un mot clé chez Charpak c'est le mot « solidarité ».

C'est elle qui lui a permis de s'en sortir dans les pires moments de son histoire, c'est toujours elle qui le guide encore aujourd'hui dans toutes ses actions. Après l'Ecole des mines de Paris, d'où il sort avec le diplôme d'ingénieur en 1946, année où il fut aussi naturalisé français, il entre comme stagiaire au CNRS, puis chargé de recherches, et maître de recherches. Après le CNRS il va travailler de 1948 à 1955 au laboratoire de chimie nucléaire du Collège de France. En 1951 c'est la rencontre avec celle qui deviendra sa femme et qui travaillait au laboratoire de l'Ecole Polytechnique de Paris. Ils se marièrent en 1952 et eurent trois enfants, nés entre 1953 et 1958 et qui sont aujourd'hui tous les trois médecins. L'aîné, Yves est épidémiologiste, Nathalie est pédiatre et se consacre à soulager la misère dans le monde en Amérique latine et en Asie, et Serge chercheur en biologie.

En 1954 Charpak prépare une thèse dont le sujet était « La perturbation apportée au cortège électronique par une désintégration BETA » au Laboratoire de Frédéric Joliot-Curie.

En été 1958, il participe à un Congrès de physique à Padoue où il fait une communication sur un compteur qu'il avait mis au point. Parmi les participants se trouve Léon Lederman qui est vivement intéressé par le sujet présenté. Ce dernier propose à Charpak de le rejoindre dans son équipe au CERN par une année sabbatique.

C'est une nouvelle vie qui commence pour Georges Charpak. Il laisse tout et part à Genève en 1958, entre au CERN l'année suivante et ne le quittera plus. Dans cet univers genevois Charpak est heureux. Il trouve au CERN les conditions qui lui permettent de réaliser ses projets et où il aime être en prise directe sur les applications pratiques, concrètes, des instruments qu'il invente. Intégré au groupe G-Z lancé par Lederman il veut « remplacer les photos par un écran d'ordinateur... et trouver la façon de les lier indéfectiblement ». Roger Bouclier, technicien de talent, lui sera fidèle depuis 1963. Les premiers prototypes de 5 cm de côté grandiront pour atteindre des dimensions cent fois plus grandes. Les années 70 furent consacrées aux applications des détecteurs à la médecine. Vingt ans plus tard l'Institut Pasteur expérimenta le prototype de Charpak, capable de sélectionner les fragments biologiques marqués par un traceur radioactif.

Georges Charpak, celui que l'on a surnommé « le traqueur de particules », est probablement le plus populaire, le plus médiatisé et certainement le plus aimé des Prix Nobel de physique en cette fin de siècle. Non seulement parce qu'il a contribué à écrire les plus belles pages de l'histoire du CERN grâce à ses inventions des détecteurs de particules et à leurs développements mais aussi pour les applications de ses travaux qui vont de la biologie à la médecine, très proches donc de la vie quotidienne des gens, mais aussi pour son engagement personnel, sa vision sur l'avenir de l'humanité et pour son combat contre le surarmement des grandes puissances. Un autre côté propre à Charpak est son combat pour la réforme de l'enseignement des sciences à l'école. Il veut former des citoyens responsables, capables de juger sur preuves évitant ainsi de suivre les gourous de tous genres. Charpak souhaite que l'école puisse former des « citoyens différents » capables de raisonner par eux-mêmes. En physique il recommande un enseignement par l'expérience où l'élève ne reste pas passif à enregistrer ce que le maître raconte mais qui, actif, participe et « met la main à la pâte ». La physique doit être un « aller et retour permanent entre l'expérience et la réflexion théorique ». Cet intérêt pour changer les sciences à l'école primaire lui est venu après la visite en 1990 d'une classe à Chicago dont s'occupait l'un de ses amis Prix Nobel en physique également, L. Lederman.

Depuis 1984, Georges Charpak est titulaire de la chaire Joliot-Curie à l'Ecole supérieure de physique et de chimie de Paris, dirigée par un autre Prix Nobel de physique Pierre-Gilles de Gennes[1] (1991).

---

[1] Gennes, Pierre-Gilles de (1932-). Physicien français. Ses travaux sont nombreux et diversifiés, allant du comportement des systèmes moléculaires partiellement ordonnés, comme les cristaux liquides, aux supraconducteurs et aux polymères. Prix Nobel de physique en 1991 c'est un physicien brillant, aussi bien à l'aise comme théoricien que dans des applications industrielles de nombreux matériaux. C'est un visionnaire de premier plan qui s'est attaqué aux problèmes les plus complexes en physique du solide comme à la physico-chimie.

Il est également membre de l'Académie des sciences de Paris depuis 1985, membre associé étranger de l'Académie nationale des sciences américaine, et docteur *honoris causa* de l'Université de Genève qui lui décerna ce titre en 1977 pour témoignage « des qualités d'imagination et de créativité du Dr. Charpak ». Depuis sa création le CERN et l'Université de Genève ont établi des relations qui constituent un bel exemple d'une fructueuse collaboration qui ne s'est jamais démentie. Georges Charpak est également *docteur honoris causa* de l'Université d'Ottawa en 1995. C'est dans cette même ville qu'il a patronné une bourse de recherches Canada-Israël avec le concours de l'ambassade de France.

Avant de terminer je voudrais ajouter une touche personnelle à ce portrait certainement incomplet. Lorsque je l'ai par hasard rencontré une fois, quelques semaines avant qu'il fût lauréat du Prix Nobel, ce qui m'a frappé c'était son regard, des yeux d'un bleu intense, pétillants d'intelligence avec une expression du visage d'un homme marqué par l'histoire. Une grande bonté qui se dégage d'un visage un peu dur, une beauté qui rappelle certains acteurs de films western.

Charpak n'est pas seulement le physicien aimé et apprécié du CERN et des médias. Il est aussi un homme de combat qui lutte contre toutes les formes d'intolérance, quelle qu'en soit la nature. Il se méfie de toute idéologie et se préoccupe de ceux qui sont menacés dans leurs libertés. C'est ainsi qu'il a mené une action courageuse au CERN et ailleurs vers 1980 pour la libération de deux physiciens soviétiques Yuri Orlov et Andres Sakharov[1]. C'est toujours dans le même esprit qu'il souhaite vivement que Juifs et Arabes après un siècle de

---

[1] Sakharov, Andres Dmitrievitch (1921-1989). Physicien soviétique dont les travaux ont porté sur la physique nucléaire, la physique des plasmas et la cosmologie. Il a collaboré à la fabrication de la bombe à hydrogène soviétique. Prix Nobel de la paix en 1975, il n'a cessé de lutter pour la liberté des hommes dans l'ex. U.R.S.S. et pour la défense de leurs droits. Sous surveillance policière de 1980 à 1986, il sera enfin réhabilité et élu au présidium de l'Académie des sciences. Ses mémoires publiées en 1990 eurent un grand succès.

conflit puissent enfin vivre en paix et construire ensemble un avenir meilleur.

Martin L. Perl (1927-)
Lauréat du prix Nobel en 1995

Le « Modèle standard » organisait les particules en trois familles où chacune comprend deux quarks et deux leptons. Dans la première famille on trouve le quark haut (quark up charge électrique + ⅔, découvert en 1960), le quark bas (quark down charge électrique - ⅓, découvert en 1960), l'électron (charge – 1, découvert en 1898) et son neutrino (sans charge électrique – neutrino électron). Les deux autres familles se composent de particules instables que l'on ne rencontre que dans les rayons cosmiques et dans les expériences de haute énergie.

La deuxième famille contient le *quark étrange* (charge - ⅓ découvert par Rochester et Butler) le *quark charme* (charge + ⅔, découvert en 1975) le muon et le neutrino muon. La troisième famille contient le quark sommet (top) (charge + ⅔ découvert en 1994/95) le quark beauté (beauty, Botton) (charge - ⅓, découvert en 1981) le *tau* et son neutrino (propriétés similaires à celles du neutrino de l'électron).

Parmi ces particules, il y en a quatre qui ne subissent pas l'interaction forte, ce sont l'électron, le muon, le neutrino électron et le neutrino muon. Ils font partie des « Leptons » (du mot grec qui signifie « petits », « délicats »), ils subissent tous l'interaction faible.

Pour compléter les leptons il fallait encore une paire (on avait la paire électron /neutrino, la paire muon/neutrino). C'est à Martin L. Perl que revient la découverte de la troisième paire : le tau, 3500 fois plus lourd que l'électron, et son neutrino, ayant ainsi découvert le lepton le plus lourd. Quant au lepton le plus léger, sa découverte est due à Reines qui partagea le Prix Nobel avec Perl. La durée de demi-vie du tau étant de 5.10^{-12} seconde il était difficile de l'identifier et on ne pouvait le faire qu'à travers la détection de particules auxquelles il donne naissance par désintégration. Perl, son collègue Richter et leur équipe composée d'une trentaine de personnes commençaient leur quête en 1972 à Stanford qui venait de se doter d'un nouvel accélérateur, SPEAR (Stanford Positron-Electron Asymmetry Ring) un outil idéal pour traquer de nouvelles particules appartenant à la famille des Leptons.

Dès l'observation des premiers événements enregistrés en 1974 par Perl, plusieurs physiciens croyaient au quark charme. En 1975, Perl et ses collaborateurs publièrent un article intitulé *Evidence for existence of anomalous lepton production* où ils parlent de nouvelles particules dont la masse serait de l'ordre de 1,6 à 2 $\frac{GeV}{c^2}$, deux ans plus tard ils étaient en mesure de donner la masse de 1,80 ± 0,045 $\frac{GeV}{c^2}$ pour le lepton-tau.

Le tau était vraiment une nouvelle découverte qui n'était pas prévue par des calculs théoriques. C'était le premier membre de cette troisième famille des quarks et leptons.

En 1977, les propriétés de cette nouvelle particule ont été largement précisées grâce aux expériences faites à Stanford et au CERN.

Pour leur expérience, Perl et son équipe ont utilisé une collision frontale entre un faisceau d'électrons et un faisceau de positrons qui, lors de l'annihilation de l'électron et du positron, donnent naissance à un tau et un antitau. Perl a donné le nom tau à cette particule pour montrer que c'est le troisième de la famille (du mot grec « Triton »). Cette particule pouvait selon Perl se désintégrer soit en muon ou en électron avec un neutrino et un antineutrino respectivement.

La découverte de Perl a eu une importante implication théorique. Les quatre leptons connus trouvèrent leurs correspondants dans les quatre quarks connus. Le tau découvert, il fallait un nouveau quark pour maintenir la symétrie. Cela se fera quelques années plus tard grâce aux travaux de Lederman qui ont conduit à la découverte de la particule Epsilon.

Fils d'immigrants polonais arrivés aux Etats-Unis au début du siècle, Martin L. Perl est né le 24 juin 1927 à New York City. Son père Oscar Perl et sa mère Fay née Rosenthal ont dû quitter la Russie pour échapper à la pauvreté, aux pogromes et à l'antisémitisme. Leur origine est modeste. Leur éducation s'est limitée à l'école secondaire mais leur souci constant sera de donner une bonne éducation à leurs deux enfants jumeaux Martin et sa sœur. Chez les Perl l'éducation des enfants est le meilleur investissement. Ils se privent de beaucoup de choses pour assurer les meilleures conditions d'études à leurs enfants, cela malgré toutes les difficultés. Nous sommes dans les années 1930 et la dépression économique est là. Comme beaucoup d'immigrants les Perl ont un grand respect pour les maîtres et tiennent en estime l'école et l'enseignement en général.

Après des études primaires et secondaires, Martin Perl est diplômé de l'école secondaire James Madison de Brooklyn en 1942 à l'âge de 16 ans. Sa sœur, diplômée à 15 ans et demi, le devance d'un semestre. Aujourd'hui elle est une écrivain bien connue aux Etats-Unis.

La lecture de deux ouvrages de Lancelot Hogben semblent influencer son choix dans ses études : *Mathematics for the Million* et *Science for the Citizen*.

Malgré ses talents pour les mathématiques et un certain penchant pour la mécanique, Martin Perl ne songea que rarement à une carrière scientifique.

Le but dans le milieu Juif de cette époque était d'apprendre quelque chose qui puisse servir à gagner sa vie plus tard et quitter ainsi sa condition modeste pour s'intégrer à ce qu'on pouvait appeler la classe moyenne supérieure. Cela signifiait pour des parents juifs que le fils puisse devenir médecin, avocat, dentiste ou comptable et la fille maîtresse d'école ou nurse.

Mais la vie n'est pas faite que de choix. Le concours de circonstances est parfois déterminant. Bien qu'ayant obtenu la médaille de physique au High School, Martin Perl n'a pas pris le chemin des études en physique. D'abord parce-que la physique à cette époque était peu développée aux Etats-Unis ensuite parce-qu'il n'y avait pas cette culture scientifique au sein de la Famille Perl « On avait entendu parler de Pasteur et d'Einstein mais on ne pensait pas pouvoir gagner sa vie comme scientifique ».

Finalement son choix est fait : il veut devenir ingénieur. C'était prendre un risque que de choisir ce métier. L'antisémitisme dans les industries américaines est bien propagé vers les années 1940, et il y avait peu de chance pour un Juif d'accéder à un poste à responsabilités.

Bien décidé, Martin Perl entre au Polytechnic Institute de Brooklyn (aujourd'hui Polytechnic University) pour devenir ingénieur chimiste. Ce choix a plusieurs raisons. D'abord le secteur de la chimie est en pleine expansion au début des années 40. « La chimie c'est l'avenir » était le slogan de l'époque. Les possibilités de faire un bon chemin étaient nombreuses et les relations que son père avait établies et développées avec le secteur de l'industrie chimique à travers son entreprise « Allied Printing » pouvaient lui offrir une chance de réaliser quelque chose d'intéressant. Un autre motif à ne pas négliger c'est le niveau des études en chimie qui était de loin plus exigeant et plus sérieux que celui des études en physique. Cette dernière discipline avait des programmes élémentaires qui se limitaient au cours de la première année à des simples descriptions d'instruments élémentaires comme le fonctionnement et l'utilisation d'un thermomètre.

A peine a-t-il commencé ses études au Collège que la guerre l'oblige à les interrompre.

Il quitte le Collège pour entrer dans la marine marchande américaine où il restera jusqu'à la fin de la guerre, avant de reprendre ses études.

Après son diplôme d'ingénieur-chimiste, Perl entre à la compagnie *General Electric* où il finira comme ingénieur-chimiste de la division « Electron Tube » (1948-1950). A l'âge de 23 ans il décide finalement de se consacrer à la physique à la Columbia University. Malgré le prestige de cette Université et l'excellence de son département de physique, les programmes en physique étaient « moyens ». La mécanique quantique par exemple n'était enseignée que dans les dernières années, quant à l'électrodynamique quantique son enseignement était réservé aux étudiants déjà avancés.

Mais en dépit de ces conditions Martin Perl était heureux il pouvait enfin dire à ses parents « j'étudie ce qu'Einstein faisait ». Il n'était pas le meilleur étudiant de Columbia mais c'était un étudiant ambitieux qui travaillait dur.

Il prépare une thèse de doctorat sous la direction de I.I. Rabi et Polykarge Kusch dont le sujet était la mesure du moment quadripolaire du noyau de sodium à l'état atomique excité. Son Ph. D. obtenu en 1955, Perl reçoit deux offres du Département de physique de Yale, (Illinois) et du Département de physique de l'Université du Michigan, tous deux excellents. Il choisit Michigan en tenant compte de deux avantages qu'il recommande toujours à ses étudiants : ne pas choisir le groupe le plus puissant mais le groupe où on a plus de liberté de réaliser ses idées. Chercher à travailler dans un petit groupe ou un nouveau dans lequel on peut créditer ce qu'on fait. Les premières recherches à Michigan se font avec les chambres à bulles avec Donald Glaser. Deux ans plus tard la Russie envoie son « Spoutnik » (1957) et Perl et son Collègue W. Jones font une demande de crédit de recherches qui leur est accordé et commencent leur propre programme avec ce qu'on connaissait à l'époque, les chambres luminescentes, remplacées plus tard par les chambres à étincelles. Ses travaux le mèneront naturellement à l'histoire de la découverte du *lepton tau* qui lui a valu le Prix Nobel !

En contemplant son histoire personnelle, Perl met en évidence le facteur « chance » (*good fortune)* qui lui a souri plusieurs fois dans la vie.

- Etre enfant pendant les années de dépression
- Vivre dans un pays dont la foi dans le travail et la persévérance finissent par payer malgré toutes les difficultés de la vie
- Travailler à une époque où les conditions de crédit pour la recherche étaient généreuses
- Vivre à une époque où les positions académiques et les chaires universitaires étaient relativement faciles à obtenir et à conserver
- Enfin une dernière chance celle que le tau existe...

Perl est titulaire de plusieurs distinctions, dont le prix Wolf de physique (1982) et le Prix Nobel (1995) qu'il partagea avec Frederick Rennes.

Il est membre de la Société Américaine de physique et de l'Académie nationale des sciences.

CLAUDE N. COHEN-TANNOUDJI (1933-)
Lauréat du prix Nobel en 1997

Né le 1er avril 1933, à Constantine, en Algérie, Claude N. Cohen-Tannoudji est déjà marqué par l'histoire. Ses ancêtres quitteront l'Espagne après l'Inquisition des Juifs en 1492 pour se réfugier au Maroc, à Tanger plus précisément (ce qui donnera le nom de Tannoudji qui veut dire en arabe « originaire de Tanger ») puis passeront par la Tunisie avant de s'installer en Algérie, au XVIe siècle. Trois siècles plus tard le décret Crémieux (deux fois ministre de la Justice et sénateur à vie) octroiera la nationalité française à tous les Juifs d'Algérie.

L'origine des parents de Claude Cohen-Tannoudji est modeste. Le père est secrétaire-comptable et sa mère est une femme au foyer. Mais ils sont extrêmement attentifs à l'éducation de leurs enfants. Claude dira « Ils ont su nous montrer que les valeurs essentielles dans la vie étaient non pas l'argent et la puissance, mais le savoir et la connaissance » : Le père de Claude est un formidable autodidacte, d'une grande curiosité intellectuelle, pas seulement pour les textes bibliques et talmudiques mais également pour la philosophie, la psychologie et l'histoire. Il transmettra à ses enfants le goût de l'étude, de la discussion et du débat qui sont dans la ligne droite de la tradition juive « étudier, apprendre et partager le savoir avec d'autres ».

Claude qui est né à l'époque où les nazis prennent le pouvoir en Allemagne, échappera de justesse à leur funeste programme d'extermination des Juifs, grâce à l'arrivée des Américains en Algérie en 1942.

Une fois de plus, sa famille sera contrainte au déracinement. Après ses études primaires et secondaires à Alger il quitte l'Algérie en 1953 avant que la guerre du F.N.L. algérien ne se déclenche, et arrive à Paris où il fut admis à l'Ecole Normale Supérieure (E.N.S.), cette fameuse école de la rue d'Ulm qui a plus de deux siècles et qui a fourni à la France une bonne partie de son élite scientifique. Son frère deviendra polytechnicien et chercheur à Saclay et sa sœur professeur de lettres.

Les quatre années passées à l'E.N.S. sont fructueuses. C'est un environnement fascinant pour un chercheur. Il y a là des physiciens et des mathématiciens de talent, de réputation internationale. Parmi les premiers « gourous de la physique » on peut citer Alfred Kastler[1] (1902-1984) futur Prix Nobel (1966) et Jean Brossel. Parmi les seconds il y a Laurent Schwartz et Henri Cartan « papes des mathématiques ». Pour un physicien en herbe c'est une époque épanouissante : la physique quantique et la physique nucléaire rivalisent dans la recherche. Plutôt mathématicien à ses débuts, Claude Cohen-Tannoudji, sous l'influence de Kastler va se déterminer pour la physique qui retrouve l'un de ses maîtres de retour du M.I.T. C'est à ce groupe que Claude s'intègre. Petit par le nombre mais grand par la qualité ce groupe marquera la physique française. L'enthousiasme est de mise. Ils suivent tous les cours hebdomadaires donnés à Saclay par Albert Messiah en mécanique quantique, ceux d'Anatole Abragam en Résonance Nucléaire Magnétique (R.N.M.) et ceux de Claude Bloch en physique nucléaire. En été 1955, Claude Cohen-Tannoudji préfère la physique aux vacances. Il suit ce fameux cycle de conférences données par les noms les plus prestigieux de la physique à l'Ecole d'été, *Les Houches*, près de Chamonix. Il y a là Schwinger, Ramsey, Uhlenbeck, Pauli,

---

[1] Kastler, Alfred (1902-1984). Physicien français, Prix Nobel de physique en 1966, spécialiste de la méthode dite « double résonance », ses travaux ont porté sur les répartitions des électrons dans les sous-états quantiques de l'atome qui trouvèrent leurs applications dans les horloges atomiques, les amplificateurs maser et les émetteurs de lumière laser. C'est le père du « pompage optique » avec l'autre éminent physicien Jean Brossel. Pacifiste convaincu il était contre la bombe atomique contre toutes les guerres et contre toute forme d'intolérance.

Abragam[1] et d'autres. Après son diplôme de physique il passe son agrégation de physique en 1957 avant de quitter l'E.N.S. A cette époque il rencontre Jacqueline, professeur de chimie dans un Lycée, qui deviendra sa future femme et qui lui donnera trois enfants : Alain, Joëlle et Michel. (Alain, décédé à 33 ans après une longue maladie, marquera la famille pour toujours). En pleine guerre d'Algérie, Claude Cohen Tannoudji, fera un long service militaire de 28 mois. De retour de l'armée il entre au CNRS en 1960 et présente sa thèse de doctorat en 1962 sous la direction de Kastler et Brossel où il montre que les niveaux d'énergie d'un atome sont déplacés par une irradiation lumineuse. Après sa thèse, Kastler lui demande d'accepter un poste de maître de conférences à l'Université de Paris où il enseigne la mécanique quantique. Il a pour collègues Kastler, Brossel et Pierre-Gilles de Gennes futur Prix Nobel (1991). Les cours donnés par ce groupe sont suivis par les meilleurs étudiants de l'ENS. En 1967, il enseigne la mécanique quantique au second cycle. De cet enseignement sortira un livre qui a été utilisé par les chercheurs du monde entier et qui a « désangoissé » des milliers d'étudiants à travers le monde. D'une grande clarté qui témoigne d'un don pédagogique indéniable, c'était le meilleur ouvrage en français des années 1968-70 dans le domaine de la mécanique quantique, et c'est avec bonheur que mes camarades et moi l'avons utilisé pour nos études à l'Université de Genève. Précisons que cet ouvrage a été traduit en anglais et en allemand avec la collaboration de Bernard Din et Franck Laloë. Cohen-Tannoudji est un pédagogue né. Il a un talent à communiquer et à transmettre. Daniel Sacotte, haut responsable à l'Agence spatiale européenne disait de lui : « Quand on l'écoute on a l'impression d'être très intelligent, de tout comprendre à la mécanique quantique ». C'est un passionné de l'enseignement. Son élection au *Collège de France* en 1973 fut pour Cohen-Tannoudji « l'un des événements les plus importants » de sa

---

[1] Abragam, Anatole (1914-). Physicien français, spécialiste du magnétisme nucléaire. Ses travaux en physique du solide font autorité. Il mit au point un magnétomètre pour mesurer le champ magnétique terrestre.

carrière. Aujourd'hui il craint que le métier d'enseignant ne soit gravement déconsidéré ce qui lui paraît dramatique car il estime que « les enfants doivent bénéficier d'éducateurs de talent ». Cette institution prestigieuse, créée en 1530, par François Ier, dans le but de contrebalancer la Sorbonne où l'on n'enseignait que le latin et la théologie, donnait ses premiers cours instaurés par le roi, en hébreu (trois cours) en grec (deux) et en mathématique (un).

L'enseignement au Collège de France correspond bien à la philosophie de Cohen-Tannoudji : un cours ouvert au public, pas d'examens, pas d'obligation de s'inscrire. Les gens viennent pour leur curiosité du monde de la science, pour apprendre quelque chose. La seule obligation qui est parfaitement du goût de cet excellent maître c'est de changer de cours chaque année (il y a une cinquantaine de professeurs au Collège de France). C'est un véritable « challenge » pour cet homme de réflexion et d'action. De cet enseignement naîtront deux livres en collaboration de Dupont-Roc et Gilbert Grynberg sur l'électrodynamique quantique et sur l'optique quantique (interaction matière-rayonnement) qui sont traduits en anglais.

En 1996, il reçut une haute distinction française, la *Médaille d'or* du C.N.R.S. pour « l'ensemble de ses travaux sur l'optique quantique et les interactions entre les atomes et les ondes électromagnétiques ».

Ses travaux sont d'une importance capitale. Il a prédit et observé un certain nombre de phénomènes physiques tels que les déplacements des niveaux d'énergie d'un atome éclairé par une onde lumineuse non résonante, et les modifications que subit un atome entouré d'un nuage de photons qu'il absorbe et réemet en permanence.

Il a également élaboré une théorie dite d'un atome « habillé ». L'idée consiste à considérer l'ensemble atomes et photons laser en interaction comme un système isolé.

L'atome absorbe les photons laser et les réemet sans cesse, et ses propriétés physiques sont modifiées par les photons qui l'éclairent et qui trouve ses applications dans plusieurs domaines : elle permet d'avoir des informations précises sur la structure des atomes et leurs niveaux d'énergie (principe de la spectroscopie). Elle permet l'utilisation de ces interactions (atomes – rayonnement) pour « piloter » les atomes. Il s'agit de faisceaux laser dirigés sur des atomes pour les ralentir, les refroidir, les « piéger » en les maintenant dans des cavités au moyen de ce que les physiciens appellent « mélasses optiques » (voir *La Recherche* de janvier 1994, pp. 30-37).

Claude Cohen-Tannoudji et son équipe ont mis au point une méthode de refroidissement qui permet pratiquement d'immobiliser un atome en abaissant sa vitesse jusqu'à une limite, considérée auparavant comme infranchissable. Ce refroidissement peut atteindre des valeurs incroyablement basses, de l'ordre de 10^{-6} degrés Kelvin et même 10^{-9}, soit des milliards de fois plus basses que la température ambiante ! Cela a permis à la mécanique quantique de faire un pas de géant dans la compréhension de certains domaines comme l'optique quantique et l'électrodynamique quantique en cavité.

Cette méthode de Cohen-Tannoudji a des applications multiples et heureuses. Nous savons que les atomes à température ambiante ont une vitesse proche de 4000 km/h. Une fois très refroidis ils se déplacent lentement, on peut donc les observer pendant un temps plus long et réaliser ainsi des horloges atomiques d'une précision vertigineuse, de l'ordre de cent à mille fois plus précises que les horloges atomiques existantes. Ces horloges installées dans des satellites augmentent l'efficacité et la précision des systèmes de navigation GPS (Global Position System). On peut également concevoir des instruments d'une haute précision et améliorer la fabrication de puces électroniques. En effet, la vitesse très faible des atomes fait que leur longueur d'onde λ devient très grande. On peut réaliser avec des ondes « de Broglie » (à chaque atome est associée une onde quantique, l'onde de Broglie) toutes les expériences d'optique et d'interférométrie. Enfin une autre application et pas des moindres c'est espérer réaliser un « laser à atomes » qui sera l'équivalent d'un laser ordinaire mais *sans* photons. Les photons seront remplacés par des atomes obéissant à la condensation Bose-Einstein d'atomes ultra-froids.

Les travaux de Claude Cohen-Tannoudji lui ont valu le Prix Nobel de physique en 1997 qu'il partagea avec ses collègues américains Steven Chu[1] et William Phillips. Chu avait déjà en 1985 réussi à refroidir des atomes de sodium jusqu'à 240 micro-kelvin Kelvin au-dessus du zéro absolu (-273,15$^{°C}$). Phillips, grâce à des champs magnétiques arrivait à « piéger » ces mêmes atomes grâce à des températures six fois plus basses encore que celles de Chu. Le record ayant été atteint par Cohen-Tannoudji grâce à sa technique de « l'état-obscur » pour atteindre 0,18 micro-kelvin ! Soit plus de mille fois inférieures à celles obtenue par Chu.

Le principe réside dans un échange de radiations émises par un laser sur un atome et la rémission d'une radiation par ce même atome. La radiation renvoyée par l'atome a une fréquence un peu inférieure à celle qu'il a reçue, en raison du recul du noyau. Ces reculs répétés (une centaine de millions par seconde) finissent par freiner l'atome, créant ainsi une « mélasse optique » dans laquelle ils s'engluent, un peu comme « une cuillère dans un pot de mélasse » selon l'expression des physiciens de l'Institut d'optique d'Orsay.

Claude N. Cohen-Tannoudji n'est pas seulement un physicien brillant. C'est aussi un homme qui a réfléchi aux problèmes scientifiques dans toutes leurs dimensions, du rôle de la science et de son statut social, ses progrès et leurs conséquences, de son enseignement aux jeunes, de la formation des chercheurs et enfin de la valeur morale et éthique de la science. Ce qui fait de lui un grand humaniste dans le sens le plus noble du terme.

La science, dit-il, « contribue à dissiper l'obscurantisme et à ce titre elle constitue un rempart contre l'intolérance et le fanatisme » et il ajoute « c'est une école où l'on apprend l'importance du dialogue, de la confrontation des idées ».

Il a hérité de ses deux maîtres deux qualités qui le caractérisent, Kastler le « créateur » et Brossel le « rigou-

---

[1] Chu, Steven (1948-). Il reçut le Prix Nobel de Physique qu'il partagea avec Cohen-Tannoudgi et William Phillips en 1997 pour leur étude des atomes ultra froid. Professeur à l'Université de Stanford depuis 1987, il fut invité au Collège de France.

reux ». Il a d'ailleurs fait pratiquement toute sa carrière dans le laboratoire de l'Ecole Normale Supérieure qui porte le nom de ces deux éminents physiciens. Le Fondateur de ce laboratoire, Jean Brossel, dit de Cohen-Tannoudji que « c'est un homme d'une créativité extraordinaire qui a aussi marqué la physique par la qualité de son enseignement ».

L'enseignement est en effet une passion pour Cohen-Tannoudji. Il a formé plusieurs dizaines de chercheurs français et étrangers en dirigeant leurs thèses de troisième cycle à l'Université Paris VI. Il a contribué par la qualité de ses recherches au développement du laboratoire Kastler-Brossel de l'E.N.S. qui a acquis une réputation mondiale et qui attire chaque année des visiteurs étrangers pour un séjour « post-doc » ou une « année sabbatique ».

Cohen-Tannoudji a toujours préféré des structures de petite taille. Ainsi il a toujours formé des petits groupes pour être disponible aux jeunes chercheurs et demeurer à l'écoute de tous ceux qui le sollicitent. Cela permet, insiste-t-il, « de rester fidèle à cette longue tradition juive d'étude commentée de textes, d'analyse détaillée des diverses interprétations possibles et de transmission de savoir aux génération suivantes ».

Aux hommes politiques et décideurs de tous bords il envoie ce message « ne pas fixer à la recherche fondamentale des objectifs précis » et il ajoute « ce qui peut paraître comme une curiosité de laboratoire peut déboucher sur des choses impensables » en donnant l'exemple du laser qui trouva son application 25 ans plus tard dans le téléphone, la soudure, la musique etc... ou l'exemple le plus récent des recherches sur le pompage optique du néon et de l'hélium 3 qui ont trouvé leur application en imagerie médicale.

Cohen-Tannoudji est également un savant engagé. Le combat pour la justice fait partie intégrante de sa vie.

Pour lui la justice est indivisible. Dans le cadre de l'Académie des sciences il s'est engagé pour la défense des chercheurs soviétiques emprisonnés.

Professeur invité dans de nombreuses université : Harvard, Toronto, Pise, Yale, New-York, il est également membre de plusieurs académies étrangères : American Academy of

Arts and Sciences, National Academy of Science, Académie royale de Belgique, Academia dei Lincei d'Italie et *docteur honoris causa* de plusieurs universités dont l'Université Hébraïque de Jérusalem.

Sur le plan de la personnalité Claude Cohen-Tannoudji est plutôt un timide, un réservé. C'est un modeste, d'une grande humilité comme le sont souvent les grandes personnalités. Il a une tendance à minimiser ses mérites personnels et à s'effacer, toujours prêt à aider et encourager tous ceux qui le sollicitent. Pour lui c'est une question de solidarité dont il se fait un devoir.

Claude N. Cohen-Tannoudji est de ceux qui ont contribué au rayonnement scientifique de la France, il est le dixième Prix Nobel Français en physique et dernier Prix Nobel français de ce siècle.

BIBLIOGRAPHIE

Abragam, Anatole, *De la physique avant toute chose,* Editions Odile Jacob, Paris, 1987.

Atlan, Henri, Formalisme de la Kabbale et concepts scientifiques, In : *Le Grand Atlas des religions,* Encyclopedia Universalis, France, 1988, pp. 336-337.

Atlas des découvertes scientifiques et techniques au XXe siècle, Hachette, Paris, 1990.

Barnavi, Elie ; Friedländer, Saul, (avec la collaboration de...) *Les Juifs et le XXe siècle : dictionnaire critique,* Edit. Calmann-Lévy, Paris, 2000.

Biezunski, Michel, *Histoire de la physique moderne,* Editions La Découverte, Paris, 1993.

Bragg, William Lawrence (avec la collaboration de...) *Les Prix Nobel de physique et de chimie,* Union européenne d'éditions, Monaco, 1962.

Breuer, Hans, *Atlas de la physique,* Librairie Générale Française, Paris, 1997.

Brian, Denis, *Einstein – Le génie, l'homme,* traduit de l'anglais (USA), Robert Laffont, Paris, 1997.

Broglie de, Louis, *Un itinéraire scientifique,* Editions La Découverte, Paris, 1987.

Callon, Michel et Latour, Bruno, (sous la direction de), *La science telle qu'elle se fait,* Editions La Découverte, Paris, 1991.

Charpak, Georges et Saudinos Dominique, *La vie à fil tendu,* Odile Jacob, Paris, 1993.

Deligeorges, Stéphane, (sous la direction de), *Le monde quantique,* Editions du Seuil, Sciences et Avenir, Paris, 1984.

Demortier, Guy, *Dictionnaire Encyclopédique des Prix Nobel de Physique,* Editions Biocosmos Centre, Bruxelles, 1998.

Dictionary of Scientific Biography, édité par Charles Coulston Gillispie, New York, 1978.

Einstein, Albert, *Auto portrait,* traduit de l'anglais (USA), Inter Editions, Paris, 1980.

Einstein, Albert, *Comment je vois le monde,* traduit de l'allemand, Flammarion, Paris, 1958.

Einstein, Albert, *Conceptions scientifiques*, traduit de l'anglais, Flammarion, Paris, 1990.

Einstein, Albert, Max Born, *Correspondance 1916-1955*, commenté par Max Born, traduit de l'allemand, Editions du Seuil, Paris, 1972.

Einstein, Albert, *Correspondance* présentée par Helen Dukas et Banesh Hoffmann, traduit de l'anglais, Inter Editions, Paris, 1980.

Fraser, Gordon ; Lillestol, Egil ; Sellevåg, Inge, *A la Recherche de l'Infini, Des quarks au big-bang*, traduit de l'anglais, Flammarion (CERN), Paris, 1996.

French, A.P., sous la direction de *Einstein Le livre du centenaire*, version française : G. Delacôte et J. Souchon-Rouyer, Hier et Demain, Paris, 1979.

Feuer, Lewis S., *Einstein et le conflit des générations*, traduit de l'anglais (USA), Editions Complexe, Paris, 1978.

Feynman, Richard, *Vous voulez rire, Monsieur Feynman !*, Entretiens avec Ralph Leighton, traduit de l'anglais (USA), Inter Editions, paris, 1985.

Feyerabend, Paul, *Contre la méthode : esquisse d'une théorie anarchiste de la connaissance*, traduit de l'anglais, Editions du Seuil, Paris, 1979.

Gamow, G., *Trente années qui ébranlèrent la physique*, traduit de l'anglais, Dunod, Paris, 1968.

Gleick, James, *Le génial professeur Feynman*, traduit de l'anglais (USA), Editions Odile Jacob, Paris, 1994.

Goldschmidt, Bertrand, *Pionniers de l'atome*, Stock, Paris, 1987.

Gribbin, John, (sous la direction de), *Une brève histoire des sciences*, Larousse, Paris, 1999.

Hansel, Georges, *Explorations talmudiques*, Editions Odile Jacob, Paris, 1998.

Hawking, Stephen, *Une brève histoire du temps : du big-bang aux trous noirs*, traduit de l'anglais, Flammarion, Paris, 1989.

Heilbron, John L., *Planck, une conscience déchirée*, traduit de l'anglais (USA) Belin, Paris, 1988.

Hoffmann, Banesh, *Albert Einstein : créateur et rebelle*, traduit de l'anglais (USA), Editions du Seuil, Paris, 1979.

Inventeurs et scientifiques, dictionnaire de biographies, Paris, Larousse, 1994.

Jacob, Maurice, *Au cœur de la matière*, Editions Odile Jacob, Paris, 2001.

Janouch, F., *Lev. D. Landau: his life ansd work*, Genève, 1979.

Kamenetz, Rodger, *Le Juif dans le lotus : des rabbins chez les lamas*, traduit de l'anglais (USA), Calmann-Lévy, Paris, 1997.

Kevles, Daniel J., *Les Physiciens – Histoire de la profession qui a changé le monde,* traduit de l'anglais (USA) Antropos, Paris, 1988.

Ladrière, Jean, *Les enjeux de la rationalité : le défi de la science et de la technologie aux cultures,* Editions Aubier-Montaigno, Unesco, Paris, 1977.

Laroche, Josepha, *Les Prix Nobel,* Que sais-je, P.U.F. 1995.

Leprince-Ringuet, Louis [et al.], *L'homme et l'atome,* Les éditions de la Baconnière, Neuchâtel, 1958, (Rencontres internationales de Genève, 1958).

Lévy, Elie, *Dictionnaire de physique,* PUF, Paris, 1988.

Lévy-Leblond, Jean-Marc, *L'esprit de sel,* Editions Fayard, Paris, 1981.

Lochak, Georges, *Louis de Broglie : un prince de la science,* Flammarion, Paris, 1992.

Lorenz, Konrad, et Popper, Karl, *L'avenir est ouvert,* traduit de l'allemand, Flammarion, Paris, 1990.

Mathieu, Jean-Paul, *Histoire de la physique, La physique du XXe siècle,* t.II, Editions Technique et documents, Lavoisier, Paris, 1991.

Maury, Jean-Pierre, *Petite histoire de la physique,* Larousse, Paris, 1992.

Messadié, Gerald, *Les grandes découvertes de la science,* Bordas, Paris, 1987.

Néel, Louis, *Un siècle de physique,* Editions Odile Jacob, Paris, 1991.

Ng, Jack I., *Julian Schwinger – The Physicist, the Teacher, and the Man,* World Scientific, Singapore, 1996.

Nobel Lectures, Physics, 1971-1980, Editor Stig Lundqvist, World Scientific, Singapore..., 1992.

Nobel Lectures, Physics, 1981-1990, Editor Gösta Ekspong, World Scientific, Singapore ..., 1993.

Philippe, Béatrice, *Etre Juif dans la société française : du moyen-âge à nos jours,* Editions Montalba, Paris, 1979.

Porter, Roy, (Consultant editor*) The Hutchinson Dictionary of Scientific Biography,* Edition Oxford, 1994, Helicon.

Powers, Thomas, *Le mystère Heisenberg,* Editions Albin Michel, Paris, 1993.

Rabkin, Yakov and Robinson, Ira, *The interaction of scientific and jewish cultures in modern times,* Jewish studies, vol. 14, The Edwin Mellen Press, Lewiston/Queenston/Lampeter, 1995.

Radvanyi, Pierre et Bordry, Monique, *Histoires d'atomes,* Editions Belin, Paris, 1988.

Reid, Robert, *Marie Curie, derrière la légende,* traduit de l'anglais, Editions du Seuil, Paris 1979.

Revues scientifiques : *Courrier CERN, La Recherche, Pour la Science, Scientific American.*

Romero Castello, Elena et Macias Kapon, Uriel, *Les Juifs d'Europe, un leg de 2000 ans,* traduit de l'espagnol, Liana Levi, Paris, 1994.

Rosmordus, Jean, *Une histoire de la physique et de la chimie, de Thalès à Einstein,* Editions du Seuil, Paris, 1985.

Ruderman, David, B., *Jewish thought and Scientific Discovery in Early Modern Europe,* Yale University Press, New Haven and London, 1995.

Russo, François, *Nature et méthode de l'histoire des sciences,* Blanchard, Paris, 1983.

Safran, Alexandre, *Ethique Juive et modernité,* Editions Albin Michel, Paris, 1998.

Segrè, Emilio, *Les physiciens modernes et leurs découvertes : des rayons X aux quarks,* Editions Fayard (traduction de l'anglais), Paris, 1984.

Speziali, Pierre, *Albert Einstein – Michele Besso Correspondance 1903-1955,* Hermann, Paris, 1979.

Serres, Michel, (sous la direction de), *Eléments d'histoire des sciences,* Bordas, Paris, 1989.

Sugimoto, Kenji, *Einstein, biographie illustrée,* Belin, Paris, 1990.

Trbuhovic-Gjuric, Desanka, *Mileva Einstein : une vie,* traduit de l'allemand, Editions Des femmes, A. Fouque, Paris, 1991.

Taton, René, (sous la direction de), *Histoire générale des sciences, vol. II, le XXe siècle,* PUF, Paris, 1964.

Thuillier, Pierre, *D'Archimède à Einstein, les faces cachées de l'invention scientifique,* Fayard, Paris, 1988.

Twentieth Century Physic, trois volumes, édité par L.M. Brown, A. Paris, B. Pippard, Bristol, Philadelphia and New York, 1995.

UNESCO, Le siècle d'Einstein, quatre générations de pensée révolutionnaire (1879-1979) In : *Impact,* vol. 29, n° 1, janvier-mars 1979.

Weart, Spencer R. and Phillips Melba (edited by), *History of Physics,* American Institute of Physics, New York, 1985.

Weber, Robert L., *Pioneers of Sciences : Nobel prizes winners in physics,* second Edition, Adam Hilger, Bristol and Philadelphia, 1988.

Weinberg, Steven, *Le Monde des particules : de l'électron aux quarks,* Pour la science, Paris, 1985.

Weinberg, Steven, *Les trois premières minutes de l'univers,* traduit de l'anglais (USA), Editions du Seuil, Paris, 1978.

Weisskopf, Victor, *La révolution des quantas,* Hachette, paris, 1989.

INDEX DES NOMS DE PERSONNES

Table des matières

Achevé d'imprimer en 2003
sur les presses de l'imprimerie Slatkine
à Genève (Suisse).